Preventing Patient Suicide
Clinical Assessment and
Management

자살 예방을 위한
임상적 평가와 관리

Robert I. Simon 저

박원명 · 윤보현 · 김문두 · 우영섭 공역

학지사

매일 40명 이상이 자살로 목숨을 버리는 우리나라에서 자살은 더 이상 방치할 수 없는 심각한 사회 문제가 되었다. 우리나라는 8년째 경제협력개발기구(OECD) 국가 중 자살률 1위의 불명예를 안고 있다. 학생, 해고 근로자, 정치인, 운동선수, 연예인, 대기업 임원, 전직 대통령에 이르기까지 스스로 삶을 마감한 사람들의 소식이 연일 언론에 보도되고 있으며, 지금도 적지 않은 사람들이 자신과 주변의 문제에 절망하여 혹은 그 문제의 잘못된 해결방법으로, 또 현실을 회피하기 위하여 자살을 생각하고 있는 것이 대한민국의 현 주소다. 자살은 자살로 사망한 사람뿐만 아니라 그 가족과 이웃, 친구들과 같이 가까운 사람들, 나아가 국가적으로도 많은 영향을 미치는 문제이기 때문에 우리 사회의 전반적인 관심과 대책이 절실하게 요구되고 있다.

  자살의 원인은 매우 다양하고 복잡하게 얽혀 있으며, 사회적·문화적 특성에 따라 다르게 나타날 수 있기 때문에 그 사회의 특징을 반영한 자살 예방 대책은 필수적이다. 선진국의 경우, 자살에 대한 많은 연구 결과가 축적되어 왔지만 너무나도 다양한 원인

3

이 작용하기 때문에 여러 가설과 주장들만이 있을 뿐, 최근까지도 자살을 예방하기 위한 분명한 대책을 제시하고 있지는 못한 실정이다. 국내 역시 자살 문제에 대한 대책을 요구하는 목소리는 높아지고 있지만, 아직까지 자살에 대한 연구와 대책은 초보적 수준이다. 지금부터라도 우리나라의 사회적 특성을 반영한 자살 예방 대책이나 자살 예방 도구를 개발하는 것이 시급하지만 적지 않은 시간이 필요할 것으로 보인다.

자살 위험에 직면한 사람들을 최일선에서 대하는 정신건강 전문가들은 쉽게 판단하기 어렵고 복잡한 상황에 자주 접하기 때문에, 이들을 위하여 자살에 대한 좀 더 다양한 각도의 이해와 실용적인 접근 방법을 알게 하는 것은 반드시 필요할 것이다. 이 책은 자살에 대한 임상 경험을 중심으로 관련 연구 내용들을 요약하였고, 이러한 내용들을 제한된 실제 상황에서 적절하게 적용할 수 있도록 구성하였다. 1부에서는 여러 상황에서 자살 위험성을 평가하기 위한 구체적 방안들을 제시하고 있으며, 2부에서는 각 상황에 따른 자살 위험성의 관리 대책을 제시하고 있다. 따라서 이 책은 자살 위험성이 높은 환자들을 직접 대하는 정신건강의학과 의사뿐만 아니라 관련 분야의 의료진, 지역사회 정신보건 전문가, 임상심리사 등 다양한 전문가가 쉽게 이해하고 적용할 수 있도록 실질적인 내용을 제시하고 있다.

바쁜 일정에도 이 책을 번역하는 데 많은 시간을 할애해 주신 국립나주병원 윤보현 의료부장, 제주대학교 의학전문대학원 김문두 교수, 가톨릭대학교 여의도성모병원 우영섭 교수 등 공동 역자분들에게 진심으로 감사를 드리며, 이 책의 출판을 도와주신 도서출판 학지사의 김진환 사장님께도 감사를 드린다.

2013년 8월
대표역자 박원명

정신건강의학과 의사들이 최선의 진료를 한다고 해도 항상 환자의 자살을 예방할 수 있는 것은 아니다. 오히려 자살 예방이 우리가 갈망하고 있는 목표다. 여기서 우리가 할 수 있고, 해야만 하는 것은 시간과 노력을 들여 환자를 돌보고 알아봄으로써 자살의 위험을 줄이는 것이다. 그러나 이것은 근본적인 대안이 될 수는 없다. 그것은 아주 오래된 방법이다. '환자를 알아 가는 것' 과 같은 정신건강의학과 의사들이 반드시 해야 하는 일이 이 책을 통해 다루게 되는 핵심 주제다.

현재와 같은 정신건강 보험 체제에서 환자에 대해 많이 알게 되는 것은 쉬운 일이 아니다. 환자를 제대로 알기 위해서는 많은 시간이 필요하다. 외래 환자의 방문은 줄어들고 있다. 강렬한 자살 사고를 가진 고위험군의 환자들은 5일 미만의 짧은 기간 동안 입원을 하기도 한다. 환자의 자살을 염려하는 의사들은 자살 예방 계약과 같은 것들에 의지하게 되고, 통상적으로 자살 위험 평가를 하게 된다. 의무 기록에는 점검 사항을 기록한 많은 체크 박스가 표시되어 있지만, 정작 환자 상태에 대한 기록은 드물다. 즉, 문서화되는 정당한 자살 위험 평가는 찾아보기 힘들다.

외래 환자 진료에서 자살 사고를 가진 환자들은 종종 분리되어 일관성 없는 치료를 받게 된다. 정신건강의학과 의사는 자주 환자에 대한 의학적 치료에 집중하게 된다. 반면에 치료자는 정신치료에 몰두하게 된다. 환자의 자살을 막기 위해서는 의학적 치료와 정신치료 사이의 긴밀한 협력 관계가 필요하다. 그러나 보험회사에서는 협력에 필요한 임상적인 시간에 대해서는 비용을 부담해 주지 않는다. 그리고 이메일이나 화상 회의를 통해 자살 환자에 대한 적절한 평가나 관리를 위한 임상적인 자료를 얻어 낸다는 것은 불가능하다.

정신건강의학과 의사들은 더 이상 환자를 치료하는 데 있어 호화로움이나 특권을 가지지 못한다. 반드시 더 좋은 방향으로 변화할 것이라고 예측할 수는 없지만, 정신건강과 관련된 의료 환경은 향후 수년간에 걸쳐 반드시 변화할 것이다. 그럼에도 정신건강의학과 의사들은 다른 정신건강 전문가들과의 긴밀한 협력관계를 통해 자살 사고를 가진 환자에 대해 타당하고 '충분히 좋은' 살아 있는 정보를 가지고 있어야만 한다.

이 책은 나와 동료들의 임상 경험과 함께 근거 중심의 정신의학 문헌에 실린 내용들을 반영하고 있다. 이 책이 정신건강 전문가들이 생각할 수 있는 표준적인 치료 지침을 제공했다고는 생각하지 않는다. 동료들의 도움과 자살을 막기 위해 환자들을 관리하고 평가에 매진하고 있는 존경할 만한 임상가들의 경험을 바탕으로 이 책을 집필하였다.

의학박사 Robert I. Simon

차 례

제5장 정신 질환과 자살 위험성 … 123

제6장 자살 위험성이 높은 환자의 급작스러운 증상
호전: 사실인가, 거짓인가 … 139

|제2부| 관 리

제7장 급성과 만성으로 높은 자살 위험성을 가진 환자:
위기 대처 … 159

제8장 자살의 위험이 있는 환자의 안전 관리:
불확실성에 대한 대응 … 185

제1부

평 가

제**1**장
● ● ● ● ● ● ● ● ● ● ● ●

자살의 위험성 평가:
치료와 관리의 관문

체계적으로 자살의 위험성을 평가하는 목적은 환자의 전반적인 치료와 관리를 위해 필요한 정보를 줄 수 있는, 수정 가능하고 치료 가능한 위험 요인과 보호 요인을 규명하고자 함이다(Simon, 2001). 자살의 위험성을 평가하는 것은 정신건강의학과 전공의 수련 기간 동안에 습득하여야 할 핵심적인 요소 중의 하나이며 (Scheiber et al., 2003), 자살 위험성이 있는 환자를 치료하고 관리하기 위한 출발점이기도 하다.

자살을 예견할 수 있는 표준 치료는 존재하지 않는다(Pokorny, 1983, 1993). 자살은 드물게 나타나는 사고이며, 어떤 사람이 자살

Simon RI: "Suicide Risk: Assessing the Unpredictable" in the *The American Psychiatric Publishing Textbook of Suicide Assessment and Management.* Edited by Simon RI, Hales RE. Washington, DC, American Psychiatric Publishing, 2006, pp. 1-32에서 허가하에 수정하여 인용함.

을 하느냐를 예측하는 과정에서는 상당수의 위양성과 위음성 예측을 하게 된다. 누가 자살을 할 것이고(민감도), 누가 하지 않을 것인가(특이도)를 정확히 평가할 수 있는 방법은 없다. 정신건강의 학과적 · 내과적 · 진단적 요인, 정신역동적 요인, 유전적 요인, 가족 요인, 직업적 요인, 환경적 요인, 사회적 · 문화적 · 존재론적 요인, 기회 요인 등의 많은 요인이 합쳐져 자살을 초래하게 된다. 스트레스를 주는 생활 사건들도 자살과 밀접한 연관을 가지고 있다(Heila et al., 1999). 환자들마다 자살의 위험도는 다양하고, 자살의 위험도 자체도 급격하게 변할 수 있다. 따라서 '자살하는 환자(suicidal patient)'라는 표현보다는 '자살할 위험성이 있는 환자(patient at risk for suicide)'라는 표현이 더 적절하다.

표준화된 자살 위험 예상 척도를 통해서도 환자가 자살을 할지 하지 않을지를 확인할 수 없다(Busch et al., 1993). 따라서 임상가는 자살 위험 평가 점수만을 가지고 임상적 판단을 내려서는 안 된다(10장 참조). 구조화된 또는 반구조화된 자살 척도는 체계적인 자살 위험 평가를 보충할 수는 있겠지만 이를 대체할 수는 없다(American Psychiatric Association, 2003). Malone 등(1995)은 자살에 대해 반구조화된 선별검사를 이용하면 일생 중에 나타났던 자살 행동을 찾아내고, 임상적으로 평가하는 데 도움이 된다고 하였다. Oquendo 등(2003)은 자살의 위험성을 평가하기 위한 연구 도구의 유용성과 한계에 대해서 언급한 바 있다.

자가 보고용 자살 척도는 민감도는 높지만 특이도는 낮다. 척도상에서는 실제 자살을 하지 않은 많은 우울증 환자에게서도 자살과 관련된 위험 요인이 있다고 나타난다. 때때로 면담에서 언급되지 않는 정보가 척도에서 나타나는 경우가 있기도 하지만 자살의 위험성이 높은 환자는 정확하게 응답하지 않을 수도 있다. 또한 체크리스트에는 자살과 관련된 모든 위험 요인을 포함할 수 없다(Simon, 2009). 법적인 상황에서 자살한 환자의 변호사가 척도 항목 중 환자의 자살 가능성을 평가하기 위한 중요한 위험 요인들이 누락되었다고 지적할 수 있다. 하지만 표준 치료에서는 체계적인 자살 위험성 평가를 위하여 특정 심리검사나 자살의 위험성을 평가하기 위한 체크리스트를 사용하도록 하지 않는다(Bongar et al., 1992; 11장 참조).

실제로 분석해 보면 대부분의 우울증 환자들은 자살을 하지 않는다. 2002년 미국의 1년 자살률은 10만 명당 11.1명이었다(Heron et al., 2009). 양극성장애나 다른 기분장애 환자의 자살률은 10만 명당 193명으로, 일반 인구에서 나타나는 비율의 18배에 해당한다(Baldessarini, 2003). 즉, 기분장애가 있는 환자들 중에서 99,807명은 1년 동안은 자살을 하지 않는다는 것이다. 이는 다른 정신건강의학과적 진단에도 해당하는 이야기다. 2002년도에 미국에서 조사한 조현병, 알코올을 포함한 물질 남용 장애 환자의 자살률도 일반 인구 대비 18배 정도였다. 보험 통계상으로 분석하였을 때도 대부분의 환자들은 자살을 하지 않는다. 오히려 보험 통계 분석은 특정 환자의 자살을 예측하는 것보다는 자살 위험성이 높은 진단을 구분해 내는 데 보다 용이하다(Addy, 1992). 보험 통계 분석을 통해서는 치료 가능한 특정 위험 요인이나 수정 가능한 방어 요인을 확인할 수 없다. 따라서 임상 상황에서의 과제는 특정 기간 동안에 자살 위험성이 높은 우울증 환자를 가려내는 것이다(Jacobs et al., 1999).

표준 치료에서는 정신건강의학과 의사나 다른 정신건강 전문가들이 필요할 경우에 자살의 위험성을 평가하도록 한다. 위험 요인과 방어 요인을 모두 고려한 자살 위험성의 체계적 평가(48쪽, [그림 1-1] 참조)는 합리적으로 정의된 '적절하다'는 기준을 충족해야 한다. 개념적으로 이것은 장·단기적 위험 요인, 방어 요인을 확인하고 서열화하고 통합하는 분석과정이다. 임상가들은 최근 연구들에서 규명된 자살의 위험 요인, 방어 요인을 바탕으로 한 자살 위험성 평가를 이용하여 치료와 환자 관리를 위한 근거 중심의 결정을 내릴 수 있을 것이다(Fawcett et al., 1987; Linehan et al., 1983).

전문가 집단들은 자살을 포함한 다양한 질환을 관리하는 데 적용할 수 있는 근거 중심인 동시에 임상적 합의를 이루는 권고안을 개발할 필요성을 인지하고 있다(Simon, 2002; Taylor, 2010). 미국 소아 청소년 정신의학회에서는 자살 위험성이 있는 소아와 청소년을 위한 임상 척도를 출간하였다(Shaffer et al., 1997). 또한 자살 행동을 관리하는 미국정신의학협회에서는 자살 행동을 보이는 환자를 평가하고 치료하기 위한 임상 지침서를 개발하였다(American Psychiatric Association, 2003).

컴퓨터 전문가로 일하고 있는 32세의 미혼 여성이 충동적으로 정확하게 알 수 없는 양의 아스피린을 음독하더니, 칼로 손목을 자해하여 지역 병원으로 이송되었다. 그녀는 매우 초조한 상태였고, 자살하라고 명령하는 환청에 반응을 하고 있었다. 그녀는 생애 처음의 진지한 만남이 헤어질 위기에 놓이자 급격하게 우울해하고 초조한 모습을 보였다고 한다. 또한 16세경에는 자신이 우상화했던 친구에게 실망한 뒤 손목에 찰과상을 낸 적이 있었다고 한다. 입원하기 전 주에 술과 암페타민을 남용하였다고 하며, 실제 병원에서 확인한 약물 선별검사에서도 확인되었다. 한편, 아스피린 레벨이 매우 높게 나타났다.

그녀는 정신건강의학과 병동의 보호 격리실에 입원하였다. 환자가 초조해하고 공격적이고, 충동적인 행동을 보이기 때문에 격리실의 문은 열어 놓되 직원이 문 앞에 앉아 지키도록 하였다. 프로토콜 처치에 따라 모든 입원 환자는 자살 예방을 위한 치료에 구두 또는 서면으로 동의하도록 되어 있다. 환자는 서약서의 목적을 이해하지 못하였지만 서면상으로 동의를 하였다. 정신건강의학적 검사상 환자는 사고의 장애, 중증의 초조, 기괴한 얼굴 찡그림과 상동 행동, 혼돈, 절망감, 명령하는 형태의 환청, 둔마된 정동, 불면을 보이고 있었고, 의료진 및 다른 환자와 상호작용이 불가능한 상태였다.

입원 후 정신건강의학과 의사와 사회사업가는 환자의 어머니, 형제자매와 면담을 하였다. 정신건강의학과 의사는 응급상황일 때는 예외적으로 환자의 위임 없이도 가족 구성원과 면담을 할 수 있다. 환자가 일곱 살 무렵에 환자의 부모가 이혼하였다고 하며, 환자는 아버지를 불규칙적으로 만났다고 한다. 환자는 주로 어머니, 오빠, 여동생과 친밀한 관계를 유지하였다고 한다.

　신체적·성적 학대는 없었다고 하며, 어머니는 그녀가 성실한 학생이었고, 특히 수학을 잘했던 것으로 기억하고 있었다. 동료와의 관계는 원만하였지만 친밀한 친구는 거의 없었다고 하였다. 환자는 강한 종교적 믿음을 가지고 있었고, 오빠와 여동생은 그녀가 창의적이고, 예술적인 성향이었지만 외톨이였다고 하였다. 과거에 그녀는 믿었던 사람에게 큰 실망을 한 뒤로 우울해하며 자살 사고를 보였고, 때로는 '이상하게' 얼굴을 찡그렸다고 한다. 가족력상 삼촌이 10년 전에 조울증으로 치료받던 중 엽총으로 자살을 하였으며, 은둔 상태인 이모는 만성 조현병으로 진단받았다고 하였다.

　환자가 집에서 살고 있다는 말을 듣고 의사는 가족에게 집안에 총기류가 없는지 물어보았고, 클레이 사격용 엽총 한 자루가 있다고 하였다. 의사의 권고에 따라 오빠는 집안에서 엽총을 치우기로 하였고, 추후에 사회사업팀에서 이를 재확인하는 절차도 거쳤다. 입원 당시에 의사가 체계적으로 평가한 결과, 자살 위험성이 높은 것으로 평가되었다.

　정신건강의학과 의사는 그녀를 와해형 조현병과 약물(알코올과 메스암페타민) 남용으로 진단하였고, 심한 초조와 불면을 조절하기 위해 비전형적 항정신병약물과 벤조다이아제핀 계열의 약물을 처방하였다. 의사는 환자의 자살 사고가 지속될 경우, 클로자핀과 같이 자살 감소 효과가 있는 약을 처방하는 것도 고려하였다. 의사는 초기 자살 위험을 평가하며, 급만성의 위험 요인과 더불어 현재의 방어 요인도 함께 평가하였다. 또한 의사는 환자의 입원 기간 내내 급성의 자살 위험 요인을 지속적으로 평가하였다.

입원 다음날부터 환자는 이전보다 덜 초조해하였고, 더 이상 격리도 필요하지 않았다. 입원한 지 3일째부터는 명령하는 형태의 환청도 불분명해지기 시작하였다. 환자는 치료진, 다른 환자와도 의사소통을 하게 되었다. 5일째부터는 환청이 없어졌다고 하였으며, 더 이상 초조해하지도 않았다. 여전히 자살 사고는 있었지만 의도나 계획은 없는 수준이었다. 입원 당시에 보이던 기괴한 얼굴 찡그림과 상동 행동도 더 이상 관찰되지 않았고, 절망감과 혼돈도 감소하였다.

환자는 집단 치료에 모두 참석하였고, 개인과 집단 차원의 지지적 치료를 통하여 도움을 받았다. 환자는 치료진과 치료적 동맹관계를 발달시켜 나갔다. 하지만 감정의 표현은 여전히 제한적이었고, 사고 과정은 논리적이었지만 속담에 대한 추론 능력은 저하되어 있었다. 경도의 불면증이 지속되었고, 집중력도 저하된 상태였다. 그녀는 경도에서 중등도의 부작용을 경험하고 있었지만 자발적으로 약을 복용하고자 하였다.

담당 의사는 근거 중심의 연구를 바탕으로 하여 조현병 환자의 자살 위험성을 증가시키는 위험 요인을 평가하였다. 이전의 자살 시도(자살로 인한 사망의 분명한 '예측 요인'), 물질 남용, 우울 증상, 특히 절망감, 남성, 질병의 초기, 병전의 좋은 경력과 지적인 수준, 잦은 재발과 호전 등이 그와 같은 요인들이다(Meltzer, 2001). 담당 의사는 위험 요인으로 조현정동장애, 현재 또는 일생 중의 알코올과 약물 남용, 흡연, 최근 3년 이내의 입원 치료 병력 등을 언급하고 있는 Clozaril/Leponex 자살 예방 연구(InterSePT)를 참고하였다(Meltzer et al., 2003a).

입원한 지 6일째부터는 체계적인 자살 위험성 평가(52쪽, [그림 1-3]

참조)를 시행하였고, 입원 당시에 평가한 자살 위험성(50쪽, [그림 1-2] 참조)과 비교하였다. 급성 정신병적 증상은 상당 부분 호전되었지만 자살 사고는 지속되었다. 6일째에 평가한 전반적 자살 위험성은 중등도였다. 이 결과를 참고하여 담당 의사는 입원 치료를 한 주 더 지속하기로 결정하였다. 환자의 상태가 전반적으로 호전되었기 때문에 보험회사에서는 추가적 입원 치료 2일에 대해서만 보험을 인정하였다. 담당 의사는 경험상 중등도의 자살 위험이 있는 경우에는 외래를 통한 치료가 가능하다고 생각하였다. 담당 의사는 환자의 임상적, 안전상의 필요에 근거하여 외래 치료를 구체적으로 계획하였고, 퇴원 결정은 의사의 책임이라고 생각하였다. 자살의 위험성과 관련된 의사의 결정은 보험회사의 추가 치료 거부에 따른 것이 아니었고, 그렇게 되어서도 안 된다.

환자는 퇴원 이후 일주일에 한 번씩 정신건강의학과 의사와 함께 지지적 정신치료와 약물 처방을 받기로 하였고, 퇴원 다음날부터 병원에서 운영하는 낮 병원을 다니면서 물질 중독 프로그램에 참석하기로 하였다. 환자는 곧바로 일하기를 원하였지만 3주간은 병가를 얻기로 동의하였고, 환자도 경과 관찰 계획에 따르는 것이 중요하다고 생각하였다. 환자는 자신의 예술적 관심사를 추구하고자 계획하였다. 환자의 가족은 매우 지지적이었고, 이는 주된 방어 요인이었다. 또한 담당 의사는 치료적 동맹을 형성할 수 있는 환자의 능력, 치료에 대한 순응도, 치료 자체를 통한 이득, 강한 종교적 믿음, 삶에 대한 긍정적인 이유들, 경과 관찰 계획에 협조하는 정도에 대한 방어 요인들도 함께 평가하였다. 퇴원 시 환자에 대한 담당 의사의 진단은 조현병(단일 삽화, 부분적 관해 상태), 물질(알코올과 메스암페타민) 남용 장애였다.

# 표준 치료

미국 각 주에서는 의사에게 필요한 치료의 표준을 정의하고 있다. 예를 들어, Stepakoff v. Kantar(1985)는 자살 사례에서 법원이 적용한 기준은 '의사가 비슷한 상황에서 다른 정신건강의학과 의사가 하였을 것으로 기대되는 수준의 치료를 해야 할 의무'였다. 이 사례에서 법원이 적용한 치료 의무는 '평균적인 정신건강의학과 의사'가 행하는 수준이었다. 점점 더 많은 주에서 '합리적이고 신중한 의사'가 행하는 수준을 표준 치료로 정의하고 있다(Simon, 2005). 하지만 전문적인 '최선의 진료' 기준과 법적인 표준의 기준은 구분하여야 한다.

자살 사례에서 법원은 의사가 환자의 자살 위험성을 합리적으로 평가하였는지와 환자의 자살 시도가 예측 가능하였는지를 평가한다. 하지만 의학적 용어와 법적 용어 사이에는 '불완전한 간극'이 존재한다. 예견 가능성(foreseeability)은 법률적 용어로 상식 수준에서 개연성을 논하는 개념으로, 과학적으로 규정된 것은 아니다. 예견 가능성은 특정 의료 행위를 하거나 하지 않음으로써 환자에게 위해가 가해질 것이라고 합리적으로 예상할 수 있음을 의미한다(Black, 1999). 하지만 이러한 예견 가능성은 환자가 언제 자살하거나 자살 시도를 할지 예견하는 것과 동의어는 아니다. 전문적인 기준이 없다고 해서 법적인 예견 가능성과 전문적인 기준이 규정되지 않은 의학적인 예측 가능성(predictability)이 혼동되어서는 안 된다. 법적인 예견 가능성은 예방 가능성(preventability)과도 구분되어야 한다. 뒤늦게 환자의 자살이 예방 가능하였을 것이라고 할 수는 있겠지만 평가 당시에는 예견하지 못할 수도 있다.

판단할 수 있는 것은 단지 자살의 위험성뿐이다. 자살을 예측하는 것은 모호한 일이지만 자살의 위험성은 합리적으로 평가할 수 있다. 최근의 보고에 따르면, 법원에서도 체계적인 자살 평가를 지침으로 참고하고 있다고 한다. 자살 위험성을 평가하고 기록해 두지 않으면 법원에서 자살 위험성이 있는 환자를 치료하는 과정에서 생기는 복잡한 임상적인 상황을 제대로 평가할 수 없다. 의료 소송에서 자살 위험성 평가를 적절하게 하지 않은 것은 근무태만으로 간주하고, 의사에게도 불리한 상황으로 작용할 것이다(Simon, 2004).

체계적인 자살 위험성 평가

의사는 자살 위험성이 높은 환자를 대상으로 체계적인 자살 위험성 평가를 시행하여 치료와 안전 관리에 필수적인 정보를 제공함으로써 수정이나 치료 가능한 위험 요인과 방어 요인을 확인할 수 있다([그림 1-1] 참조). 체계적인 평가를 하지 않으면 중요한 위험 요인과 방어 요인을 놓치기 쉽다. 또한 의사는 체계적으로 자살 위험성을 평가함으로써 임상적인 모자이크를 완성하는 데 필요한 중요한 정보와 위험 요인의 조각들을 모을 수 있다.

자살 위험성 평가는 정신건강의학적 평가에서 필수적인 부분이지만, 체계적으로 평가하지 않거나 체계적인 평가를 하더라도 자세하게 기록을 하지 않는 경우가 많다. 위험 요인이나 방어 요인이 기록되더라도 요인에 대한 분석과 통합을 하지 않는 경우도 있다. 자살 사례에 대한 보험회사의 기록 검토나 법의학적 분석상에서도 자살 평가에 대한 기록은 "환자가 타살, 자살에 대한 생각을 부인하고 안전을 위한 치료에 동의하지 않는다."에 그치고 있다. 많은 경우, 자살 평가에 대한 기록이 없거나 "환자가 자살 사고를 부인한다."는 정도로만 기록을 하고 있다. 자살 위험성 평가는 자살 위험성이 높은 환자를 치료하고 관리하기 위한 정보를 제공하는 핵심적인 임상 기술이다(Simon, 2001). 흔히 의미 없는 부적과도 같은 '자살, 타살을 하지 않겠다'는 서약서만으로 자살 위험성 평가를 대신하는 경우도 있다. 일반인들도 자살하지 않겠다는 약속은 쉽게 받아 낼 수 있다. 게다가 이런 서약서가 자살을 감소시키거나 예방한다는 근거는 없다(Stanford et al., 1994). 이런 식의 서약서를 흩뿌리면서 점차 환자는 자살에 가까이 다가가게 되는 것이다. 이 장의 초반에 언급했던 사례에서는 서약서를 받는 대신 체계적인 자살 위험성 평가를 하였다.

왜 그렇게 많은 정신건강의학과 의사들이 자살 위험성을 적절히 평가하고 기록하지 않는가에 대해서는 다른 장에서 논의할 것이다(12장 참조). 입원 상황에서 중증 환자들이 단기간 동안만 입원하고 빠르게 바뀌는 상황은 의사들에게 적절한 평가를 하기 어렵게 만든다. 또한 환자를 이해하고 치료하는 것에서 퇴원 계획을 서둘러 수립하는 방향으로 임상적인 관심이 쏠리고 있는 것도 한 가지 요인이다.

자살 위험성이 높은 환자 중 25% 정도가 의사에게는 자살 사고에 대해 언급하지 않으면서도 가족에게는 이야기한다고 한다(Robins, 1981). Hall 등(1999)은 100명 중 69명의 환자들이 자살 시도를 하기 전에 가볍게 머릿속을 맴도는 자살 사고만 있거나 자살 사고가 없다고 하였다. 또한 이 환자들은 충동적으로 자살 시도를 하기 전에 구체적인 계획을 세운 바가 없다고 하였다. 그리고 이 환자들 중 67%는 이전에 자살 시도를 한 적이 없이 처음으로 시도를 한 사람들이었다.

자살을 시도하였다고 판단되는 환자들은 정신건강의학과 의사와 정신보건 전문가들을 적대적으로 생각한다(Resnick, 2002). 환자에게 자살 사고의 유무, 의도성의 여부, 계획의 유무, 자살을 하지 않겠다는 말을 들은 것 등으로는 충분하지 않다. 가능하다면 가족 구성원이나 환자를 알고 있는 다른 사람을 치료에 개입시켜야 한다. 환자가 진심으로 자살 생각이 없다고 말하였다고 해도 자살 위험성에 대한 평가 없이 환자의 말에만 의존해서 치료를 진행하는 것은 현명한 일이 아니다.

미국정신의학협회(2001)에서는 정신건강의학과 의사에게 특별히 필요한 의학 윤리에 관한 원칙으로 "정신건강의학과 의사는 환자를 일촉즉발의 위기 상황에서 보호하기 위해서 환자가 스스로 드러내지 않는 정보까지도 파악하는 것이 필요하다."고 언급하고 있다. 자살 위험성이 높은 환자를 치료하기 위해서 가족이나 다른 중요한 사람들을 개입시키는데(즉, 중요한 정보를 얻고, 투약과 이에 대한 협조를 위해서, 위험한 무기를 없애기 위해서, 입원시키기 위해서), 이때 환자와의 비밀 보장 의무를 지키지 못하게 될 수 있다. 미국의 경우, 환자의 자살 위험이 임박했다고 판단될 때는 환자에 관한 믿을 만한 정보를 의사가 얻기 위해 주 차원에서 비밀 보장에 대한 법률상의 면제권을 의사에게 부여하기도 한다(Simon, 1992, p. 269). 심각하게 혼돈된 상태의 환자가 동의할 수 있는 능력이 되지 않는다고 판단될 때는 환자를 대신하여 의사결정을 내릴 수 있는 보호자와 면담을 하여야 한다. 미국 내 많은 주에서는 정신 질환이 있는 환자를 대신하여 가장 가까운 친족이 대리로 동의하지 못하도록 하고 있다. 하지만 응급 상황 발생 시 환자를 대신하여 응급으로 동의해야 하는 상황이 발생할 수 있다(Simon & Shuman, 2007). 환자가 다른 사람과의 접촉 자체를 거부하는 상황이 아니라면 환자에 관한 정보를 누설하지 않는다는 전제하에 다른 사람들의 이야기를 듣는 것은 환자와의 비밀 보장 의무를 해치지 않는 것이다. 반대로 환자와 치료적 동맹을 맺게 되고 환자가 동의한다면 치료자는 단지 듣는 것을 넘어서 다른 사람에게 말을 하는 것도 가능하다. 1996년에 발효된 「연방의료보험통상책임법」(HIPAA)에서는 환자를 치료하기 위하여 환자의 동의 없이 정신건강의학과 의사와 다른 치료 제공자가 서로 의견을 나누는 것이 가능하다고 하였다(45 code of Federal Regulations §164.502).

의사가 정신건강의학 검사를 통해서 얻은 정보는 환자가 직접 보고하는 정보에 비해 보다 객관적일 것이다(4장 참조). 가령, 팔이나 목에 나 있는 상처라든가, 화상 자국 등은 명백한 증거가 될 것이다. 정신상태 검사로 저하된 집중력, 기이한 생각, 지시하는 내용의 환청, 심한 사고 장애, 충동성, 술과 약물의 금단 증상 등을 확인할 수 있을 것이다. 의사는 주요우울장애 환자에게서 보이는 흥분성 정도를 신속히 평가하고 이를 우울증의 심각도, 자살 시도와 연결 지어 생각할 수 있다(Perlis et al., 2005).

자살의 위험성을 평가하는 것은 일기예보에 비유할 수 있다(Monahan & Steadman, 1996; Simon, 1992). 이용 가능한 환자의 자료에 대한 의사의 비밀 보장 의무의 수준을 결정하는 것은 자살 위험성에 대한 치료와 관리에 매우 중요하다. 〈표 1-1〉에는 임상가들이 정보를 얻기 위해 사용 가능한 자살 평가에 대한 접근법이 제시되어 있다. 표준 치료에서는 자살 위험성을 적절하게 평가하기 위해서 충분한 양의 정보를 모으는 것을 강조하고 있고, 평가에 대한 지침은 임상가들이 놓치는 부분을 보충할 수 있다.

〈표 1-1〉 입원 환자 대상 자살 위험성 평가를 위한 병력 청취 시 주의할 점

- 환자 특유의 자살 위험 요인을 확인하라.
- 급성 자살 위험 요인을 파악하라.
- 자살 방어 요인을 파악하라.
- 내과적 병력 청취와 혈액실 검사를 실시하라.
- 환자의 치료에 개입하였던 치료진에 관한 정보를 파악하라.
- 환자에게 중요한 보호자와 면담하라.
- 환자의 현재와 과거의 치료진과 의견을 나누라.
- 환자의 현재와 과거의 치료 기록을 확인하라.

주: 외래 환자에게도 내용을 수정하여 사용할 수 있다.
출처: Simon RI: "Suicide Risk Assessment in Managed Care Setings." *Primary Psychiatry* 7, 2002, pp. 42-43, 46-49에서 허가하에 수정하여 인용함.

자살 위험 요인

과거 자살 시도 여부, 절망감 또는 자살 가족력과 같은 일반적인 위험 요인은 대부분의 임상 상황에서 적용된다. 개인적인 위험 요인이란 특정 환자에게서 특이하게 발견되는 독특한 요인을 말한다. 원래 말을 더듬는 환자가 자살할 때 더 이상 말을 더듬지 않는 것과 같은 것이 전형적인 예다. 자살 위험 요인은 문화적인 면도 내포하고 있는데, 극동지역에서 수치심에 따른 자살이 많은 것이 그런 경우다. 자살 위험 요인은 처음 감옥에 입소했을 때와 같이 특정 환경에서 발생하기도 한다. 친구의 자살을 직접 목격하거나 전해 들은 청소년의 경우에는 그 연령대의 정서적 전염성이 중요한 자살 위험 요인이 될 것이다. 대부분의 임상가는 일반적인 자살 위험 요인들에 의존하지만 개인적·문화적 그리고 맥락상 중요한 위험 요인도 고려하여야 한다.

자살에 대해서 특징적인(pathognomonic) 위험 요인은 없다. 한 가지의 위험 요인은 자살 위험성 평가에 있어서 통계적으로도 유의하지 않기 때문에 한 가지 위험 요인만으로 자살 위험성을 단정할 수는 없다(Meltzer et al., 2003b). 자살 위험성 평가는 다요인적이다. 게다가 지역사회에서 후향적으로 실시한 여러 개의 심리적 부검과 연구들에서도 일반적인 위험 요인들을 확인하였다(Fawcett et al., 1993). 증거에 기반한 일반적인 위험 요인들을 각 환자의 특이적인 위험 요인과 함께 고려하여 임상 상황에 적용하여야 한다.

주요정동장애 환자를 대상으로 실시한 전향적 연구에서 파악한 단기 자살 위험 요인들을 1년 동안 평가한 결과, 통계적으로 유의하였다(Fawcett et al., 1990). 공황 발작, 정신적 불안, 기쁨과 흥미의 상실, 중등도의 알코올 남용, 우울 혼란 상태(혼재성 상태), 집중력의 저하, 전반적인 불면이 이에 해당하는 위험 요인들이었다. 단기 위험 요인은 그 정도가 심각하고 불안을 쉽게 초래하면서도 다양한 정신건강의학과 약 복용을 통해서 감소될 수 있었다(Fawcett, 2001).

자살 사고는 핵심적인 위험 요인이다. 미국의 전국 동반이환 조사(National Comorbidity Survey)에서는, 자살 사고에서 자살 계획으로 넘어갈 확률은 34%이며, 자살 계획에서 자살 시도로 넘어갈 확률은 72%라 보고하였다(Kessler et al., 1999). 자살 사고에서 계획하지 않은 자살 시도로 넘어갈 확률은 26%였다. 이 연구에서, 첫 번째 자살 시도 중 계획하지 않았던 시도의 90% 및 계획한 시도의 60% 정도가 자살 사고를 보인 지 1년 이내에 일어났다. 환자가 수동적인 자살 사고(예를 들어, "신이 저를 데리고 갔으면 좋겠어요." "나는 자살할 거예요.")를 보고할 때는 반드시 자살 위험성을 체계적으로 평가해야 한다. 수동적인 자살 사고도 빠르게 능동적으로 바뀔 수 있다. 또한 환자가 능동적인 자살 사고를 숨기거나 축소할 수도 있다. 수동적인 자살 사고에서 자살의 의도는 간접적 방법에 의해 죽는 것이다(11장 참조).

환자의 자살 사고에 대해 평가할 때, 임상가들은 특정한 내용, 강도, 지속 기간 및 이전 삽화 등을 반드시 고려해야 한다. Mann

등(1999)은 개인의 자살 사고 심각도가 자살 시도 위험성의 지표라고 보고하였다. Beck 등(1990)은 자살 사고가 가장 심한 시점에서의 자살 사고에 대해 질문하였을 때, 점수가 높은 환자들이 점수가 낮은 환자들에 비해 자살할 가능성이 14배 높다고 하였다.

주요우울장애와 범불안장애가 같이 있는 환자는 범불안장애가 없는 우울증 환자에 비해 자살 사고가 더 높은 수준으로 나타났다(Zimmerman & Chelminski, 2003). 50% 이상의 주요우울장애에서는 불안과 우울이 함께 나타난다(Zimmerman et al., 2002). 중증의 우울증에 불안 혹은 공황 발작이 동반되는 경우는 치명적인 것으로 드러났다. 환자는 우울한 것을 견딜 수 있을지 모르나, 불안이나 공황이 함께 오면 환자의 삶은 더 이상 견디기 힘들어지고, 그로 인해 자살 위험도 증가할 수 있다. 따라서 항우울제 효과가 나타나기 전에 불안(초조) 증상을 공격적으로 치료해야 한다. 많은 환자가 치료 첫 1~2주 이내에 항우울제에 유의한 반응을 보인다(Posternak et al., 2005).

신속하고 효과적인 치료를 받은 자살 위험 환자에게 시간은 환자의 편이다. 예를 들어, 심한 우울증 환자에게서 치료가 지연되거나 효과가 없다면 시간은 환자에게 불리하게 작용한다. 정신장애는 많은 경우에 진행되고 고착된다. 직업기능 손상과 대인관계 방해 등의 이차적 효과는 절망, 의기소침, 자살 위험성 증가로 이어지게 된다. 이런 경우에는 양극성장애와 조현병 환자의 자살 위험성을 감소시키는 약제인 리튬과 클로자핀을 복용하는 것을 고려해야 한다(Baldessarini et al., 2006).

주요정동장애 환자에게 있는 장기적인 자살 위험 요인은 평가 이후 2년에서 10년 사이에 일어난 자살과 관련성이 있었다(Fawcett et al., 1990). 장기적인 자살 위험 요인에 대한 정보는 지역사회에 기반한 심리적 부검 및 자살한 정신건강의학과 환자에 대한 후향적 연구로부터 도출된다(Fawcett et al., 1993). 장기적인 자살 위험 요인에는 자살 사고, 자살 의지, 심한 절망감, 이전 시도 등이 있다. 총 위험 요인의 수가 많아질수록 자살 위험이 증가하며, 이는 자살 위험성 평가에 있어서 준정량적 차원(quasi-quantitative dimension)을 제시한다(Murphy et al., 1992).

주요정동장애, 만성 알코올 중독과 물질 남용, 조현병, 경계선 인격장애 환자들은 자살 위험성이 더 크다(Fawcett et al., 1993). Roose 등(1983)은 망상을 가진 우울증 환자가 망상이 없는 우울증 환자에 비해 자살할 가능성이 5배나 더 많다고 보고하였다. Busch 등(2003)은 입원 환자의 자살 76건 중 54%에서 정신병과 자살 사이의 연관성을 보여 주고 있다고 하였다. 우울증 공동 연구(Fawcett et al., 1987)에서는 우울증 환자와 망상이 있는 우울증 환자 간에 자살률의 유의한 차이가 없는 것으로 나타났다. 그러나 자살 환자 집단에서 사고 주입 망상이나 과대망상, 독심술에 대한 망상이 특징적으로 나타나고 있었다(Fawcett et al., 1987). 많은 추적 연구 결과를 보면, 정신병적 증상이 있는 우울증 환자가 정신병적 증상이 없는 우울증 환자에 비해 자살할 가능성이 더 높다고 보고되고 있지는 않다(Coryell et al., 1996; Vythilingam et al., 2003). 최근의 조사에서는 정신병의 심각도가 증가할수록 자살 위험성이 증가한다고 나타났다(Warman et al., 2004). 적절한 약물 치료에 반응이 없는 중증의 우울증 환자에게는 전기 경련 치료가 자살 위험성을 빠르게 낮출 수도 있다.

환자들은 개별적이고 개인적인 자살 위험 및 예방 요인 패턴을 나타낸다. 이전 자살 사고의 악화, 자살 위기 혹은 실제 시도로부터 자살 패턴을 파악할 수 있다. 따라서 환자의 정신 역동과 과거 및 현재의 삶의 스트레스 요인에 대한 심리적 반응을 이해하는 것이 중요하다. 이번 장의 앞부분에 나왔던 사례에서, 환자는 우울하고 자살 위험성이 있을 때 기괴한 얼굴 표정의 상동증을 보였다. 이처럼 일부 환자는 자살 위험성이 높을 때 전구 증상처럼 평소와는 다른 자살 위험 요인을 보이기도 한다. 예를 들어, 말을 더듬던 환자가 분명하게 말을 하거나 강박적으로 휘파람을 불거나 자신의 얼굴 피부를 벗기는 등이다. 대부분의 환자는 아침에 일찍 깨기 시작한 후부터 수 시간에서 수일 내에 자살 사고와 같은 자살 위험 패턴을 보인다. 따라서 환자마다 분명한 전구 증상 격의 자살 위험 요인을 그들의 정신 역동과 함께 이해하는 것은 치료 및 안전 보장에 매우 도움이 된다. 또한 종교적 신념이나 삶의 이유 같은 개인의 신념은 중요한 보호 요인이 될 수 있다.

인구학적인 자살 위험 요인은, 예를 들어 나이, 성별, 인종, 결혼 유무 등을 포함한다. 65세 이상 백인 남성의 자살률은 올라가는데, 특히 85세 이상 백인의 자살률이 가장 높게 나타난다. 주목할 만한 점은 남성이 여성보다 자살할 확률이 3~4배 더 높다는 것이다. 하지만 여성은 남성보다 자살 시도를 할 확률이 3~4배 더 높다. 이혼한 사람은 결혼 상태와 비교했을 때 자살 위험성이 유의하게 증가한다. 자살률은 흑인보다 백인에게서(10대 후반 청소년을 제외하고) 더 높게 나타난다. 인구학적 자살 위험 요인은 중요하기는 하지만, 개별 위험 요인의 평가를 보충하기 위해서만 이용된다.

정신 질환의 가족력, 특히 자살의 가족력은 중요한 자살 위험 요인이다. 정동장애, 조현병, 알코올 의존 및 물질 남용, 그리고 B군 인격장애의 병인에는 유전적 요소가 존재한다. 이런 정신 질환은 대부분 자살과 연관이 있다(Mann & Arango, 1999). 하지만 자살 위험의 유전적 그리고 가족적 전달은 정신 질환의 유전과는 무관하다(Brent et al., 1996). 정신 질환은 자살의 필요조건이지만 그 자체만으로 자살을 유발하는 것은 아니다. 난치성의 악성 정신 질환으로 자살에까지 이르는 환자의 경우에는 흔히 그 질환에 대한 유전적 및 가족적 요인이 강하게 있다.

조현병에서 평생 자살에 성공할 확률은 9~13%이다. 미국의 경우, 연간 조현병 환자 중 자살하는 수는 3,600명(전체 자살의 12%)으로 추정되었다. 평생 자살 시도율은 20~40%로 나타났다. 자살은 35세 이하 조현병 환자의 주요 사망 요인이다. 조현병 환자에게 자살의 위험성은 일생 동안 있지만(Heila et al., 1997; Meltzer & Okaly, 1995), 주로 발병 초기 및 활성기에 일어나는 경향이 있다(Meltzer, 2001).

이 장의 앞부분에서 제시했던 사례의 경우, 환자의 자살 시도는 명령하는 내용의 환청에 따른 것이었다. 이전의 문헌들에 의하면, 조현병 환자 중 명령하는 내용의 환청에 따라서 자살을 하게 된 경우는 상대적으로 적었다(Breier & Astrachan, 1984; Roy, 1982). 그럼에도 불구하고, 자살을 명령하는 환청은 신중한 평가를 요하는 중요한 위험 요인이다. 따라서 환자에게 '자살을 명령하는 환청이 급성으로 발생했는지 만성인지, 동조적인지 이질적인지, 익숙한 목소리인지 아닌지' 물을 필요가 있다. 환자가 환청의 명령에 저항할 수 있는지 혹은 목소리에 복종하여 자살 시도를 한 적이 있는지 알아보는 것이 중요하다.

Junginger(1990)는 명령 환각이 있는 환자의 39%가 그것에 복종한다고 보고하였다. 또한 환자들은 환청의 목소리가 누구인지 알 수 있을 때 더 그 명령에 따르는 경향이 있다. Kasper 등(1996)의 연구에 따르면, 명령 환각이 있는 정신건강의학과 입원 환자의 84%는 30일 내에 그 명령을 따랐다. 위험한 행동을 지시하는 명령 환각에 대한 저항은 위험하지 않은 행동에 대한 저항에 비해서 강하게 나타난다고 한다(Junginger, 1995). 그러나 자기 파괴적인 행동을 지시하는 명령 환각을 따랐던 환자의 경우는 이 같은 보고와 맞지 않는다. 자살을 명령하는 환각에 대한 연구에 따르면, 자살을 시도한 환자의 80%는 최소 한 번 이상 명령 환각에 반응하여 자살을 시도했던 것으로 나타났다(Harkavy-Friedman et al., 2003). Hellerstein 등(1987)은 명령 환각의 내용에 대해 연구하여 다음과 같은 범주로 나누었다. 자살 52%, 비폭력적 행동 14%, 자신 및 타인에 대한 치명적이지 않은 상해 12%, 살인 5%, 기타 17%. 따라서 명령 환각의 69%는 폭력적인 내용을 지시한다고 할 수 있다.

자살을 명령하는 내용의 환청을 겪고 있는 환자의 경우는 자살 위험이 높은 것으로 평가되어야 하며, 즉각적인 정신건강의학과 치료와 관리가 필요하다.

Harris와 Barraclough(1997)는 정신 질환의 사망률에 대한 의학 논문 249편을 요약한 바 있다. 그들은 정신건강의학과 환자에게서 관찰된 자살 수와 일반 인구에서 기대되는 자살 수를 비교했다. 표준화 사망비ー즉, 일반 인구에서 예상되는 자살률(표준화 사망비 1)과 비교하여 측정한 특정 질환에서의 상대적인 자살 위험도ー는 실제 사망률을 기대 사망률로 나누어 각 질환별로 계산한 것이다. 저자들은 "만약 이런 결과들이 일반화될 수 있다면, 정신 지체와 치매를 제외한 거의 모든 정신 질환에서 자살 위험성이 증가한다고 할 수 있다."고 하였다.

또한 Harris와 Barraclough는 모든 정신 질환의 치료 상황에서의 표준화 사망비를 계산하였다. 입원 환자의 표준화 사망비는 5.82, 외래 환자에서는 18.09였다. 이전에 어떤 방법으로든 자살 시도를 했던 경우, 표준화 사망비가 38.36으로 가장 높았다. 자살 위험성은 첫 시도 이후 2년 동안 가장 높았다. 정확한 진단이 필수적이다. 정신건강의학과적 · 신경학적 · 내과적 질환들의 표준화 사망비는 정신건강의학과 의사들이 특정 진단에서의 자살 위험성을 평가하는 데 도움이 될 수 있다.

Baldessarini(2003)와 그의 동료들에 따르면 양극성장애의 총 표준화 사망비는 21.8이었다. 여성의 표준화 사망비는 남성보다 1.4배 더 높았다. 대부분의 자살 행동은 질병이 시작된 후 첫 5년 내에 일어난다. 제2형 양극성장애의 표준화 사망비는 24.1이었으며, 이에 비해 제1형 양극성장애에서는 17.0, 단극성 우울증에서는 11.8로 나타났다.

이전에 자살 시도가 있는 경우, 표준화 사망비가 높다는 결과는 다른 연구에서도 보고되었다(Fawcett, 2001). 자살 시도를 했던 환자의 7~12%는 10년 이내에 자살을 하였으며, 따라서 자살 시도가 자살의 중요한 만성적 위험 요인이다. 자살 시도 후 1년 동안에 자살 성공 위험이 가장 높았다. 행동이나 생각으로 자살을 예행 연습해 보는 경우가 흔하다. 최근에 치명적인 자살 시도를 했던 경우, 며칠 안에 자살에 성공하는 경우가 자주 있다. 그러나 대부분의 자살은 이전 시도의 기왕력이 없는 환자에게서 일어난다. 자살한 환자의 대다수는 마지막 진료에서도 자살 의도에 대해 말하지 않았다(Isometsa et al., 1995). 76건의 입원 환자 자살에 대한 후향적 연구에서, Busch 등(2003)은 77%의 환자가 마지막 진료 기록에서도 자살 사고를 부인하였다고 밝혔다. Mann 등(1999)은 이전의 자살 시도와 절망감이 자살로 인한 사망의 가장 강력한 임상적 '예측인자'라고 하였다. 첫 자살 시도에서 자살로 사망하는 비율은 높았으며, 특히 남자에게서 높았다(62%; 여성은 38%) (Isometsa & Lonnqvist, 1998). 이전에 자살 시도를 했던 환자(82%)는 자살 시도나 자살로 인한 사망 시에 최소 두 가지 이상의 다른 방법을 사용했다.

연구자들은 성인의 자살 시도와 관련된 높은 위험 요인은 우울증, 이전의 자살 시도, 절망감, 자살 사고, 알코올 남용, 코카인 사용, 최근 중요한 관계의 상실이라고 하였다(Murphy et al., 1992). 젊은 층의 자살 시도와 관련된 가장 강력한 요인은 우울증, 알코올 혹은 다른 약물 사용 장애, 공격적 혹은 파탄적 행동이다. Weisman 과 Worden(1972)은 자살 평가 시 위험도-구조가능도 평가지수(Risk-rescue rating)를 자살 시도의 치명적인 정도를 결정하는 기술적 및 양적 방법으로 사용하였다.

자살 위험이 있는 대상자

자살 행동이 있는 아동과 청소년의 평가 및 치료를 위한 임상적인 변인들도 있다(Shaffer et al., 1997). 청소년의 위험 요인으로는 이전의 자살 시도, 정동장애, 약물 남용, 독거, 남성, 16세 이상, 육체적 혹은 성적 학대의 과거력 등이 있다. 아동기의 부정적인 경험—예를 들어, 정서적·육체적·성적 학대—은 인생 전반에 걸쳐 자살 시도의 위험성을 증가시킬 수 있다(Dube et al., 2001). 자살하는 여성이 자살하는 남성보다 아동기 학대를 더 많이 경험하였다(Kaplan et al., 1995). Brent(2001)는 최근의 자살 성향, 치료의 강도, 관리의 수준을 결정하는 데 사용할 수 있는 청소년의 자살 위험성을 평가하기 위한 틀을 정리한 바 있다.

65세 이상의 노년기 자살과 우울증, 신체 질병, 기능적 장애, 신경증의 인격 특성, 사회적 고립, 중요한 관계의 상실은 중요한 연관성이 있었다(Conwell & Duberstein, 2001). 특히 85세 이상 남성의 자살률은 상당히 높았다(10만 명 중 60명) (Loebel, 2005). 정동장애는 자살과 밀접한 연관성이 있는 위험 요인이다. 자살 시도를 한 노인 중 41%는 자살 시도 전 28일 이내에 일차 진료 의사를 찾아간 적이 있었다고 한다(Isometsa et al., 1995). 따라서 일차 진료는 고위험군인 노인의 자살 예방에 중요한 부분이다.

인격장애도 환자의 자살 위험성을 높이는 요인이다(Linehan et al., 2000). 인격장애 환자는 일반 인구에 비해 자살 위험이 7배 높다(Harris & Barraclough, 1997). 자살한 환자 중 30~40%는 인격장애가 있었다(Bronisch, 1996; Duberstein & Conwell, 1997). B군 인격장애, 특히 경계선 인격장애와 반사회성 인격장애는 환자의 자살 위험을 증가시킨다(Duberstein & Conwell, 1997). 인격장애가 양극성장애와 동반될 때는 일생 중 자살 위험을 높이는 독립적인 자살 위험 요인으로 작용한다(Garno et al., 2005). 경계선 인격장애 환자에게서 물질 남용 및 우울장애 진단 등의 변수를 통제했을 때, 자살 시도 횟수가 많은 것과 충동성이 관련이 있었다(Brodsky et al., 1997). 인격장애 환자를 종단 연구했을 때, 치명도가 높은 그룹에서 경계선 인격장애, 주요정동장애, 알코올 중독의 조합이 나타났다(Stone, 1993).

자살한 환자의 많은 수에서 인격장애, 최근의 부정적인 인생 사건, 1축 공존 질환을 발견할 수 있었다(Heikkinen et al., 1997). 인격장애 환자에게서 직장 내 어려움, 가족 간 문제, 실직, 경제적 곤란 등 스트레스를 주는 최근의 생활 사건이 매우 높게 나타났다. 자살을 시도하는 환자에게서는 인격장애와 함께 우울 증상 및 물질 의존 장애 등의 다른 요소가 자주 동반되어 나타난다(Isometsa et al., 1996; Suominen et al., 2000).

Gunderson과 Ridolfi(2002)는 경계선 인격장애 환자의 90%에서 자살 위협과 자살 제스처가 반복적으로 일어난다고 하였다. 임상가는 경계선 인격장애 환자의 자살 위험성을 평가할 때 공존 질환, 특히 기분장애, 물질 남용, 이전의 자살 시도 혹은 자해 행동, 충동성 및 불쾌한 최근의 생활 사건 등에 특별히 주의를 기울여야 한다. 경계선 인격장애 환자에게서는 베기(80%), 멍(34%), 화상(20%), 머리 박기(15%), 깨물기(7%)와 같은 자해 행동이 흔하다.

비록 자해는 유사 자살 행동으로 생각되지만, 자해 행동이 있으면 자살 위험은 두 배가 된다(Stone, 1987). 치명적이지 않은 자살 제스처와 실제 자살 시도를 구별하기는 어렵다. 자살 의도는 환자가 자기 파괴적 행동을 통해 죽기를 주관적으로 기대하거나 바라는 것으로 정의한다(American Psychiatric Association, 2003). 임상가는 단지 행동뿐만 아니라, 그 의도를 고려해야 한다. 어떤 환자가 죽을 것이라고 믿고서 아스피린 10알을 복용했을 수도 있다. 하루 6mg의 벤조디아제핀을 복용하는 다른 환자는 1mg짜리 알약 180알을 과량 복용하였으나 자살할 의도가 전혀 없거나 죽지 않을 것을 알고 있었을 수도 있다. 자살 시도의 실패는 자살하고자 하는 의도가 방해받아 신체적 해를 입지 않았을 때 일어난다. 치명성은 자살 방법이나 행동에 의해 생명을 위험하게 하는 정도를 말한다. O' Carroll 등(1996)은 다양한 자살 행동의 정의를 제시했다.

정신건강의학과 의사는 자살의 임박함을 측정하는 데 어려움을 겪는다. 어떤 자살 위험 요인도 임박함을 확인하지 못한다. 임박함은 정의하기가 불가능하며, 의학적이나 정신건강의학적인 용어가 아니다. 임박함은 예측의 또 다른 말이다. 환자가 장전한 총을 자신의 머리에 겨누거나, 다리 위에 걸터앉아 있는 것은 위험성이 높은 정신건강의학과적 응급상황이다. 하지만 그 환자는 사람들에게 방아쇠를 당기거나 뛰어내리는 것을 의논했던 적이 있었다. 자살할 의도를 가진 사람은 보통 마지막 순간까지 양가적이다. 자살 위험성은 끊임없이 변한다. 자살 시도를 할 것인지 아닌지를 예측하는 불가능한 일을 하려 하기보다는 환자를 자살 위기로 몰아 가는 급성 위험 요인을 알아내고, 치료하고 관리하는 것이 꼭 필요하다. 자살의 임박성은 단기적인 예측을 할 수 있다는 착각을 불러온다(11장 참조).

충동성은 알코올이나 물질 남용과 관련 있으며, 주의 깊게 평가해야 하는 중요한 자살 위험 요인이다(Moeller et al., 2001). 주요우울장애, 공황 장애, 세로토닌계와 연관된 공격적 행동을 보이는 많은 자살 시도자들은 충동성을 보인다(Pezawas et al., 2002). Simon 등(2001)은 사례-대조군 연구에서, 153명의 자살 사례 중 24%에서 자살 시도나 거의 치명적인 자살 시도를 결정하는데 5분도 채 걸리지 않음을 밝혔다.

자해하는 환자는 일반 인구보다 충동적이다. 반복적으로 자해하는 환자는 처음 자해를 한 환자보다 더 충동적이다(Evans et al., 1996). 충동성은 급성과 만성의 양상 모두로 나타날 수 있다. 만성적인 충동성의 병력은 생활 스트레스, 상실, 불안을 경험하며 급성의 양상으로 나타날 수 있다. 그 결과, 자살 시도 혹은 난폭한 자살이 자주 일어날 수 있다(Fawcett, 2001). Mann 등(1999)은 주요우울장애가 있는 자살 시도자들에게서 자살 시도를 하지 않는 사람들보다 공격성과 충동성의 수준이 높다고 밝혔다.

충동성, 공격성은 환자에게 폭력적 분노, 폭행, 구속, 기물 파손, 낭비, 과속, 성적 무분별, 적대감, 쉽게 자극됨 및 기타 충동 조절 부족의 증거에 대해 질문함으로써 임상적으로 평가할 수 있다(McGirr et al., 2009). 자신 및 타인에 대한 충동적·공격적 행동의 병력은 만성적인 자살 위험 요인이다(Brent & Mann, 2005).

'수치심에 의한 자살'은 견딜 수 없는 모욕(예를 들어, 추문, 범죄 혐의)에 직면한 사람에게 일어날 수 있다. '수치심에 의한 자살'은 자기애적으로 취약한 사람에게 있는 충동적 행동이다. 그러나 정신 질환 진단과는 관련이 없을 수 있다(Roy, 1986).

환자의 자살 위험성은 치료자가 야기한 문제로 인해 악화될 수 있다. 예를 들어, 치료자가 신체적 혹은 정신적 장애를 유발한 경우, 환자를 착취한 경우, 무능, 무관심, 부정적 역전이, 피로('소진'), 언어적 기술의 부족 등을 보일 경우 등이다(Simon & Gutheil, 2004). 임상가들은 적절한 자살 위험성 평가를 위해서 관용구나 속어적 표현도 이해할 수 있어야 한다. 한번은 아편류 의존이 있는 환자가 심한 우울 및 자살 위험으로 방문하여서는 정신건강의학과 의사에게 "마약을 갑자기 끊었다(gone cold turkey)."고 하였다. 영어 능력에 한계가 있었던 정신건강의학과 의사는 그녀가 혹시 섭식장애가 있는지 묻기 시작했다.

자살 위험성 평가의 방법론

임상가가 이용할 수 있는 자살 위험성 평가 모델은 많이 있으나 (Beck et al., 1998; Clark & Fawcett, 1999; Jacobs et al., 1999; Linehan, 1993; Mays, 2004; Rudd et al., 2001; Shea, 2004), 여기서 몇 가지 방법만 소개할 수 있다. 어떤 자살 위험성 평가 모델도 아직 경험적으로 신뢰도나 타당도가 확인된 바 없다(Busch et al., 1993). 임상가들은 수련, 임상 경험 또한 일반적으로 근거 중심 정신의학 논문 등에 근거해서 자신만의 체계적인 위험성 평가 방법을 만들 수도 있다. [그림 1-1] [그림 1-2] [그림 1-3]의 자살 위험성 평가의 예는 체계적인 자살 위험성 평가를 개념화하는 한 가지 방법일 뿐이다. [그림 1-1]의 모델은 자살 위험성 평가에 대한 체계적 접근을 촉진하기 위해 고안된 교육용 도구다. 따라서 이것을 규정된 서식이나 기계적으로 적용하는 프로토콜로 사용해서는 안 된다. 어떤 자살 위험성 평가 서식만을 단독으로 사용하는 것은 추천되지 않는다.

자살 위험 요인은 환자 개인에 따라 그 개수와 중요성이 다를 수 있다. 임상가는 논리적인 판단을 통해서 위험 및 보호 요인의 임상적 중요성을 규명해야 한다. 흔히 보호 요인을 위험 요인과 함께 평가하는 것을 빠뜨리는 실수를 범한다. 자살에 대해 보호 요인을 평가하는 것이야말로 자살 위험성 평가에 균형을 잡기 위해 중요하다. 전술한 바와 같이, 각 환자는 각자 다른 자살 위험 요인의 프로파일을 갖기 때문에 이를 알아내고 평가하는 것에 우선순위를 두어야 한다. 보호 요인은 위험 요인보다 다양한 양상으로 나타난다. 위험 요인 프로파일 혹은 전구 징후는 이후에 발병

평가 요인[a]	위 험	보 호
개인적 요인		
고유의 임상 양상(전구기)		
종교적 신념		
삶의 이유		
임상적 요인		
현재의 자살 시도(치명성)		
치료적 동맹		
치료의 참가 정도		
치료적 이득		
자살 사고		
자살 의도		
자살 계획		
절망감		
이전의 자살 시도(치명성)		
공황 발작		
정신적 불안		
즐거움과 흥미의 상실		
알코올 및 약물 남용		
우울성 혼란(혼재 상태, Depressive turmoil)		
집중력 감소		
전반적 불면		
정신건강의학과적 질환(축1, 축2)		

〈계속〉

증상의 심각도		
공존 질환		
최근 정신건강의학과 퇴원		
충동성, 공격성		
초조(좌불안석증)		
신체 질환		
정신건강의학과 질환의 가족력(자살의 가족력)		
소아기의 성적, 육체적 학대		
정신적 능력		
대인관계 요인		
직장 혹은 학교		
가족		
배우자 혹은 파트너		
자녀		
상황적 요인		
생활환경		
고용 혹은 학교 상태		
총기류 사용 가능성		
보호적 환경		
인구학적 요인		
나이		
성별		
결혼 상태		
인종/민족		
총 위험성 평가[b]		

[a] 평가 요인 중 위험 요인과 보호 요인은 낮음(L), 중간(M), 높음(H), 해당되지 않을 때 (O) 혹은 범위(L-M, M-H)로 평가한다.
[b] 총 자살 위험성은 낮음, 중간, 높음 혹은 위험성의 범위로 평가한다.
출처: Simon(2004)에서 허가하에 인용함.

[그림 1-1] 체계적인 자살 위험성 평가: 개념적인 모델

평가 요인[a]	위험	보호
개인적 요인		
고유의 임상 양상(전구기)	H	
종교적 신념	O	
삶의 이유	O	
임상적 요인		
현재의 자살 시도(치명성)	H	
치료적 동맹	H	
치료의 참가 정도	L	
치료적 이득	O	
자살 사고(명령 환각)	H	
자살 의도	H	
자살 계획	O	
절망감	M-H	
이전의 자살 시도(치명성)	L	
공황 발작	O	
정신적 불안	O	
즐거움과 흥미의 상실	H	
알코올 및 약물 남용	H	
우울성 혼란(혼재 상태)	O	
집중력 감소	H	
전반적 불면	M-H	
정신건강의학과적 질환(축1, 축2)	H	
증상의 심각도	H	
공존 질환	H	
최근 정신건강의학과 퇴원(3개월 내)	O	
충동성, 공격성	M-H	
초조(좌불안석증)	H	

〈계속〉

신체 질환	O	
정신건강의학과 질환의 가족력(자살의 가족력)	H	
소아기의 성적, 육체적 학대	O	
정신적 능력	M	
대인관계 요인		
직장 혹은 학교		L
가족		M
배우자 혹은 파트너	H	
자녀	O	
상황적 요인		
생활환경		M
고용 혹은 학교 상태		L
재정 상황		L-M
총기류 사용 가능성	H	
보호적 환경	O	
인구학적 요인		
나이	M	
성별	H	
결혼 상태	L	
인종/민족	O	
총 위험성 평가[b]	**높음**	

[a] 평가 요인 중 위험 요인과 보호 요인은 낮음(L), 중간(M), 높음(H), 해당되지 않을 때 (O) 혹은 범위(L-M, M-H)로 평가한다.
[b] 총 자살 위험성은 낮음, 중간, 높음 혹은 위험성의 범위로 평가한다.
출처: Simon(2004)에서 허가하에 인용함.

[그림 1-2] 입원 시 체계적인 자살 위험성 평가: 사례의 예

평가 요인[a]	위 험	보 호
개인적 요인		
고유의 임상 양상(전구기)	O	
종교적 신념		H
삶의 이유		M
임상적 요인		
현재의 자살 시도(치명성)	H	
치료적 동맹		M
치료의 참가 정도		H
치료적 이득		M
자살 사고(명령 환각)	M	
자살 의도	O	
자살 계획	O	
절망감	L	
이전의 자살 시도(치명성)	L	
공황 발작	O	
정신적 불안	O	
즐거움과 흥미의 상실	L	
알코올 및 약물 남용	M	
우울성 혼란(혼재 상태)	O	
집중력 감소	H	
전반적 불면	L	
정신건강의학과적 질환(축1, 축2)	H	
증상의 심각도	L-M	
공존 질환	H	
최근 정신건강의학과 퇴원(3개월 내)	O	
충동성, 공격성	L	
초조(좌불안석증)	O	

〈계속〉

신체 질환	H	
정신건강의학과 질환의 가족력(자살의 가족력)	H	
소아기의 성적, 육체적 학대	O	
정신적 능력	L	
대인관계 요인		
직장 혹은 학교		H
가족		H
배우자 혹은 파트너	L-M	
자녀	O	
상황적 요인		
생활환경		M
고용 혹은 학교 상태		H
재정 상황		M
총기류 사용 가능성		O
보호적 환경	L-M	
인구학적 요인		
나이	M	
성별	L	
결혼 상태	L	
인종/민족	O	
총 위험성 평가[b]	중간	

[a] 평가 요인 중 위험 요인과 보호 요인은 낮음(L), 중간(M), 높음(H), 해당되지 않을 때 (O) 혹은 범위(L-M, M-H)로 평가한다.
[b] 총 자살 위험성은 낮음, 중간, 높음 혹은 위험성의 범위로 평가한다.
출처: Simon(2004)에서 허가하에 인용함.

[그림 1-3] 퇴원 시 체계적인 자살 위험성 평가: 사례의 예

하는 정신건강의학과 질환 속에서도 되풀이되는 경향이 있다.

Malone 등(2000)은 주요우울장애로 입원한 환자를 대상으로 우울의 심각도, 전반적인 정신병리, 자살의 과거력, 삶의 이유 그리고 절망감 등을 평가하였다. 자살 보호 요인의 평가를 위해 자가 보고 삶의 이유 척도(The self-report Reasons for Living Inventory)를 사용하였다(Linehan et al., 1983). 그 결과, 삶의 이유 척도의 총점은 절망감, 주관적 우울 그리고 자살 사고 점수의 합계와 반비례 관계로 나타났다. 이에 저자들은 자살 위험 환자를 임상적으로 평가하고 치료하는 데 있어서 삶의 이유를 포함할 것을 추천하였다.

자살의 보호 요인에는 가족과 사회의 지지, 임신, 가정 내 자녀의 유무, 강한 종교적 신념과 자살에 반한 문화적 제재 등이 포함된다(Institute of Medicine, 2001). 그러나 어떤 가정은 다양한 이유로 인하여 지지적이지 못할 수 있다. 종교 생활은 우울한 환자들의 자살 행동과 연관이 덜하다고 보고된 바 있다(Dervic et al., 2004). 그러나 심각하게 우울한 환자들은 신에게 버림받았다는 기분이나 신도 이를 이해해 줄 것이라는 생각을 가질 수 있고, 이것은 자살의 위험성을 증가시킬 것이다. 반면에 생존과 대처 기술, 가족의 반응도와 자녀들에 대한 관심은 보호 요인으로 작용할 수 있다(Linehan et al., 1983).

환자와 치료자 사이의 치료적 동맹은 자살을 막는 데 중요한 보호 요인으로 작용한다(Simon, 1998). 치료적 동맹은 여러 가지 요인들에 의해 영향을 받는데, 특히 질병의 특성이나 심각도가 큰 영향을 미치게 된다. 각 진료마다 환자에게 치료적 동맹의 영향은 빠르게 변할 수 있다. 또한 치료적 동맹이 진료 사이에 존재하거나 유지될 것으로 예측할 수도 없다. 간혹 치료자들은 자신과 치료적 동맹을 강하게 맺고 있다고 생각한 환자가 진료 사이에 자살 시도나 자살을 저지른 경우 매우 당황하게 된다. 그렇더라도 자살의 위험성이 있는 환자의 경우에는 치료적 동맹이 없는 경우를 매우 심각한 위험 요인으로 생각해야 한다.

보호 요인들은 위험 요인과 마찬가지로 환자 개개인의 자살 위험성의 임상 양상에 따라 다양하게 변할 수 있다. 자살 위험 요인과 보호 요인 사이의 관계는 밀물과 썰물처럼 변화한다. 보호 요인은 퇴원 계획을 세울 때 중요하며, 환자들이 위험 요인보다 보호 요인에 대해 더 편하게 이야기할 수 있기 때문에 환자 본인이나 치료자가 보호 요인을 과대평가할 가능성이 있다. 또한 정신 질환의 급성과 심각성에 의해 보호 요인조차도 무력화될 수 있다 (7장 참조).

[그림 1-1]은 ① 개인적 요인, ② 임상적 요인, ③ 대인관계 요인, ④ 상황적 요인, ⑤ 인구학적 요인으로 분류하여 자살 위험성을 평가하고 있다. 임상가는 위험 요인과 보호 요인을 임상 양상의 바탕으로 점수를 평가한다. 급성, 고도의 자살 위험 요인은 지속적으로 임상적 관심의 초점이 된다. '급성'은, 예를 들어 단지 잠을 일찍 깨는 것과 전반적 불면의 차이처럼 증상의 강도(심각도)와 규모(지속 기간)를 의미한다. 자살 위험 요인의 심각도는 자살과 관련된 근거 중심의 자료를 통해 확인할 수 있다(7장 참조).

자살 위험성이 연속성을 보임을 반영하는 경도, 중등도, 중증

혹은 자살의 위험성을 시사하는 요소가 없음 등의 차원적 척도가 사용된다. 최종적으로 위험성에 대한 평가는 전체적인 위험 요인과 보호 요인들을 검토한 뒤 임상적인 판단을 통해 이루어진다. 전체적 위험성 평가는 치료, 안전 관리와 퇴원 결정을 내리는 데 도움이 된다. [그림 1-1]의 목적은 체계적인 자살 위험성을 평가하는 것에 도움이 되는 개념적 모델을 제시하는 것에 있다. 이러한 평가는 전반적인 정신건강의학과적 검사가 이루어진 후, 그리고 이후 지속적인 치료 중에 효율적으로 이루어져야 한다. 이를 위해서는 의사가 자살 위험성 평가와 임상적 판단의 과정을 동시에 간단히 기록하는 것이 좋다(〈표 1-2〉 참조).

예를 들어, 급성(임상적 관심의 초점) 혹은 만성(지속적인, 보통 고정된 위험 요인)으로 위험 요인을 나누어 평가할 수 있다. 초기의 정신건강의학과적 검사와 체계적인 자살 위험성의 평가는 후에 임상가가 환자가 치료받게 될 급성의 자살 위험 요인에 대한 경과를 평가할 수 있다. 변경 가능하고 치료 가능한 자살 위험 요인들은 초기에 발견하여 적극적으로 치료하여야 한다. 예를 들어, 불안, 우울, 불면 그리고 정신병적 증상은 약물이나 심리사회적 중

〈표 1-2〉 자살 위험성 평가 기록의 예

- 자살 위험 요인들을 확인하고 중요도를 평가(낮음, 중간, 높음)
- 보호 요인들을 확인하고 중요도를 평가(낮음, 중간, 높음)
- 전체적인 평가(낮음, 중간, 높음 혹은 범위로)
- 평가 결과에 의한 치료와 관리 중재
- 평가된 중재의 효율성

출처: Simon(2004)에서 허가하에 인용함.

재들로 비교적 빨리 교정할 수 있고, 충동성은 항경련제 등으로 조절할 수 있다(Hollander et al., 2002) (〈표 1-3〉 참조). 임상가는 보호 요인들을 찾아내고, 지지하고, 가능하다면 강화시켜야 한다. 심리사회적 중재들은 가정, 직장이나 학교에서 발생한 대인관계 문제를 해결하거나 완화할 수 있다. 또한 퇴원 시에 최종적인 체계적 자살 위험성 평가를 한다면 최초 병원을 방문하거나 입원하였을 때 평가했던 것과 비교하여 무엇이 바뀌었는지 확인할 수 있을 것이다.

〈표 1-3〉 교정 가능하고 치료 가능한 자살 위험 요인의 예	
우울	충동성
불안	초조
공황 발작	신체 질환
정신병	상황(예: 가족, 직장 등)
수면장애	치명적 도구(예: 총, 약물 등)
물질 남용	약물 부작용(예: 좌불안석증)

출처: Simon(2004)에서 허가하에 인용함.

결론

자살 위험성의 평가는 일회성이 아니라 지속되는 과정이다. 자살 위험은 몇 분에서 몇 시간 혹은 며칠간 지속될 수 있는 연속선상에 존재하는 것이다. 따라서 안전 상태의 변화나 격리 또는 감금의 해제, 병동의 변경, 외출이나 외박의 허가 이전, 퇴원의 시기 등과 같은 다양한 임상적 전환점에서 반드시 평가가 이루어져야 한다. 급성 위험 요인의 경과에 따른 자살 위험성 평가의 과정은 이 장의 앞에 나왔던 사례에서 제시되었다. 외래 환자의 경우, 자살 위험성의 체계적 평가는 자발적 혹은 비자발적 입원에 대한 임상적 결정을 할 때 특히 중요하다.

조현병, 불안장애, 주요정동장애, 그리고 물질 남용 장애 등의 1축 진단을 가진 환자들은 종종 급성(상황적) 자살 위험 요인들을 보인다. 2축의 장애를 가진 환자들은 자주 만성(경향적) 자살 위험 요인들을 보이는데, 2축의 장애가 악화되거나 1축의 장애가 동반될 경우(물질 남용), 충동성과 같은 만성적인 자살 위험 요인이 악화되거나 급성 위험 요인으로 바뀔 수 있다. 정신 질환의 가족력이 있는 경우, 특히 자살과 관련된 경우는 매우 중요한 만성적(고정적) 위험 요인이다. 자살 시도가 동반된 기분장애를 가진 부모의 자녀들은 자살의 위험성이 매우 높게 나타난다(Brent et al., 2002). 사례에서도 환자의 고모는 만성 조현병 진단을 받았으며, 삼촌은 조울 경향이 있고 자살하였다. 공존 질환 또한 환자의 자살 위험성을 크게 높인다(Kessler et al., 1999). 자살의 위험성은 위험 요인의 수에 따라 증가하여 자살 위험성 평가에 준정량적인 차원을 규정한다(Murphy et al., 1992).

필수적인(예: 우울증) 그리고 충분한(예: 상황적) 요인은 또 다른 평가 변인을 규정한다. 예를 들어, 개인적인 상실이나 직업과 관련된 위기를 겪은 주요우울장애 환자의 경우에는 자살의 필요조건과 충분조건을 만족하게 된다. 이러한 경우 개인적인(예: 독특한, 혹은 일반적이지 않은 자살 위험 요인) 그리고 상황적인(예: 상실) 변인들을 평가하는 것 역시 자살 위험성을 평가하는 데 큰 도움이 된다. 이러한 변인은 필수요인과 충분요인에 대한 분석 결과의 변형이다.

체계적인 자살 위험성에 대한 평가는 필요한 임상적 정보를 모으는 데 도움이 된다. Malone 등(1995)은 입원 시 일상적인 임상적 평가로는 연구용 평가에 의해 우울하고 자살 과거력이 있는 것으로 나타난 50명의 환자 중 12명의 자살 행동의 과거력을 파악하지 못하였다고 하였다. 종합적인 연구용 평가에 의한 자살 시도 자료에서 밝혀진 것에 비하여 적은 수의 자살 시도 횟수만이 임상적으로 보고되었다. 자살 행동의 기록은 퇴원 시에 임상적 평가만 있는 자료를 통해 확인하는 것보다는 입원 시에 반구조화된 형식의 평가를 하였을 때 가장 정확하다. Malone과 그의 동료들은 반구조화된 선별도구를 사용할 것을 추천하고, 이것이 환자의 일생 동안 나타난 자살 행동을 확인하는 데 도움을 줄 수 있다고 하였다.

환자의 위험 요인과 보호 요인에 대한 체계적인 자살 위험성 평가를 하는 것은 환자에 대한 정보를 모으고, 이 정보를 통해 환자의 자살 위험성을 확인하고, 치료하고, 관리하는 것을 향상시키는 시작 관문이다.

- 자살 위험성이 있는 환자에게는 지속적인 평가, 치료 그리고 관리에 충분한 시간과 노력이 필요하다.
- 자살 위험성이 있는 환자의 치료와 관리에 대한 정보를 얻기 위하여 체계적인 자살 위험성 평가를 시행한다.
- 치료 가능한 그리고 변화 가능한 자살의 위험 요인 및 보호 요인을 파악하고 공격적으로 치료한다. 지연되고 불충분한 치료에 의해 환자의 정신건강의학과적 상태는 더욱 확고해져, 결국 치료 의욕이 저하되고 희망을 잃으며 부정적인 삶의 결과를 겪게 된다. 양극성장애나 조현병 환자의 경우에는 자살을 줄일 수 있는 리튬, 클로자핀과 같은 약물 사용을 고려한다.
- 체계적인 자살 위험성 평가를 시행하는 대신에 자살 예방 서약을 해서는 안 된다. 자살 위험성의 평가는 일회성이 아니라 지속되는 과정이다.
- 자살 위험성을 평가하면서 동시에 기록한다. 그렇게 하는 것이 좋은 임상적 치료를 촉진하며 표준 치료가 된다.

참고문헌

Addy CL: Statistical concepts of prediction, in Assessment and Prediction of Suicide. Edited by Maris RW, Berman AL, Maltsberger JT, et al. New York, Guilford, 1992, pp 218-232

American Psychiatric Association: Principles of Medical Ethics With Annotations Especially Applicable to Psychiatry. Washington, DC, American Psychiatric Association, 2001

American Psychiatric Association: Practice guideline for the assessment and treatment of patients with suicidal behaviors. Am J Psychiatry 160 (suppl 11): 1-60, 2003

Baldessarini RJ: Lithium: effects on depression and suicide. J Clin Psychiatry 64: 7, 2003

Baldessarini RJ, Pompili M, Tondo L: Bipolar disorder, in The American Psychiatric Publishing Textbook of Suicide Assessment and Management. Edited by Simon RI, Hales RE. Washington, DC, American Psychiatric Publishing, 2006, pp 277-299

Beck AT, Brown G, Berchick RJ, et al: Relationship between hopelessness and ultimate suicide: a replication with psychiatric outpatients. Am J Psychiatry 147: 190-195, 1990

Beck AT, Steer RA, Ranieri WF: Scale for suicidal ideation: psychometric properties of a self-report version. J Clin Psychol 44: 499-505, 1998

Black HG: Black's Law Dictionary, 7th Edition. St Paul, MN, West Publishing Group, 1999

Bongar B, Maris RW, Bertram AL, et al: Outpatient standards of care and the suicidal patient. Suicide Life Threat Behav 22: 453-478, 1992

Brent DA: Assessment and treatment of the youthful suicidal patient. Ann N Y Acad Sci 932: 106-131, 2001

Brent DA, Mann JJ: Family genetic studies, suicide and suicidal behavior. Am J Med Genet 133: 13-24, 2005

Brent DA, Bridge J, Johnson BA, et al: Suicidal behavior runs in families. Arch Gen Psychiatry 53: 1145-1152, 1996

Brent DA, Oquendo M, Birmaher B, et al: Familial pathways to early onset suicide attempt. Arch Gen Psyciatry 59: 801-807, 2002

Breier A, Astrachan BM: Characterization of schizophrenic patients who commit suicide. Am J Psychiatry 141: 206-209, 1984

Brodsky, BS, Malone KM, Ellis SP, et al: Characteristics of borderline personality disorder associated with suicidal behavior. Am J Psychiatry 154: 1715-1719, 1997

Bronisch T: The trypology of personality disorders-diagnositic problems and their relevance for suicidal behavior. Crisis 17: 55-58, 1996

Busch KA, Clark DC, Fawcett J, et al: Clinical features of inpatient suicide. Psychiatr Ann 23: 256-262, 1993

Busch KA, Fawcett J, Jacobs DG: Clinical correlates of inpatient suicide. J Clin Psychiatry 64: 14-19, 2003

Clark DC, Fawcett J: An empirically based model of suicide risk assessment of patients with affective disorders, in Suicide and Clinical Practice. Edited by Jacobs DJ. Washington, DC, American Psychiatric Association, 1999, pp 55-73

Conwell Y, Duberstein PR: Suicide in elders. Ann N Y Acad Sci 932: 132-150, 2001

Coryell W, Leon A, Winokur G, et al: Importance of psychotic features to long-term course in major depressive disorder. Am J Psychiatry 153: 483-489, 1996

Dervic K, Oquendo MA, Grunebaum MF, et al: Religious affiliation and suicide attempt. Am J Psychiatry 161: 2303-2308, 2004

Dube SR, Anda RF, Felitti VJ, et al: Childhood abuse, household dysfunction and the risk of attempted suicide throughout the lifespan: findings from the Adverse Childhood Experiences Study. JAMA 286: 3089-3096, 2001

Duberstein P, Conwell Y: Personality disorders and completed suicide: a methodological and conceptual review. Clinical Psychology: Science and Practice 4: 359-376, 1997

Evans J, Platts H, Liebenau A: Impulsiveness and deliberate self-harm: a comparison of "first-timers" and "repeaters." Acta Psychiatr Scand 93: 378-380, 1996

Fawcett J: Treating impulsivity and anxiety in the suicidal patient. Ann N Y Acad Sci 932: 94-105, 2001

Fawcett J, Scheftner WA, Clark DC, et al: Clinical predictors of suicide in patients with major affective disorders: a controlled prospective study. Am J Psychiatry 144: 35-40, 1987

Fawcett J, Scheftner WA, Fogg L, et al: Time-related predictors of suicide in major affective disorder. Am J Psychiatry 147: 1189-1194, 1990

Fawcett J, Clark DC, Busch KA: Assessing and treating the patient at suicide risk. Psychiatr Ann 23: 244-255, 1993

Garno JL, Coldberg JF, Ramirez PM, et al: Bipolar disorder with comorbid cluster B personality features: impact on suicidality. J Clin Psychiatry 66: 339-345, 2005

Gunderson JG, Ridolfi ME: Borderline personality disorder: suicide and self-mutilation. Ann N Y Acad Sci 932: 61-77, 2002

Hall RC, Platt DE, Hall RC: Suicide risk assessment: a review of risk factors for suicide in 100 patients who made severe suicide attempts: evaluation of suicide risk in a time of managed care. Psychosomatics 40: 18-27, 1999

Harkavy-Friedman JM, Kimhy D, Nelson EA., et al: Suicide attempts in schizophrenia: the role of command auditory hallucinations for suicide. J Clin Psychiatry 64: 871-874, 2003

Harris CE, Barraclough B: Suicide as an outcome for mental disorders. Br J

Psychiatry 170: 205-228, 1997

Heikkinen ME, Henriksson MM, Erkki T, et al: Recent life events and suicide in personality disorders. J Nerv Ment Dis 185: 373-381, 1997

Heila H, Isometsa ET, Henriksson MM, et al: Suicide and schizophrenia: a nationwide psychological autopsy study on age- and sex-specific clinical characteristics of 92 suicide victims with schizophrenia. Am J Psychiatry 154: 1235-1242, 1997

Heila H, Heikkinen ME, Isometsa ET, et al: Life events and completed suicide in schizophrenia: a comparison of suicide victims with and without schizophrenia. Schizophr Bull 25: 519-531, 1999

Hellerstein D, Frosch W, Koenigsbert HW: The clinical significance of command hallucinations. Am J Psychiatry 144: 219-225, 1987

Heron M, Hoyert DL, Murphy SL, et al: Deaths: final date for 2006. National Vital Statistics Reports. April 2009. Available at: http://www.cdc.gov/ nchs/data/nvsr/nvsr57/nvsr57_14.pdf. Accessed January 15, 2010

Hollander E, Posner N, Cherkasky S: Neuropsychiatric aspects of aggression and impulse control disorders, in The American Psychiatric Press Textbook of Neuropsychiatry and Behavioral Neuroscience, 4th Edition. Edited by Yudofsky SC, Hales RE. Washington, DC, American Psychiatric Press, 2002, pp 579-596

Institute of Medicine: Reducing Suicide: A National Imperative. Washington, DC, National Academic Press, 2001, pp 2-4

Isometsa ET, Lonnqvist JK: Suicide attempts preceding completed suicide. Br J Psychiatry 173: 531-535, 1998

Isometsa ET, Heikkinen ME, Martunen MJ, et al: The last appointment before suicide: is suicide intent communicated? Am J Psychiatry 152: 919-922, 1995

Isometsa ET, Henriksson MM, Heikkinen ME, et al: Suicide among subjects with personality disorders. Am J Psychiatry 153: 667-673, 1996

Jacobs DG, Brewer M, Klein-Benheim M: Suicide assessment: an overview and recommended protocol, in Guide to Suicide Assessment and Intervention. Edited by Jacobs DJ. San Francisco, CA, Jossey-Bass, 1999, pp 3-39

Junginger J: Predicting compliance with command hallucinations. Am J Psychiatry 147: 245-247, 1990

Junginger J: Command hallucinations and the prediction of dangerousness. Psychiatr Serv 46: 911-914, 1995

Kaplan M, Asnis GM, Lipschitz DS, et al: Suicidal behavior and abuse in psychiatric outpatients. Compr Psychiatry 36: 229-235, 1995

Kasper ME, Rogers R, Adams PA: Dangerousness and command hallucinations: an investigation of psychotic inpatients. Bull Am Acad Psychiatry Law 24: 219-224, 1996

Kessler RC, Borges G, Walters EE: Prevalence of and risk factors for lifetime suicide attempts in The National Comorbidity Survey. Arch Gen Psychiatry 55: 617-626, 1999

Linehan MM: Cognitive Behavioral Treatment of Borderline Personality Disorder. New York, Guilford, 1993

Linehan MM, Goodstein JL, Nielsen SL, et al: Reasons for staying alive when you are thinking of killing yourself: the Reasons for Living Inventory. J Consult Clin Psychol 51: 276-286, 1983

Linehan MM, Rizvi SL, Welch SS, et al: Psychiatric aspects of suicidal behavior: personality disorders, in The International Handbook of Suicide and Attempted Suicide. Edited by Hawton K, van Heeringen K. New York, Wiley, 2000, pp 147-148

Loebel JP: Completed suicide in late life. Psychiatr Serv 56: 260-262, 2005

Malone KM, Katalin S, Corbitt EM, et al: Clinical assessment versus research methods in the assessment of suicidal behavior. Am J Psychiatry 152: 1601-1607, 1995

Malone KM, Oquendo MA, Hass GL, et al: Prospective factors against suicidal acts in major depression: reasons for living. Am J Psychiatry

157: 1084-1088, 2000

Mann JJ, Arango V: The neurobiology of suicidal behavior, in Guide to Suicide Assessment and Intervention. Edited by Jacobs D. San Francisco, CA, Jossey-Bass, 1999, pp 98-114

Mann JJ, Waternaux C, Haas GL, et al: Toward a clinical model of suicidal behavior in psychiatric patients. Am J Psychiatry 156: 181-189, 1999

Mays D: Structured assessment methods may improve suicide prevention. Psychiatr Ann 34: 367-372, 2004

McGirr A, Martin A, Ségun M, et al: Familial aggregation of suicide explained by cluster B traits: a three-group family study of suicide controlling for major depressive disorder. Am J Psychiatry 166: 1124-1134, 2009

Meltzer HY: Treatment of suicidality in schizophrenia. Ann N Y Acad Sci 932: 44-60, 2001

Meltzer HY, Okaly G: Reduction of suicidality during clozapine treatment of neuroleptic-resistant schizophrenia: impact of risk-benefit assessment. Am J Psychiatry 152: 183-190, 1995

Meltzer HY, Alphs L, Green AI, et al: Clozapine treatment for suicidality in schizophrenia: international suicide prevention trial (InterSePT). Arch Gen Psychiatry 60: 82-91, 2003a

Meltzer HY, Conley RR, de Leo D, et al: Intervention strategies for suicidality. Audiograph Series. J Clin Psychiatry 6: 1-18, 2003b

Moeller FG, Barratt ES, Dougherty DM, et al: Psychiatric aspects of impulsivity. Am J Psychiatry 158: 1783-1793, 2001

Monahan J, Steadman HJ: Violent storms and violent people: how meterology can inform risk communication in mental health law. Am J Psychol 51: 931-938, 1996

Murphy GE, Wetzel RD, Robins E, et al: Multiple risk factors predict suicide in alcoholism. Arch Gen Psychiatry 49: 459-462, 1992

O'Carroll PW, Berman AL, Maris RW, et al: Beyond the Tower of Babel: a nomenclature for suicidology. Suicide Life Threat Behav 26: 237–252, 1996

Oquendo MA, Halberstam, Mann JJ: Risk factors for suicidal behavior: the utility and limitation of research instruments, in Standardized Evaluation in Clinical Practice. Edited by First MB. Washington, DC, American Psychiatric Publishing, 2003, pp 103–130

Perlis RH, Fraquas R, Fava M, et al: Prevalence and clinical correlates of irritability in major depressive disorder: a preliminary report from the Sequenced Treatment Alternatives to Relieve Depression study. J Clin Psychiatry 66: 159–166, 2005

Peters PG: The Quiet demise of deference to custom: malpractice law and the millennium. Wash Lee Law Rev 57: 163, 2000

Pezawas L, Stamenkovic M, Reinhold J, et al: A longitudinal view of triggers and thresholds of suicidal behavior in depression. J Clin Psychiatry 63: 866–873, 2002

Pokorny AD: Predictions of suicide in psychiatric patients: report of a prospective study. Arch Gen Psychiatry 40: 249–257, 1983

Pokorny AD: Suicide prediction revisited. Suicide Life Threat Behav 23: 1–10, 1993

Posternak MA, Zimmerman M: Is there a delay in the antidepressant effect? A meta–analysis. J Clin Psychiatry 66: 148–158, 2005

Resnick PJ: Recognizing that the suicidal patient views you as an adversary. Curr Psychiatr 1: 8, 2002

Robins E: The Final Months: Study of the Lives of 134 Persons Who Committed Suicide. New York, Oxford University Press, 1981

Roose SP, Glassman AH, Walsh BT, et al: Depression, delusions, and suicide. Am J Psychiatry 140: 1159–1162, 1983

Roy A: Suicide in chronic schizophrenia. Br J Psychiatry 141: 171–177, 1982

Roy A: Suicide Baltimore, MD, Williams & Wilkins, 1986, pp 6, 93–94

Rudd MD, Joiner T, Rajab MH: Treating Suicidal Behavior: An Effective,

Time-Limited Approach. New York, Guilford, 2001

Scheiber SC, Kramer TS, Adamowski SE: Core Competencies for Psychiatric Practice: What Clinicians Need to Know (A Report of the American Board of Psychiatry and Neurology). Washington, DC, American Psychiatric Publishing, 2003

Shaffer DA, Pfeffer CR, Bernet W, et al: Practice parameter for the assessment and treatment of children and adolescents with suicidal behavior. J Am Acad Child Adolesc Psychiatry 36 (suppl), 1997

Shea SC: The delicate art of eliciting suicidal ideation. Psychiatr Ann 34: 385-400, 2004

Simon RI: Clinical Psychiatry and the Law, 2nd Edition. Washington, DC, American Psychiatric Press, 1992

Simon RI: The suicidal patient, in The Mental Health Practitioner and the Law: A Comprehensive Handbook. Edited by Lifson LE, Simon RI. Cambridge, MA, Harvard University Press, 1998, pp 329-343

Simon RI: Psychiatry and Law for Clinicians, 3rd Edition. Washington, DC, American Psychiatric Publishing, 2001, p 147

Simon RI: Suicide risk assessment: what is the standard of care? J Am Acad Psychiatry Law 30: 340-344, 2002

Simon RI: Assessing and Managing Suicide Risk: Guidelines for Clinically Based Risk Management. Washington, DC, American Psychiatric Publishing, 2004

Simon RI: Standard of care testimony: best practice or reasonable care? J Am Acad Psychiatry Law 33: 8-11, 2005

Simon RI: Suicide risk assessment forms: form over substance? J Am Acad Psychiatry Law 37: 290-293, 2009

Simon RI, Gutheil TG: Clinician factors associated with increased risk for patient suicide. Psychiatr Ann 330: 1-4, 2004

Simon RI, Shumann DW: Clinical Manual of Psychiatry and Law. Washington, DC, American Psychiatric Publishing, 2007

Simon TR, Swann AC, Powell KE, et al: Characteristics of impulsive suicide attempts and attempters. Suicide Life Threat Behav 32 (suppl): 49-59, 2001

Stanford EJ, Goetz RR, Bloom JD: The no harm contract in the emergency assessment of suicide risk. J Clin Psychiatry 55: 344-348, 1994

Stepakoff v Kantar, 473 N.E.2d 1131, 1134 (Mass 1985)

Stone M: Natural history of borderline patients treated by intensive hospitalization. Br J Psychiatry 10: 185-206, 1987

Stone M: Long-term outcome in personality disorders. Br J Psychiatry 162: 299-313, 1993

Suominen KH, Isometsa ET, Henriksson MM, et al: Suicide attempts and personality disorder. Acta Psychiatr Scand 102: 118-125, 2000

Taylor CB (ed): How to Practice Evidence-Based Psychiatry: Basic Principles. Washington, DC, American Psychiatric Publishing, 2010

Vythilingam M, Chen J, Bremmer JD, et al: Psychotic depression and mortality. Am J Psychiarty 160: 574-576, 2003

Warman DM, Forman E, Henriques GR, et al: Suicidality and psychosis: beyond depression and hopelessness. Suicide Life Threat Behav 34: 77-86, 2004

Weisman AD, Worden JW: Risk-rescue rating in suicide assessment. Arch Gen Psychiatry 26: 553-560, 1972

Zimmerman M, Chelminski I : Generalized anxiety disorder in patients with major depression: is DSM-IV's hierarchy correct? Am J Psychiatry 160: 504-512, 2003

Zimmerman M, Chelminski I, McDermut W: Major depressive disorder and Axis I diagnostic comorbidity. J Clin Psychiatry 63: 187-193, 2002

제2장

근거 중심 정신건강의학을 통한 자살 위험성 평가의 증진

자살 위험성 평가는 정신건강의학과 의사들이 습득해야 하는 핵심 능력이다(Scheiber et al., 2003). 자살 위험성 평가의 목적은 환자의 전반적인 치료와 관리를 위해 필요한 정보를 줄 수 있는 수정 가능하고 치료 가능한 위험 요인과 보호 요인을 규명하는 것이다. 근거 중심 정신건강의학은 구전 지식, 관습 그리고 적절하지 못하게 평가된 임상적 인상을 줄임으로써 자살 위험성 평가를 향상시킬 수 있다. 존경받는 전문가의 의견을 전적으로 받아들이던 방식에서 점차 근거 중심 의학으로 대체되고 있다.

자살의 위험성이 있는 환자들은 목숨이 위태로운 응급상황에서

2005년 5월 21일 애틀랜타에서 열렸던 미국정신의학협회 158차 연례학회에서 발표되어 Guttmacher 강의상을 수상한 "Suicide Risk Assessment: Evidence-Based Psychiatry."에서 수정하여 인용함.

정신건강의학과 의사들과 대면하게 된다. 대부분의 의사들은 임상적 면담과 특정한 질문들, 그리고 관찰들로 자살 위험성을 평가한다(Sullivan & Bongar, 2006). 정신건강의학과 의사는 자살 위험성이 있는 환자를 평가할 경우 일반적인 의사들과는 달리 실험실 결과나 복잡한 진단적 도구들이 없다. 예를 들어, 응급 순환기계 환자를 진단하고 치료하는 경우에 의사는 심초음파, 심근효소수치 검사, 영상 검사, 도관술과 같은 일련의 검사나 시술들을 시행할 수 있으나 정신건강의학과 의사의 진단적 도구는 근거 중심 정신건강의학에서 확인된 체계적인 자살 위험성 평가밖에는 없다.

자살 위험성 평가를 위한 방법 중 신뢰도와 타당도가 경험적으로 검증된 방법은 없다(Simon, 2006a). 표준 치료에는 자살 위험성 평가를 위한 다양한 범위의 논리적 접근이 포함된다.

근거 중심 정신건강의학을 이용하는 것이 최고의 진료다. 그러나 근거 중심 정신건강의학이 표준 치료의 필요조건은 아니다. 게다가 법 또한 정신건강 전문가에게 이상적인 최고의 치료 방법이나, 심지어 좋은 치료를 요구하지 않는다. 의사의 법적인 의무는 환자에 대한 적절한 치료다.

Sackett 등(1996)은 근거 중심 정신건강의학을 "최신, 최고의 근거를 함축적이고, 분명하고, 신중하게 사용하여 개개의 환자에 대한 치료를 결정하는 것"으로 정의하였다(pp. 71-72). Taylor(2010)가 집필한 책은 근거 중심 정신건강의학의 방법을 기술하고 있다. 피해(위험성)를 확인하는 연구 설계로는 코호트 연구와 사례 대조 연구가 선호된다. 온라인 근거 중심 정신건강의학의 정보 출처로는 국립 정신건강 전자 도서관(National Electronic Library for Mental Health, 종합적인 자료들), 근거 중심 정신건강(Evidence-Based Mental Health, 구조화된 요약본들), Cochrane 체계적 고찰 데이터베이스(Cochrane Database of Systematic Reviews, 체계적 고찰들), PubMEd(원저들), 그리고 PsycINFO(종합적 자료들)이 있다.

근거 중심 자살 위험 및 보호 요인: 예시

〈표 2-1〉에서는 근거 중심 자살 위험 요인의 예들을 지지하는 근거 수준에 따라 위계적으로 정렬하여 제시하였다. 피해(위험성) 연구에 대한 근거의 위계에는 가장 높은 수준의 체계적 고찰(메타분석)에서부터 코호트 연구(전향적 또는 후향적), 그리고 사례 연구(후향적)들이 포함된다. 후향적 코호트 연구에서는 연구 개시 당시 관심의 대상이 되는 결과에 대해 이미 존재하는 기록들을 통하여 과거 코호트를 확인한다. 그러나 이미 존재하는 자료에 의존하는 것은 자료의 질에 대한 의문점을 남기게 된다(Taylor, 2010). 비근거 중심 자살 위험 요인들은 사례 보고, 일련의 사례들, 그리고 임상적 의견과 임상적 합의에 의한 것들이며, 이 중 근거 중심 연구가 뒷받침하는 임상적 의견과 합의는 자살 위험성 평가에 중요할 수 있다. 광범위한 자살 관련 문헌들은 이 장에서 다루는 것을 넘어 자살 위험 요인에 대해 잘 설계된 많은 연구의 내용들을 담고 있다.

〈자살 위험 요인〉

체계적 고찰(메타 분석)
- 정신건강의학과적 진단(Harris et al., 1997; Kessler et al., 1999)
- 신체 질환(Harris et al., 1994; Quan et al., 2002)

코호트 연구
- 고의적인 자해(Cooper et al., 2005)
- 불안(Fawcett et al., 1990)
- 소아 학대(Brown et al., 1999; Dube et al., 2005)

사례-대조군 연구
- 폭력적인 위협: 충동성과 공격성(Conner et al., 2001; Dumais et al., 2005; Mann et al., 2008)
- 멜랑콜리아(Grunebaum et al., 2004)
- 공존 질환(Beautrais et al., 1996; Hawton & Zahl, 2003)

〈자살 보호 요인〉

사례-대조군 연구
- 보호 요인(Malone et al., 2000)
- 종교에 귀의(Dervic et al., 2004)
- 삶의 이유(Reason for Living Inventory) (Linehan et al., 1983)

체계적 고찰(메타 분석)

정신건강의학과적 진단

Harris와 Barraclough(1997)는 체계적 고찰(즉, 메타 분석)을 통해 정신 질환의 사망률과 관련된 249개의 연구를 분석했다. 그들은 정신 질환을 앓고 있는 사람들의 자살 시도 횟수와 일반 인구에서 기대되는 자살 시도 횟수를 비교하였다. 특정 장애를 앓고 있는 사람들을 일반 인구(SMR=1)와 비교했을 때 얼마나 자살 위험성이 높은지에 대한 상대적 위험성의 척도로 표준화 사망비(standardized mortality ration: SMR)를 사용하였다. 표준화 사망비는 각각의 장애에 대해 실측 사망률을 기대 사망률로 나누어 계산한다(5장 〈표 5-1〉 참조).

자살의 상대 위험성이 가장 높은 장애는 섭식장애였다. 섭식장애는 주요 기분장애와 물질 남용과 같은 질환에 비해 의미 있는 수준으로 표준화 사망비가 높았다. 정신 지체를 제외한 모든 정신 질환은 높은 자살 위험성과 관련이 있었다. 자살 위험성의 가장 중요한 지표 중의 하나인 정신 질환을 정확하게 진단하는 일은 자살 위험성을 평가하는 데 있어 매우 중요하다(Simon, 2004).

신체 질환

신체 질환은 특히 노인의 자살 위험성과 관련되어 있다. Quan 등(2002)은 체계적 고찰을 통해 암, 전립선 질환(전립선 암 제외), 만성 폐 질환 중 한 가지라도 동반한 정신 질환 노인은 그렇지 않은 노인보다 더 높은 자살 사망률을 보인다는 사실을 확인하였다.

Harris와 Barraclough(1994)는 통계 자료를 통해 후천성 면역 결핍증, 악성 신생물, 두경부암, 헌팅턴 무도병, 다발성 경화증, 위궤양, 신장 질환, 척수 손상, 전신성 홍반성 루프스 등의 질병이 높은 자살 위험성과 관련되어 있다는 사실을 규명하였다. 자살 위험성을 높이는 특정 질병에 대해 알고 있다면 임상가는 자살 위험성을 더욱 정확하게 평가할 수 있다.

근거 중심 연구

코호트 연구

고의적 자해　　Cooper 등(2005)은 고의적 자해를 시도한 7,968명의 환자를 대상으로 한 전향적 코호트 연구에서, 4년간의 추적 연구 기간 중 고의적 자해 환자의 자살 위험성이 일반 인구에 비하여 약 30배 높다는 사실을 발견하였다. 특히 첫 번째 자해를 시도한 이후 6개월 동안의 자살률이 가장 높았으며, 여자 환자들이 높은 자살 위험을 보였다. 이에 저자들은 자해 이후 조기 개입의 중요성을 강조했다.

Hawton과 Zahl(2003)은 1978년부터 1997년 사이에 고의적 자해를 시도해 병원에 입원한 11,583명의 환자들을 대상으로 추적 연구를 수행하였다. 저자들은 자해를 시도한 환자들이 심각하고 지속적인 자살 위험성을 가지고 있다는 사실을 알아냈다. 이 연구에서는 남자 환자가 여자 환자보다 자살 위험이 훨씬 더 높았다. 그리고 남녀 모두 첫 자해 당시 나이가 많을수록 자살 위험성이 급격하게 높아졌다.

불 안　　Fawcett 등(1990)은 954명의 주요정동장애 환자들을 대상으로 시행한 10년간의 전향적 연구에서, 평가 시점으로부터

1년 내에 통계적으로 유의한 단기 자살 위험 요인에 대하여 조사하였다. 그 결과, 위험 요인에는 공황 발작, 정신적 불안, 즐거움과 흥미의 상실, 중등도의 알코올 남용, 집중력 저하, 전반적 불면증, 우울성 혼란(depressive turmoil, 초조) 등이 있었다. 주요정동장애 환자에게 임상적 개입을 통하여 불안과 관련된 증상을 치료한 결과, 자살 위험성은 급격히 감소하였다(Fawcett, 2001).

소아 학대   정신건강의학과적 조사와 체계적인 자살 위험성 평가에서 소아 학대와 관련된 내용은 반드시 확인해야 할 항목이다. Dube 등(2005)은 1995년부터 1997년까지 미국 보건기관(HMO)에 등록된 17,337명의 성인들을 대상으로 후향적 코호트 연구를 수행하였다. 성적 학대를 받지 않은 사람들과 비교했을 때, 어린 시절 성적 학대를 경험한 남녀 모두에게서 2배 정도 자살 시도가 많았다. 자살 행동을 보이는 환자와 면담 시 임상가는 성적 학대와 관련된 내용을 반드시 파악해야 한다(Bebbington et al., 2009).

Brown 등(1999)은 5세 어린이부터 성인에 이르기까지 무작위로 선택된 776명을 대상으로 17년 동안 코호트 연구를 진행했다. 소아 학대를 경험한 청소년과 젊은 성인은 학대를 경험하지 않은 사람보다 우울증을 앓거나 자살을 시도할 확률이 3배가량 높았다. 소아기의 성적 학대 경험은 자살과 가장 관련성이 높고, 가장 독립적인 요인이었다. 반복적인 자살 시도의 위험은 성적 학대를 경험한 사람들에게서 8배 높은 것으로 조사되었다.

소아기의 성적 학대 양상과 정도는 자살 위험성의 심각도와 관런이 있었다. Fergusson 등(1996)은 1,019명의 남녀를 대상으로 출생 시부터 18세까지 출생 코호트 연구를 수행했다. 소아기의 성적 학대 정도와 정신 질환의 발병 위험과는 일관된 관련성이 있었다. 성적 학대로써 성교를 경험했다고 보고한 사람들에게서 정신 질환과 자살 행동의 위험성이 가장 높았다.

사례-대조군 연구

폭력적인 위협: 충동성과 공격성　　타인에 대한 폭력적인 위협이나 행동은 자살의 위험 요인이다. 임상가들은 임상가 자신에게 폭력적 위협을 가하는 환자를 훨씬 흔히 접하게 된다. 폭력은 벡터의 성질이 있다. 스스로를 향할 수도 있고, 타인을 향하기도 하며, 살인 후 자살하는 경우처럼 양쪽 모두를 향하기도 한다. 충동적인 공격성은 환자가 좌절에 의하여, 혹은 적대감 혹은 공격성에 의하여 유발되는 반응이다.

Conner 등(2001)은 사례-대조군 연구에서, 과거 1년 동안의 폭력적 행동이 유의미한 자살 위험 요인이 된다는 사실을 밝혀냈다. 과거에 알코올 남용의 경험이 없는 젊은 여성에게서는 폭력적 행동과 자살이 보다 밀접한 상관관계를 보였다. 이 연구에서는 753명의 자살 사망자들과 2,115명의 사고 사망자들을 비교했는데, 폭력적 행동의 유무가 사고 사망자들과 자살 사망자들을 구분하는 요인이 되었다. 알코올 사용 장애 단독으로는 두 그룹을 구분하는 데 있어 관련성을 보이지 않았다.

Dumais 등(2005)은 사례-대조군 연구를 통해 높은 수준의 충동성과 공격성이 자살과 관련이 있음을 지적하였다. 이 연구에서는 주요 우울 삽화 기간에 자살로 사망한 104명의 남자 환자들과 우울증을 앓고 있지만 생존해 있는 74명의 남자 환자들을 비교했다. 최근 6개월 동안, 알코올 남용/의존과 물질 남용/의존 장애가 동반된 주요우울장애 환자는 자살 위험이 높은 것으로 나타났다. 충동-공격성 인격장애와 알코올/물질 남용은 주요우울장애 환자에게서 자살을 예측할 수 있는 독립적인 지표였다.

　Mann 등(2008)은 기분장애, 조현병 범주 장애, 인격장애 환자 408명을 대상으로 한 후향적 연구에서, 직접적인 공격성의 표출 유무가 과거에 자살을 시도했던 환자와 그렇지 않은 환자를 구분해 주는 요인이 된다는 사실을 알아냈다. 마찬가지로 미래에 자살에 대한 위험성 역시 공격성을 보이는 환자에게서 더 높았다. McGirr 등(2009)은 충동적-공격적 인격과 B군 인격적 특성이 조기 발병의 자살 행동과 관련되어 있음을 보여 주었다.

멜랑콜리아　　멜랑콜리아 양상을 보이는 주요우울장애 환자가 그렇지 않은 주요우울장애 환자보다 자살 시도의 위험성이 더 높을 것인가? Grunebaum 등(2004)은 사례-대조군 연구에서 377명의 멜랑콜리아 양상을 보이는 환자들과 그렇지 않은 환자들의 자살 시도를 비교하였다. 멜랑콜리아 양상을 보이는 환자들은 더욱 심각한 자살 시도 과거력과 관련되어 있었으며, 추적 기간 동안 더 높은 자살 시도 가능성을 보였다. 주요우울장애가 높은 자살 위험성과 관련이 있다는 사실은 잘 알려져 있지만, 멜랑콜리아 양상을 나타내는 주요우울장애 환자가 자살 시도와 자살 성공의 가능성이 훨씬 높다는 사실에 대한 인식은 부족하다(5장 참조).

공존 질환 정신건강의학과 환자들은 한 가지 이상의 정신 질환을 가지는 경우가 종종 있다. 예를 들어, 양극성장애 환자들은 물질 남용이나 경계선 인격장애를 동시에 진단받기도 한다. Beautrais 등(1996)은 심각한 자살 시도를 한 환자에게서 정신 질환의 동반이환이 흔하다는 사실을 알아냈다. 이 연구에서는 심각한 자살 시도를 했던 302명의 환자들과 무작위로 선택된 1,028명의 피험자들을 비교했다. 자살 위험성은 공존 질환이 많을수록 증가되었는데, 둘 혹은 그 이상의 정신 질환을 가진 환자들은 정신 질환이 없는 사람들에 비해 89.7배나 자살 위험성이 높았다. 동반된 정신 질환은 독립적인 자살 위험 요인이다.

Hawton과 Zahl(2003)은 사례-대조군 연구에서 자살 시도를 한 적이 있는 111명의 환자들을 평가하였다(여자 72명, 남자 39명). 이들은 동반된 정신 질환이 많은 환자일수록 과거 자살 시도 횟수가 많았으며, 추적 기간 동안 반복되는 자살 시도를 보였다는 사실을 알아냈다. 44%의 환자에서 1축 장애와 인격장애가 동반되었다.

Kessler 등(1999)은 1990년부터 1992년 사이에 국가 인구 설문 조사에 응답한 5,877명을 대상으로 한 연구에서, 동반된 정신 질환이 많을수록 자살 시도의 횟수가 많다는 사실을 밝혀냈다.

자살 예방 요인: 삶의 이유

  Malone 등(2000)은 DSM-III-R에 의해 주요우울장애로 진단
받은 84명의 환자들을 평가하였다. 84명 중 45명은 자살을 시도
한 적이 있었고, 39명은 자살 시도 과거력이 없었다. 자살 시도 과
거력이 없는 우울증 환자들은 자살 시도의 과거력이 있는 환자들
과 비교했을 때, 가족에 대한 책임감, 사회적 비난에 대한 두려움,
자살에 대한 도덕적 금기, 자살에 대한 두려움 등을 더 많이 표현
했으며, 더 많은 생존과 대처 기술을 가지고 있었다. 저자들은 삶
의 이유에 대한 평가를 환자의 자살 위험성 평가에 반드시 포함시
켜야 할 항목이라고 주장했다.

  Linehan의 삶의 이유 척도(Linehan et al., 1983)는 자살하지 않
겠다는 신념의 강도를 평가한다. 이 척도는 10분 정도가 소요되
며, 자가 평가식의 48개 항목으로 이루어져 있다. 72개 항목판 역
시 이용할 수 있다. 이 척도의 내적 일관성은 우수하다. 3주 간격
을 둔 이유 척도의 검사-재검사 신뢰도 수준은 적절하다. 이 척도
는 우울증과 절망감의 호전 정도, 그리고 자살 행동을 보이는 경
계선 인격장애 환자가 치료 후 얼마나 호전되었는가를 평가하는
데 높은 민감도를 보인다.

  종교적 신념은 자살을 예방하는 데 얼마나 중요한가? Dervic 등
(2004)은 우울증 치료를 위해 입원한 371명의 환자들을 대상으로
종교와 관련된 사항을 평가하였다. 종교가 없는 환자들은 종교가

있는 환자들에 비해 유의하게 더 많은 자살 시도를 했으며, 자살로 사망한 일차 친족들이 더 많았다. 종교가 없는 환자들은 나이가 어렸고, 결혼하지 못하였거나 자녀가 없는 경우가 많았다. 또한 종교가 없는 환자들은 가족 간의 교류도 적었다. 종교가 없는 환자들은 삶의 이유가 적었는데, 특히 자살에 대한 도덕적 금기와 관련된 항목에서 뚜렷하게 나타났다. 주관적·객관적 우울감, 절망감, 스트레스 생활 사건에서는 종교의 유무에 따른 차이가 없었다. 저자들은 종교를 가지고 있는 환자들에게서 보이는 높은 자살에 대한 도덕적 금기 성향과 자해 측면에서의 낮은 공격 성향이 자살 시도에 대한 보호 요인으로 작용하고 있다고 결론지었다.

그러나 종교적 신념이 반드시 자살의 보호 요인으로 작용하는 것은 아니다. 어떤 환자는 심한 정신 질환이 종교적 신념을 압도하기도 한다. 예를 들어, 어떤 양극성장애 환자는 절망하여 "신이 나를 저버렸다."라고 말하기도 하고, 독실한 종교 신자이지만 심한 우울증을 앓고 있는 환자는 신을 모독하는 불경스러운 말을 퍼붓기도 한다. "내가 자살을 한다면 신께서 나를 용서할 거야."라고 말하면서 자살을 시도하는 환자의 예에서 알 수 있듯이, 당황스럽게도 종교는 자살을 촉진하는 요인이 되기도 한다. 심각한 정신 질환은 환자가 가지고 있는 보호 요인을 압도할 수 있다.

임상적 경험과 합의

반드시 근거에 바탕을 두지 않았더라도 사례 보고, 사례군 연구, 임상적 합의 등은 자살 위험성 평가에 도움을 줄 수 있다. 예를 들어, 관련 문헌들에 대한 체계적 고찰을 통해 Hansen(2001)은 좌불안석증이 자살 행동과 명백히 관련이 없다는 사실을 알아냈다. 그러나 개별적인 사례에서는 좌불안석증이 환자의 질병에 대한 부담을 증가시키고, 그로 인하여 잠재적으로 자살 위험성이 증가한다는 임상적인 판단을 할 수도 있다. 임상가는 교육, 수련, 경험 그리고 합리적인 임상적 판단을 통하여 근거 중심 연구를 이해해야 한다.

구전 지식, 관습, 신화, 변덕, 불안, 방어적 태도 그리고 선입견 등은 표준 이하의 지식을 무비판적으로 받아들이고 영구화함으로써 잘못된 자살 평가를 하도록 만드는 요인이 될 수 있다. 정신건강 전문가들은 환자들에게 자살 사고의 유무만을 질문하고 나서 '자살 사고, 타살 사고 없음 혹은 안전 서약함'이라고 기록하는 것 이상의 무엇인가를 해야만 한다. 자살 위험성 평가를 위해서는 환자를 치료하고 관리해 나가는 데 있어 지침을 제공해 줄 수 있는 위험 요인과 보호 요인에 대한 파악이 필요하다.

'no-harm' 계약이라고도 하는 자살 예방 서약(suicide prevention contract: SPC)은 잘못된 개념의 전형적 예다. 자살 예방 서약은 종종 보호 요인처럼 인식되기도 하지만, 의사의 잘못으로 인한 위험 요인이 될 수도 있다. 예를 들어, 자살 예방 서약이 정확한 자살 위험성을 평가해야 하는 임상가를 안심시켜 환자의 자살 위험성을 높일 수 있다(Simon, 2004). 자살 예방 서약이 자살 시도나 자살로 인한 사망을 예방하는 데 효과적이라고 입증해 주는 어떠한 연구도 없다(Stanford et al., 1994). 자살 위험성이 있는 환자를 치료하면서 임상가는 불안을 느낄 수밖에 없다. 그것이 실제 임상의 현실이다. 근거 중심 자살 위험성 평가는 임상가로 하여금 자살 환자를 치료하고 관리하는 데 있어 심리적 위안을 줄 수 있다.

제삼자가 개입하여 치료비를 지불하고 자살 환자를 조기에 퇴원시킬 경우, 이러한 상황은 잠재적인 자살 위험 요인이 될 수 있다. 심한 정신 질환을 가진 자살 환자가 치료 후 빠른 퇴원을 위해 의료진에게 안전 계약을 하는 경우가 있는데, 이것은 자살 위험성을 악화시킨다.

근거 중심의 일반적인 자살 위험 요인을 넘어 자살 고위험 환자들은 자살 위험성과 관련이 있는 개별적인 '특징적' 증상과 행동을 보이게 된다. 특징적 위험 요인은 자살 위기 시마다 반복된다. 따라서 자살 위험성을 평가하고 규명하는 과정에서 환자의 특징적인 자살 위험 요인 양상을 우선적으로 고려해야 한다. 예를 들어, 평소 심하게 말을 더듬는 방어적인 조현병 환자가 자살 위험이 높아질 때 말을 더듬지 않고 말을 분명히 하게 된다고 하자. 이 환자가 다시 말을 더듬게 되면, 환자는 자살의 위험성이 낮고 퇴원이 가능하다고 평가할 수 있다. 이러한 개인의 특별한 행동은 몇 번이고 반복된다. 환자가 보이는 특징적인 행동이 자살 위험성을 평가하는 데 어느 정도의 신뢰를 줄 수 있는가는 임상가가 판단해야 한다. 행동으로 나타나는 자살 위험성에 대한 평가가 중요한데, 증상을 숨기려고 하는 자살 환자에게서 더욱 그렇다(4장 참조). 자살 위험성을 평가할 때 근거 중심 위험 요인을 반영하는 것도 중요하지만, 그 환자만이 가지고 있는 독특한 자살 위험 특성에 대해 평가하는 일은 더욱 중요하다.

결론

자살 위험성 평가는 정신건강의학과 의사들이 갖추어야 하는 핵심 능력이다. 자살 위험성 평가의 목적은 치료가 가능하고 수정이 가능한 위험 요인과 환자의 치료와 안전 관리에 필요한 정보를 줄 수 있는 보호 요인을 파악하는 것이다. 자신만의 임상적 경험은 임상가로 하여금 피상적이고 표준 이하의 자살 위험성 평가를 하도록 한다. 정신건강의학과 의사의 진단적 도구는 근거 중심 정신건강의학에 바탕을 둔 체계적인 자살 위험성 평가이어야 한다.

자살 환자를 치료하면서 임상가는 불안을 느낄 수밖에 없다. 근거 중심 자살 위험성 평가는 임상가가 자신감을 가지고 평가할 수 있게 한다. 결국 정신건강의학과 의사는 합리적인 임상적 판단을 통해 근거 중심 연구들을 이해하여야 한다.

핵심 사항

- 근거 중심 정신건강의학을 통해 자살 위험성을 평가한다.
- 자신만의 임상적 경험은 임상가로 하여금 피상적이고 표준 이하인 자살 위험성 평가를 하도록 할 수 있다.
- 자살 위험성을 근거 중심으로 평가하는 임상가는 자신의 평가에 대해 자신감을 가질 수 있다.
- 위험 요인을 규명하는 연구로는 코호트 연구와 사례-대조군 연구가 선호된다.
- 근거 중심의 정신건강의학은 구전 지식과 관습에 대한 의존성을 떨쳐버림으로써 자살 위험성 평가를 증진한다.

참고문헌

Beautrais L, Joyce PR, Mulder RT, et al: Prevalence and comorbidity of mental disorders in persons making serious suicide attempts: a case control study. Am J Psychiatry 153: 1009-1014, 1996

Bebbington PE, Cooper C, Minot S, et al: Suicide attempts, gender and sexual abuse; data from the 2000 British Psychiatric Morbidity Survey. Am J Psychiatry 166: 1135-1140, 2009

Brown J, Cohen P, Johnson JG, et al: Childhood abuse and neglect: specificity of effects on adolescent and young adult depression and suicidality. J Am Acad Child Adolesc Psychiatry 38: 1490-1496,

1999

Conner KR, Cox C, Duberstein PR, et al: Violence, alcohol, and completed suicide: a case control study. Am J Psychiatry 158: 1701-1705, 2001

Cooper J, Kapur N, Webb R, et al: Suicide after deliberate self-harm: a 4-year cohort study. Am J Psychiatry 162: 297-303, 2005

Dervic K, Uquendo MA, Grunebaum MF, et al: Religious affiliation and suicide attempt. Am J Psychiatry 161: 2303-2308, 2004

Dube SR, Anda RF, Whitfield CL, et al: Long-term consequences of childhood sexual abuse by gender of victim. Am J Prev Med 28: 430-438, 2005

Dumais A, Lesage AD, Alda M, et al: Risk factors for suicide completion in major depression: a case control study of impulsive and aggressive behaviors in men. Am J Psychiatry 162: 2116-2124, 2005

Fawcett J: Treating impulsivity and anxiety in the suicidal patient. Ann N Y Acad Sci 932: 94-105, 2001

Fawcett J, Scheftner WA, Fogg L, et al: Time related predictors of suicide in major affective disorders: a controlled study. Am J Psychiatry 147: 1189-1194, 1990

Fergusson DM, Horwood LJ, Lynsky MT: Childhood sexual abuse and psychiatric disorder in young adulthood: psychiatric outcomes of childhood sexual abuse. J Am Acad Child Adolesc Psychiatry 35: 1365-1374, 1996

Grunebaum MF, Galfalvy HC, Oquendo MA, et al: Melancholia and the probability and lethality of suicide attempts. Br J Psychiatry 184: 534-535, 2004

Hansen L: A critical review of akathisia and its possible association with suicidal behavior. Hum Psychopharmacol 116: 495-505, 2001

Harris EC, Barraclough BM: Suicide as an outcome for medical disorders. Medicine (Baltimore) 73: 281-296, 1994

Harris EC, Barraclough B: Suicide as an outcome for mental disorders. A meta-analysis Br J Psychiatry 170: 205-228, 1997

Hawton K, Zahl DA: Suicide following deliberate self-harm: long-term follow-up of patients who presented to a general hospital. Br J Psychiatry 182: 537-542, 2003

Kessler RC, Borges G, Walters EE: Prevalence of and risk factors for lifetime suicide attempts in the National Comorbidity Study. Arch Gen Psychiatry 56: 617-626, 1999

Linehan MM, Goodstein JL, Nielsen SL, et al: Reasons for staying alive when you are thinking of killing yourself: The Reasons for Living Inventory. J Consult Clin Psychol 51: 276-286, 1983

Malone KM, Oquendo MA, Hass GL, et al: Protective factors against suicidal acts in major depression: reasons for living. Am J Psychiatry 157: 1084-1088, 2000

Mann JJ, Ellis SP, Waternaux CM, et al: Classification trees distinguish suicide attempters in major psychiatric disorders: a model of clinical decision making. J Clin Psychiatry 69: 23-31, 2008

McGirr A, Alda M, Séquin M, et al: Familial aggregation of suicide explained by Cluster B traits: a three group family study of suicide controlling for major depressive disorder. Am J Psychiatry 166: 1124-1134, 2009

Quan H, Arboleda-Florez J, Fick GH, et al: Association between physical illness and suicide among the elderly. Soc Psychiatry Psychiatr Epidemiol 37: 190-197, 2002

Sackett DE, Rosenberg WMC, Gray JA, et al: Evidence-based medicine: what it is and what it isn't. BMJ 312: 71-72, 1996

Scheiber SC, Kramer TA, Adamowski SE: Core Competence for Psychiatric Practice: What Clinicians Need to Know (A Report of the American Board of Psychiatry and Neurology). Washington, DC, American Psychiatric Publishing, 2003

Simon RI: Assessing and Managing Suicide Risk: Guidelines for Clinically
    Based Risk Management. Washington, DC, American Psychiatric
    Publishing, 2004

Simon RI: Clinically based risk management of the suicidal patient:
    avoiding malpractice litigation, in The American Psychiatric
    Publishing Textbook of Suicide Assessment and Management.
    Edited by Simon RI, Hales RE. Washington, DC, American
    Psychiatric Publishing, 2006a, pp 545-575

Simon RI: Suicide risk assessment: assessing the unpredictable, in The
    American Psychiatric Publishing Textbook of Suicide Assessment
    and Management. Edited by Simon RI, Hales RE. Washington, DC,
    American Psychiatric Publishing, 2006b, pp 1-32

Simon RI: Behavioral risk assessment of the guarded suicidal patient.
    Suicide Life Threat Behav 38: 517-522, 2008

Stanford EJ, Goetz RR, Bloom JD: The no harm contract in the emergency
    assessment of suicide risk. J Clin Psychiatry 55: 344-348, 1994

Sullivan GR, Bongar B: Psychological testing in suicide risk management
    in avoiding malpractice litigation, in The American Psychiatric
    Publishing Textbook of Suicide Assessment and Management.
    Edited by Simon RI, Hales RE. Washington, DC, American
    Psychiatric Publishing, 2006, pp 177-196

Taylor CB (ed): How to Practice Evidence-Based Psychiatry: Basic
    Principles. Washington, DC, American Psychiatric Publishing, 2010

제**3**장

자살 위험에 대한 보호 요인의 평가와 강화

자살 위험성 평가는 자살 위험성이 있는 환자의 치료와 관리를 위해 필요한 정보를 줄 수 있는 수정이 가능하고 치료가 가능한 위험 요인과 보호 요인을 규명하는 것이다. 자살과 관련된 많은 문헌에서 보호 요인을 다루고 있지만, 자살 환자의 삶에 대한 본능을 지지하는 보호 요인을 체계적으로 평가하고 있는 문헌은 매우 적다(Lizardi et al., 2007). 보호 요인에 대한 평가 시에도 위험 요인에 대한 평가에서처럼 세심한 주의가 요구된다. 단지 위험 요인만을 고려하여 자살 위험성을 평가하는 것은 불완전하다. 임상가는 위험 요인을 평가하는 것만으로 환자의 종합적인 자살 위험에 대해 알 수 없다. 이러한 경우 자살 위험이 왜곡되어 실제보다 너무 높게 평가될 수 있고, 임상가는 지나치게 방어적인 태도를 취하거나 환자를 관리하는 데 있어 필요 이상의 제약을 가하게 된다. 결과적으로 보호 요인을 파악하여 적절히 사용할 수 있는 기회를 잃게 되는 것이다.

Google Scholar, PubMed, Medline, Cochrane Library, Ovid 그리고 국립 정신건강 전자 도서관(National Electronic Library for Mental Health) 등의 인터넷 사이트에서 '자살 환자의 보호 요인'으로 검색하면 보호 요인과 관련된 근거 중심 연구들에 대한 정보를 얻을 수 있다.

관련 연구에서는 먼저 내적 보호 요인에 초점을 맞춘 후, 외적 보호 요인과 관련된 내용을 다루고 있다. 그러나 내적 · 외적 보호 요인들은 동시에 있는 경우가 많다. 내적 보호 요인들은 대처 기술과 같은 환자의 성격적이고 심리적인 능력을 반영한다. 외적 보호 요인들은 가족의 지지와 같은, 최근 환자 주변의 여러 가지 상황과 인간관계 등에 초점을 맞춘다. 치료에 의해서, 비록 오랜 시간이 걸리기는 하지만 종종 내적 보호 요인들이 호전되기도 한다. 치료를 통해 외적 보호 요인들도 드물지 않게 환자에게 도움을 줄 수 있는 방향으로 변하기도 한다. 보호 요인은 나이, 성별, 인종/민족성, 문화 등 여러 가지 인구학적인 요인들에 따라 다양한 양상을 보인다.

Linehan 등(1983)은 자살 보호 요인을 규명하는 자가 보고 형식의 삶의 이유 척도(Reasons for Living Inventory)를 만들었다. 삶의 이유 척도는 다음과 같은 여섯 가지 세부 척도로 이루어져 있다. ① 생존과 대처에 대한 신념, ② 가족에 대한 책임감, ③ 자녀와 관련된 걱정, ④ 자살에 대한 두려움, ⑤ 사회적 비난에 대한 두려움, ⑥ 자살에 대한 도덕적 금기. 삶의 이유 척도의 신뢰도와 타당도는 확립되어 있다. 생존과 대처에 대한 신념, 가족에 대한 책임감, 자녀와 관련된 걱정의 세 가지 세부 척도는 자살 행동을 보이는 사람들과 그렇지 않은 사람들을 구분해 주는 가장 유용한 항목이었다.

Malone 등(2000)은 주요우울장애로 입원 치료를 받는 84명의 환자를 평가하였다. 84명 중 45명이 자살 시도를 한 적이 있었다. 환자들에게 삶의 이유 척도를 시행하게 한 결과, 자살 시도를 한 적이 없는 환자들은 자살 시도의 과거력이 있는 환자들에 비해 가족에 대한 책임감, 사회적 비난에 대한 두려움, 자살에 대한 도덕적 금기, 생존과 대처에 대한 신념, 자살에 대한 두려움 등의 세부 척도 항목에서 더 높은 점수를 나타냈다. 이로써 저자들은 자살 환자를 평가할 때 삶의 이유 역시 함께 평가해야 한다고 주장하였다.

Dervic 등(2004)은 우울증 치료를 위해 입원한 371명의 환자들을 대상으로 종교와 관련된 사항을 평가하였다. 종교가 없는 환자들은 종교가 있는 환자들에 비해 유의하게 더 많은 자살 시도를 했으며, 자살로 사망한 일차 친족들이 더 많았다. 종교가 없는 환자들은 나이가 어렸고, 결혼하지 못하였거나 자녀가 없는 경우가 많았다. 또한 종교가 없는 환자들은 가족 간의 교류가 적었다.

Oquendo 등(2005)은 개인이 속해 있는 사회의 문화가 보호 요인의 역할을 할 수 있다고 하였다. 주요우울장애, 양극성장애, 조현병 환자 460명을 대상으로 우울증과 일생 동안의 자살 행동에 관한 평가를 시행했다. 삶의 이유 척도에서 라틴계 사람은 비 라틴계 사람보다 생존과 대처에 대한 신념, 가족에 대한 책임감, 자살에 대한 도덕적 금기 항목에서 높은 점수를 나타냈다. 이로써 저자들은 라틴계 사람들이 문화적 가치를 옹호하는 경향이 있고, 그러한 점이 자살 행동에 대한 보호 요인으로 작용한다고 생각하였다.

Borowsky 등(2001)은 1995년과 1996년에 시행된 국가 청소년 건강 종단 연구(National Longitudinal Study of Adolescent Health)의 자료를 검토하였다. 7학년에서 12학년까지의 전국적 대표 표본으로 선발된 13,110명의 학생들을 11개월의 간격을 두고 면담하였다. 흑인, 히스패닉, 백인 남학생 및 여학생에 대한 자살 시도의 보호 요인을 연구하였다. 가족 내에서 유대감을 느끼는 것은 모든 청소년에게 중요한 보호 요인이었다. 여학생들에게서는 감정적 안녕이 모든 인종/민족에서 보호 요인으로 나타났다. 학업 성적의 평균 점수는 모든 남학생에게 부가적인 보호 요인이었다. 하지만 학업 성취에 대한 부모의 높은 기대, 가족 구성원의 수, 종교적 신념은 일부 남학생만의 보호 요인이었다. 교내 상담 서비스 접근성과 낮 동안 중요 시간에 부모와 함께 있는 것은 일부 여학생에게는 보호 요인이었으나 남학생에게는 그렇지 않았다.

Shenassa 등(2004)은 총기를 안전하게 보관하는 습관의 보호 효과를 분석하기 위해 1993년 국가 사망 추적 조사(National Mortality Followback Survey)의 자료에서 2,215,000명의 인구를 대표하는 22,957명의 사망 표본을 사용했다. 총기를 잠궈서 보관하거나 장전하지 않고 보관하는 경우, 그리고 이 두 가지를 모두 적용하는 경우, 개인이 총기를 이용한 자살로 사망할 가능성이 더 적은 것으로 나타났다. 이 연구는 안전한 총기 보관 방법이 충동적인 자살 행동을 하는 희생자에게서 가장 강력한 보호 효과가 있음을 입증하였다.

Brent 등(1991)이 시행한 청소년 자살과 가정 내 총기 접근성에 대한 사례-대조군 연구에서, 연이은 47명의 자살 사망자와 입원 환자 중 47명의 자살 시도자, 그리고 자살 시도를 전혀 하지 않은 47명을 비교하였다. 총기의 보관 방법과 자살의 연관성은 세 그룹에서 차이가 없는 것으로 나타나, 총기를 잠금 상태로 보관하거나 탄약과 따로 보관하는 경우도 총기 관련 자살과 연관성이 있는 것으로 나타났다. 자살로 사망한 청소년의 가정에서 총기가 발견될 확률은 자살을 시도한 청소년에 비하여 2배 높았다. 다시 말해 가정 내에서의 총기 접근성은 보관 방법과 상관없이 청소년의 자살 위험성을 높였다. 따라서 가정 내에서 총기를 없애는 것이야말로 자살 위험성을 감소시키고 환자에게 보호적인 환경을 강화한다(9장 참조).

Marzuk 등(1997)은 1990년에서 1993년 사이에 자살로 사망한 10~44세의 뉴욕 거주 여성의 부검 결과를 분석하여 임신 중의 자살 위험성에 대해 보고하였다. 인종적 차이를 통제한 후 표준화 사망비는 0.33으로, 기대비의 1/3 수준이었다. 저자들은 임신과 출산에 의한 스트레스와 감정기복에도 불구하고, 임신 여성은 같은 가임기의 비임신 여성에 비해 자살 위험성이 현저하게 낮은 것으로 결론지었다.

Fawcett 등(1987)은 954명의 주요정동장애 환자를 대상으로 한 전향적 연구에서, 18세 이하의 자녀와 같이 살지 않는 사람과 자살 사망자 사이의 연관성을 발견하였다. 정신병적 증상이 동반된 우울증을 가지고 있지 않은 환자라면, 18세 이하의 자녀와 함께 사는 것이 자살에 대한 보호 요인으로 작용하였다(Fawcett, 2006). 그러나 여기에는 부모-자녀 관계와 자녀의 정신건강이 많은 영향을 줄 수 있다.

일반적 · 개별적인 보호 요인

어떠한 보호 요인도 절대적이지는 않다. 정신 질환의 급성도와 심각도가 보호 요인을 무력화할 수 있다. 게다가 근거 중심 연구에서는 일반적 보호 요인들이 환자 개인에게 적용되지 않을 수 있다는 것이 증명되었다. 예를 들어, Dervic 등(2004)은 종교를 갖는 것이 자살에 대한 보호 요인이라는 것을 밝혀냈다. 그러나 독실한 신자들은 심각한 우울증이 있는 경우에 자신이 신에게 버림받았다고 느끼거나, 자신의 자살을 신이 용서하고 이해할 것이라고 느낄 수도 있다. 근거 중심 연구에서의 보호 요인이 특정 환자에게 적용할 수 있음을 보장하는 것은 아니다. 특정 보호 요인이 근거에 기반을 두었다고 해서 무조건적으로 적용될 수는 없다.

Linehan 등(1983)의 연구에서 삶의 이유 척도에 의해 규명되고

Malone 등(2000)의 연구에서 확인된 보호 요인들은 완벽주의자, 높은 기능을 보이는 사람, 성공한 사람들이 흔히 가지고 있는 내적 핵심 성격이나 인격을 반영한다. 이러한 성향의 개인들이 우울해지면 대체로 그들에게 높이 평가되었던 대처 기술이나 생존 기술의 상실에 대하여 절망하게 된다. 이들은 이내 절망감을 느끼고, 자살 고위험군이 된다.

체계적인 자살 위험성 평가의 일환으로, 삶의 이유 척도는 환자의 우울증 심각도와 치료에 대한 반응에 대해 임상가들이 판단하는 데 도움을 줄 수 있다. 생존과 대처 기술 등의 보호 요인들은 지속적인 특성임에도 불구하고, 일시적으로 심한 우울증이나 다른 정신 질환 혹은 약물 부작용으로 인해 무력화될 수 있다. 전기경련 치료는 일시적인 혼란, 지남력 장애, 기억력 장애 등을 유발할 수 있다.

환자들은 다양한 이유로(예를 들어, 문제를 부인하거나, 조기에 퇴원하기 위해) 위험 요인을 축소하는 반면, 보호 요인을 강조한다. 보호 요인들은 환자들과의 대화에서 다루어지기 쉬우므로, 환자와 임상가들에 의해 과대평가되는 경향이 있을 수 있다. 게다가 임상가들은 환자들이 잘 지내길 원하며, 협조적일 것이라고 추정하는 경향이 있다(Resnick, 2002).

일반적인 보호 요인들은 보다 더 철저한 검토가 필요하다. 보호 요인들은 다양하며, 임상가들이 환자 개개인을 평가해서만(예: 애완동물, 사랑하는 사람의 사진) 알아낼 수 있는 경우가 많다. 보호 요인들을 액면 그대로 받아들여서는 안 된다. 추정된 보호 요인들은 추가 검사에서 잠재적 위험 요인으로 판단될 수 있다(예: 자살 예방 서약). 다른 예로, 가족의 지지가 불충분하거나 실제로는 파괴적일 수 있다. 일부의 가족이나 구성원들은 환자보다 더 아플 수도 있다. '가족 유대감'(Borowsky et al., 2001)은 일반적인 보호 요인이지만, 추가적인 평가 없이는 특이성이나 의미가 없다. 가정 내에 18세 이하의 자녀가 있는 것은 근거 중심의 일반적인 보호 요인이다(Fawcett, 2006; Veevers, 1973). 그러나 충동적이고, 행동화(acting-out)하며, 약물을 남용하는 18세 이하의 청소년 자녀가 있다면 이는 현저한 자살 위험 요인이 될 수 있다.

임상적 구전 지식에 의하면 임신한 여성은 자살을 거의 하지 않는 것으로 여겨진다. 그러나 일부 여성에게 임신은 환영받지 못할 사건이다. 또한 기존에 혹은 현재에 정신 질환이 있는 여성이 임신하는 경우, 대개 우울증이나 자살에 대한 위험성이 높아진다. 임신 자체가 절대적인 보호 요인은 아니다. 이전에 언급한 바와 같이 Marzuk 등(1997)의 연구에서 임신한 여성들도 1/3의 기대비이기는 하지만 자살로 사망하였다.

보호 요인의 회복과 강화

환자의 정신건강의학과적 질환을 효과적으로 치료하면 그 결과 내재적 보호 요인(예: 성격, 인격, 심리적 방어기제)의 회복과 강화가 일어난다. 입원 환자의 퇴원과 외래 추적 계획은 보호 요인들의 현재 상태에 기반하여 결정된다. 자살할 위험성이 있는 환자의 외래 치료에서도 내재적인 대처 및 생존 기술의 개선을 꾀할 기회는 대개 있기 마련이다. 치료 방법에 따라 외적 보호 요인(예: 가족의 개입)을 직접적으로 포함시키지 않을 수도 있다. 외적 보호 요인의 강화는 치료와 관리를 위해 고려해야 할 주제다.

입원 상황에서 외적 보호 요인(예: 대인관계, 환자가 처해 있는 상황)은 치료와 동시에 강화될 수 있으며, 또한 자살 위험을 낮추는 내재적 보호 요인을 재건하기 위한 시간을 벌 수 있다. 앞서 언급했듯이, Brent 등(1991)은 총기를 잠궈서 보관하든, 총알과 분리하여 보관하든 간에 가정 내에 총기가 있다는 것은 총기로 인한 자살과 연관이 있음을 밝혔다. Simon(2007)은 가족 중 책임감 있고 의지가 강한 사람이나 다른 제삼자가 집이나 차, 직장에서 총을 치우고, 총알과 분리하여 환자가 모르는 집 밖의 장소에 보관하는 것으로 총기 자살에 대한 보호를 강화할 수 있다고 제안하였다. 지정된 책임자는 환자가 퇴원하기 전에 총기 안전 관리 계획이 적절히 시행되었는지를 임상가에게 확인받는다.

보통 가족과 사회의 지지는 중요한 보호 요인이지만 반드시 그렇다고 단정지어서는 안 된다. 입원 환자의 치료에서 가족 구성원이 진실한 지지를 제공할 수 있는지를 평가하기 위한 면담은 필수적이다. 또한 정신건강 교육과 지역사회 정신건강 프로그램으로의 연계는 치료의 연속성과 '유대감'을 제공한다. 단기간의 입원 치료 후 일부 환자들은 그 병원에 대해 긍정적 전이를 유지하기도 하고, 이는 자살에 대한 보호 요인이 될 수 있다.

비록 근거 중심 연구는 없지만, 임상가들은 경험상 환자와의 치료적 동맹이 보호 요인이라고 동의한다. 임상가들은 자신이 치료적 동맹을 맺었다고 생각한 환자들이 외래 치료 중 자살 시도나 자살로 사망했을 경우 충격을 받고 당황하게 된다. 모든 보호 요인과 마찬가지로 치료적 동맹 역시 충분하고 절대적 보호 요인은 아니다. 이는 임상가의 지식이나 통제를 벗어나는 많은 요인의 영향을 받는다. 더욱이 치료적 동맹은 짧은 재원 기간이나 제한된 외래 치료나 짧고 불규칙적인 약물 처방만을 위한 방문에서는 발전하지 않는다. 그러므로 임상가들은 치료적 동맹이라고 추정되는 불충분한 믿음에 기대서는 안 된다.

자살 예방 서약은 널리 받아들여지고 있지만 이것이 실제로 자살 예방에 효과적인 보호 요인인지에 대해 입증한 연구는 없다(Stanford et al., 1994). 자살 예방 서약을 전문적인 자살 위험성 평가 대신 활용할 경우에는 자살의 위험 요인이 될 수 있다.

결 론

보호 요인에 대한 상세한 평가 없이는 자살 위험 관리를 할 수 없다. 확인된 보호 요인들은 긴밀한 검토가 필요하다. 또 가족의 존재가 반드시 보호 요인이 되지 않을 수도 있다. 가족은 개인과 마찬가지로 환자에게 역기능을 하거나 지지적이지 못할 수도 있다. 보호 요인을 활용하는 것은 자살 환자의 치료와 안전을 위해 반드시 필요한 측면이다.

핵심 사항

• 위험 요인과 보호 요인 사이에는 역동적 상호작용이 존재한다.
• 보호 요인은 반드시 체계적으로 평가되어야 하며, 위험 요인
  도 마찬가지다.
• 어떠한 보호 요인이라도 환자의 정신 질환의 심각도에 따라
  무력화될 수 있다.
• 임상가들은 일반적 근거 중심 보호 요인뿐만 아니라, 환자 고
  유의 개인적 보호 요인이 있는지에 대해 조사하여야 한다.
• 보호 요인의 회복과 강화는 자살 위험성이 있는 환자의 치료
  적 중재에서 필수적이다.

참고문헌

Borowsky IW, Ireland M, Resnick MD: Adolescent suicide attempts: risks
    and protectors. Pediatrics 107: 485-493, 2001
Brent DA, Perper JA, Allman CJ, et al: The presence and accessibility of
    fire-arms in the homes of adolescent suicide: a case control study.
    JAMA 266: 2989-2995, 1991
Dervic K, Oquendo MA, Grunebaum MF, et al: Religious affiliation and

suicide attempt. Am J Psychiatry 161: 2303-2308, 2004

Fawcett J: Depressive disorders, in The American Psychiatric Publishing Textbook of Suicide Assessment and Management. Edited by Simon RI, Hales RE. Washington, DC, American Psychiatric Publishing, 2006, pp 255-275

Fawcett J, Shefter W, Clark D, et al: Clinical predictors of suicide in patients with major affective disorders: a controlled prospective study. Am J Psychiatry 144: 35-40, 1987

Linehan MM, Goodstein JL, Nielsen SL, et al: Reasons for staying alive when you are thinking of killing yourself: the Reasons of Living Inventory. J consult Clin Psychol 51: 276-286, 1983

Lizardi D, Currier D, Galfalvy H, et al: Perceived reasons for living in index hospitalization and future suicide attempt. J Nerv Ment Dis 195: 451-455, 2007

Malone KM, Oquendo MA, Hass GL, et al: Protective factors against suicidal acts in major depression. Am J Psychiatry 157: 1084-1088, 2000

Marzuk PM, Tardiff K, Leon AC, et al: Lower risk of suicide during pregnancy. Am J Psychiatry 154: 122-123, 1997

Oquendo MA, Dragatsi D, Harkavy-Friedman J, et al: Protective factors against suicidal behavior in Latinos. J Nerv Ment Dis 193: 438-443, 2005

Resnick PJ: recognizing that the suicidal patient views you as an adversary. Curr Psychiatry 1: 8, 2002

Shenassa ED, Rogers MI, Spalding KI, et al.: Safer storage of firearms at home and risk of suicide: a study of protective factors in a nationally representative sample. J Epidemiol Community Health 58: 841-848, 2004

Simon RI: Gun safety management with patients at risk for suicide. Suicide Life Threat Behav 37: 518-526, 2007

Stanford EJ, Goetz RR, Bloom JD: The No Harm Contract in the emergency assessment of suicide risk. J Clin Psychiatry 55: 344-348, 1994

Veevers JE: Parenthood and suicide: an examination of a neglected variable. Soc Sci Med 7: 135-144, 1973

제4장
방어적인 자살 환자의 행동적 위험성 평가

　정신건강의학과 의사와 정신건강 전문가들은 환자를 직접 관찰하고 검사하여 평가하도록 훈련받는다. 관찰된 자료는 치료와 안전 관리에 영향을 미치는 행동적 자살 위험 요인을 알려 주어 환자의 자기 보고에 전적으로 의존하는 것을 피할 수 있게 해 준다.

　행동적 자살 위험 요인을 규명하는 것은 모든 위험 환자의 체계적인 자살 평가에 중요한 부분이다. 응급실이나 정신건강의학과 병동에 입원 시 환자를 평가하면 대개 자살 위험이 과장되어 나타난다. 바쁜 응급실이나 체류 기간이 짧은 입원 병동에서는 시간이 매우 중요하다. 행동상의 위험 요인은 방어적인 환자의 자살 위험성을 조기에 찾아낼 수 있게 한다.

Simon RI의 "Behavioral Risk Assessment of the Guarded Suicidal Patient." *Suicide and Life-threatening Behavior* 38: 517-522, 2008에서 저자의 허가하에 인용함.

Google, Google Scholar, PsycINFO, Cochrane Library, PubMed, Medline, Ovid, CINAHL(Cumulative Index to Nursing and Allied Health Literature), ERIC database에서 '행동적 자살 위험성 평가' '방어적인 자살 환자' 등의 용어를 검색해 보면 특별한 검색 결과는 없다.

방어적인 자살 환자

환자는 대개 정신건강의학과 의사나 정신건강 전문가들과의 첫 만남에서 임상가를 속이려는 의도는 없더라도 자신의 증상을 방어하고 회피하게 된다. 예를 들어, 어떤 환자들은 초기에는 겁을 내거나, 당황하거나, 부정하거나, 축소하거나, 방어적이 된다. 자살 사건의 시간 순서적인 평가 The Chronological Assessment of Suicide Events(CASE) 접근은 특히 방어적인 자살 환자에게서 자살 사고 등을 이끌어 내는 유용한 면담 전략이다(Shea, 1998). 방어적이고 기만적인 자살 환자는 의도적으로 자살 사고나 의도 혹은 계획을 임상가에게 숨기려는 시도가 있다(Simon, 2006b). 자살하기로 굳게 결심한 환자는 정신건강의학과 의사나 정신건강 전문가를 적대시한다(Resnick, 2002).

Isometsa 등(1995)은 자살한 환자의 대부분이 마지막 만남에서 자살 의도에 대해 전혀 언급하지 않는다는 것을 발견하였다. 자살을 시도한 76명의 입원 환자에 대한 후향적 연구에서 Busch 등

(2003)은 77%가 그들의 마지막 대화 기록에서 자살 사고를 부인하였다고 하였다. 대략 25%의 자살 위험 환자는 임상가에게 자살 사고를 고백하지 않았지만 가족들에게는 이야기하였다(Fawcett et al., 1993). 134건의 자살 사례에 대한 Robins의 연구(1981)에서는, 자살 사고 12개월 이내에 자살 의도에 대한 언급을 했던 환자 중 69%는 배우자에게, 50%는 친구에게 하였으나 단지 18%만이 정신건강 전문가에게 이야기하였다.

자살 고위험 환자들은 주로 그들의 자살 의도를 오직 인생에서 중요하다고 여겨지는 인물에게만 이야기하며, 정신건강의학과 의사가 직접적으로 질문할지라도 자살 의도를 반드시 이야기하지는 않는다(Fawcett et al., 1990). 그러나 경도에서 중등도의 자살 위험성을 가진 환자는 대개 그들의 자살 의도를 임상가나 가족들에게 언급한다. 자살을 시행한 환자 대다수는 마지막 치료적 만남에서도 그들의 자살 의도를 언급하지 않는다(Isometsa et al., 1995).

방어적인 자살 환자의 평가 시, 가능하다면 환자뿐만 아니라 다른 사람의 정보를 반드시 포함해야 한다. 만일 환자가 이를 거부하는 경우에도 임상가는 환자가 다른 사람과의 어떠한 접촉에 대해서도 승낙하지 않는 경우를 제외하면, 환자에 대한 기밀 정보를 밝히지 않고 단지 병력 청취를 위해 부를 수 있다. 일부의 경우, 환자의 비밀에 대해 응급적 예외 상황이 있을 수 있다(Simon & Shuman, 2007). 더욱이 미국의 경우, 1996년에 발효된 「연방의료보험통상책임법」(Health Insurance Portability and Accountability Act: HIPAA)은 환자의 동의 없이도 정신건강의학과 의사와 동일한 환자를 돌보는 다른 의료인 사이에 서로 의견교환을 하는 것을 허용하였다 (45 Code of Federal Regulations §164.502).

방어적인 자살 환자는 과거에 자살 의도가 있었다는 것을 인정 하였더라도 현재는 없다고 부인할 가능성이 있다. 다른 정보원(예: 응급실 평가, 치료자, 전원 기록, 주요 보호자, 경찰)이 환자가 고위험 군이라고 보고하더라도 일부 방어적인 자살 환자는 자살에 대해 부인하기도 한다. 임상가가 직접 관찰하지 못했더라도 유언장을 작성하거나, 값 나가는 소지품을 기부하거나, 인생을 정리하거나, 유서를 남기거나 하는 등의 고전적인 행동적 자살 위험 요인을 보 호자들이 보고할 수 있다.

시간이 충분하다면 통상적인 심리검사나 자살 평가 척도 등을 실시함으로써 방어적인 자살 환자 평가에 유용할 수 있다. Sullivan 과 Bongar(2006, p. 193)는 "자살 사고와 자살 위험성의 증가는 대 개 초기에는 자살에 대한 검토가 필요 없을 것으로 여겨졌던 환자 에게서 종종 나타난다."고 경고하였다. 또한 "환자는 주로 임상적 면담보다 자가 보고 척도에서 자살 사고와 행동을 더 자주 드러낸 다."고도 하였다.

방어적이고 기만적인 자살 환자의 흔한 목적은 입원을 피하거 나 병원에서 빨리 풀려 나는 것이다. 비자발적인 입원에 맞닥뜨리 게 되면 방어적인 자살 환자는 조기 퇴원을 위해 공격적으로 압박 하기보다는 자발 입원 서식에 서명할 수도 있다. 일부 방어적인 자 살 환자들은 도망가거나 의료적 권고에 반하여 퇴원한다. 그들은 병원을 벗어나게 되면 다시 자살을 시도하거나 자살로 사망한다.

근거 중심의 행동적 자살 위험 요인

근거에 기반한 행동적 자살 위험 요인은 근거의 위계에 따라 순서화될 수 있다(〈표 4-1〉참조). 체계적 고찰(메타 분석)이 가장 높은 수준의 증거이며, 이어서 코호트 연구(전향적), 사례-대조군 연구(후향적)의 순이다(Gray, 2004). 〈표 4-1〉은 행동적 자살 위험 요인과 근거가 되는 연구를 보여 준다. 비근거 중심 행동적 자살 위험 요인은 사례 보고나 사례군 연구를 바탕으로 하며, 최근에는 임상적 의견이나 임상적 합의를 바탕으로 하기도 한다. 자살 평가에서 임상적 의견이나 합의는 근거 중심 연구와 결합될 때 특히 중요하다.

 행동적 자살 위험 요인의 평가

행동적 자살 위험 요인의 평가는 방어적인 자살 환자의 초기와 유지기 치료와 관리를 위한 정보를 임상가에게 제공한다. 〈표 4-1〉에 나열된 여러 행동적 자살 위험 요인은 치료와 관리에 따라 반응을 보일 수 있는 요인들이다. 행동적 자살 위험 요인들은 입원 환자뿐 아니라 다른 임상 환경(예: 응급실, 외래)에서도 적용된다.

고의적인 자해는 자살 시도나 자살로 인한 사망과 높은 연관성을 가지고 자주 관찰되는 행동적 자살 위험 요인이다(Cooper et al., 2005; Hawton & Harris, 2007). Fawcett 등(1987)은 주요정동장애 환자 954명을 대상으로 한 10년간의 전향적 연구에서 평가 후 1년 이내의 자살과 통계적으로 유의한 관련성이 있는 단기 자살 위험 요인을 규명하였다. 이 중 관찰 가능한 위험 요인으로는 심리적 불안, 집중력 저하, 전반적 불면증, 우울성 혼란(초조) 등이 있었다. 주요우울장애 환자에게서 자주 관찰되는 자극과민성 또한 우울증의 심각도 및 자살 시도와 연관이 있다(Perlis et al., 2005). 체계적 고찰에서 Hansen(2001)은 불안과 자주 혼동되는 좌불안석증이 자살 위험 증가와 연관이 없다는 것을 확인하였다.

초조는 파수꾼 역할을 하는 행동적 위험 요인이다. Fawcett(2007, p. 670)은 다음과 같이 훌륭하게 초조를 기술하였다. "초조는 대개 환자의 꼼지락거림, 손 흔들기(wringing hands), 움직임, 몸 비틀기 등으로 측정할 수 있으며, 더욱 심한 수준의 경우에는 제자리 걸음, 신음, 문이나 벽을 두드리는 등의 모습을 보인다." 극도의 초조감은 극도의 자극과민성과 유사하게 보일 수도 있으나, 대개 초조감은 운동적인 구성 요소를 더 많이 보인다(Jan Fawcett, M.D., 2007년 10월 23일 개인 서신 중).

Harris와 Barraclough(1997)는 체계적 고찰에서 정신 질환에 대

〈표 4-1〉 행동적 자살 위험 요인: 근거의 위계[a]

체계적 고찰(메타 분석)
- 자살 시도(Harris & Barraclough, 1997)
- 물질 남용/중독(Harris & Barraclough, 1997)
- 섭식장애(Harris & Barraclough, 1997)
- 신체 질환(Harris & Barraclough, 1994)

코호트 연구
- 우울증(Fawcett et al., 1990)
- 조증, 혼재성 상태(Fawcett et al., 1990)
- 정신증(Warman et al., 2004)
- 공황 발작(Fawcett et al., 1990)
- 불안(Fawcett et al., 1987)
- 초조/자극과민성(Fawcett et al., 1990; Perlis et al., 2005)
- 전반적 불면증(Fawcett et al., 1990)
- 멜랑콜리아 양상(Grunebaum et al., 2004)
- 증상의 심각도(Murphy et al., 1992)
- 집중력 저하(Fawcett et al., 1990)
- 절망감(Beck et al., 1990)
- 고의적인 자해(Cooper et al., 2005; Hawton & Harris, 2007)

사례-대조군 연구
- 폭력적 위협이나 행동(Connors et al., 2001)
- 충동적 공격성(Dumais et al., 2005)
- 신체 질환, 고령(Quan et al., 2002)

사례 보고, 사례군 연구
- 좌불안석증(사례 보고)
- 고립/입원(Simon & Gutheil, 2002)
- 치료적 동맹의 부재/입원 환자(Simon & Gutheil, 2002)

임상적 의견이나 합의
- 개인의 '특징적' 자살 위험 행동
- 치료적 동맹의 부재
- 치명적인 도구의 은닉
- 자살 예행 연습
- 치료에 대한 비협조
- 의료적 권고에 반한 퇴원
- 탈출 시도
- 최근의 유서

[a] 관찰 가능한 행동 및 상태

한 표준화 사망비를 정하였다. 표준화 사망비는 일반 인구의 자살과 비교할 때 특정 질환에서의 비교 위험도를 뜻한다. 가장 높은 표준화 사망비를 보이는 정신 질환은 섭식장애, 정동장애, 물질남용, 조현병이었다. 정신과적 진단은 때로 환자의 행동적 표현(예: 거식증, 긴장증, 조증)으로 추론하기도 한다. 방어적인 자살 환자의 초기 평가에서 임상가는 진단과 연관된 행동을 관찰할 수 있다. 그러나 때로 명료하게 진단하기 어려울 수도 있다. 환자의 행동은 하나 이상의 진단과 연관될 수 있다. 예를 들어, 초조는 조현병, 양극성장애, 주요우울장애, 불안장애, 기타 다른 진단 등에서도 관찰될 수 있다.

일부 환자는 자살 위험 요인과 연관된 개별적인 '특징적' 행동을 보일 수 있다. 예를 들어, 말을 더듬는 조현병 환자가 말 더듬기를 멈출 경우에 자살 위험성이 증가하는 경우가 있다(Simon, 2004). 이와 유사하게 강박적인 환자는 자살 위험이 증가했을 때에 성가신 소리를 흥얼거릴 수 있다. 그러나 말더듬이나 흥얼거림이 자살 위험 요인인지를 증명한 정신과적 연구는 없다. 단지 환자에 대해 철저하게 알고 있는 임상가만이 이러한 매우 신뢰할 만한 자살 위험 요인을 발견할 수 있다.

〈표 4-1〉의 항목 중 자살 시도나 자살 사망에 있어 그 자체로 자살 시도나 자살 사망을 유발하는 특징적인 단일 위험 요인은 없다. 그러므로 행동적 자살 위험 요인에 대한 패턴 인식이 필수적이다. 예를 들어, 자살 위험성이 높은 환자가 설명할 수 없이 갑작스럽게 호전된다면 이것은 최종적으로 자살을 실행하기로 결심한

후의 내적 평화 또는 행복감을 반영할 수 있다(예: 자살 환자의 미소). 이러한 경우에 빠른 호전으로 착각할 수 있지만, 자살 행동을 예고하는 행동적 위험 요인 패턴은 일반적으로 변하지 않고 남아 있다.

사례

심한 우울증이 있는 38세의 의사가 정신건강의학과 병동에 입원하였다. 그는 총을 구입한 후 그의 아내에게 자살 유서를 남겼다. "나를 용서해 주오. 나는 내가 항상 갈망하던 행복과 평화를 마침내 찾은 것 같소." 그는 일대일 근접 보호 조치를 받았다.

환자는 홀로 있으려고 하였고, 약을 입 안에 숨겼으며 치료진이나 다른 환자들을 피했다. 입원 둘째 날, 그는 침대 시트로 올가미를 만들었다(예행 연습). 치료진이 그것을 보았을 때 환자는 "나는 단지 아내의 관심을 끌고 싶었을 뿐이에요."라고 말했다. 그는 또한 자살 유서를 남긴 것에 대해서도 같은 이유를 대었다. 최근 그의 결혼 생활의 갈등에도 불구하고, 그의 부인은 여전히 환자에게 지지적이지만 그는 아내의 방문에 무관심했다. 환자는 계속해서 자살 사고, 자살 의도나 계획을 부인하였다. 그는 여전히 심하게 우울했고, 초조했으며 잠을 이루지 못하였다. 그의 모습은 희망이 없고 절망적으로 보였다. 치료진은 이 환자가 높은 자살 위험성을 가지고 있다고 평가하였으며 계속해서 관찰하였다.

입원한 지 5일째 되는 날, 환자의 기분과 초조가 개선되었다. 그러나 환자의 식욕과 수면은 개선되지 않았다. 그는 마지못해 약을 복용하였으나, 정신건강의학과 의사나 치료진과는 치료적 동맹을 맺지 못하였다. 기분의 개선과 초조의 감소에 근거하여 이 환자의 관찰 단계를 15분마다 확인하는 것으로 낮추었다. 몇 시간 뒤, 침대 시트로 목을 매려고 하는 그 환자를 같은 방에 입원한 환자가 발견하고 치료진을 호출하였다. 환자는 흐느끼며, "내가 원하는 것은 단지 평화예요. 날 죽게 놔두세요." 라고 하였다. 그는 다시 일대일 근접 보호 조치를 받았으며 자살 위험성도 재평가되었다.

환자의 갑작스럽고 빠른 회복은 정말 자살의 위험 요인일까? 또는 이것이 거짓일까? 사례에서 환자는 자살로 끝내겠다는 결정으로 편안함을 느꼈다. 환자는 다른 행동상의 위험 요인에서는 상당한 개선이 없이 기분과 초조함에서 갑작스러운 개선을 보였다.

행동적 평가는 임상적, 대인관계, 상황적, 통계학적(인구학적) 관점을 포괄하는 체계적 자살 위험 요인과 보호 요인을 대체하는 것이 아니다. 행동적 위험성 평가는 환자에 대해 더 많은 정보를 이용할 수 있을 경우, 체계적인 자살 평가에 통합되어야 한다.

입원 환자

   높은 자살 위험성을 지닌 방어적인 환자가 단기간 입원할 경우에는 빠른 행동적 위험성 평가가 이루어져야 하는데, 이는 초기 치료와 관리의 결정에 필수적이다. Simon과 Gutheil(2002)은 방어적인 자살 환자는 입원 병동에 혼자 있으려 하고, 치료 계획에 순응하지 않고 조기 퇴원을 하는 것에 몰두해 있으면서 병실에만 있으며, 병동 활동에 참여하지 않는 등의 반복적인 행동 패턴이 관찰되었다고 하였다. 방어적인 자살 환자는 자살 예방 서약에 기꺼이 동의하며, 요청을 받으면 문서에 서명도 한다. 또한 정신건강의학과 의사와 치료진을 피하려고 애쓰는데, 특히 정신건강의학과 의사들이 병동에 들어서기만 하면 순식간에 숨어 버린다.

   관찰이 가능한 방어 요인으로는 치료 순응, 치료진 및 입원 환자와의 접촉, 병동 활동에의 참여(예: 단체 치료) 등이 있다. 방어적인 자살 환자는 빨리 퇴원하여 자살을 실행하기 위해 치료진과 함께 하는 요법에 표면적으로만 참여한다. 방어 요인이 있다고 하더라도 다른 정보 제공자(예: 환자에게 의미 있는 타인, 치료자, 치료 기록)로부터 추가적인 병력이 얻어질 때까지 잘 드러나지 않을 것이다.

   방어적인 자살 환자를 오로지 행동적 위험 요인의 평가만을 바탕으로 자살 위험성의 단계(낮음, 중간, 높음)를 결정하는 것은 불가능할지도 모른다. 행동적 자살 위험성의 평가 목적은 방어적인 자살 환자의 치료 시간이 제한되어 있는 경우(응급실, 정신건강의학과 입원 병동, 외래 환자), 자살의 높은 위험성을 확인하여 치료하는 것에 목적이 있다. 행동적 위험 요인은 '지금-여기'에 대하여 평가한다. 행동적 위험 요인은 실시간의, 정적적 자살 위험성 평가에 있어 필수적인 요소다. 환자가 자살을 시도하거나 성공할 경우라도 언제 그러한 행동을 할지 예측할 수 있게 하는 단기 위험 요인에 대한 명확한 근거 중심 연구는 없다(Simon, 2006a).

응급 환자

응급실 의사 또는 위기 상담자가 방어적인 자살 환자를 면담할 경우 특히 평가에 어려움이 많다. 방어적인 자살 환자는 자살 사고와 자살 의도, 자살 계획을 강하게 부인한다. 응급실에 머무는 동안, 환자는 전부는 아니더라도 대부분의 행동적 자살 위험 요인을 숨길 수 있다. 환자를 응급실에 데려온 가족 구성원 또는 경찰은 환자를 응급실에 데려오게 한 위험한 자살 관련 행동에 대해 이야기한다.

만약 응급실에 실려 온 환자가 외래 치료를 받는 중이었더라도, 환자의 치료자가 자살이 빈번하게 발생하는 이른 오전 시간에는 응급실 의사에게 필수적인 임상 정보를 제공하는 것이 불가능하다. 행동적 자살 위험성 평가는 특히 환자에 대한 정보가 적은 응급실 의사들에게 입원과 퇴원을 결정하는 데 도움을 줄 수 있다. 예를 들어, 숙소와 음식을 얻기 위해 입원을 원하여 응급실을 방문하는 어떤 사람들은 자신이 자살하고 싶다고 이야기하기도 한다. 그러나 이들에게서는 분명한 행동적 자살 위험 요인을 볼 수 없으며, 흔히 보호자가 없다.

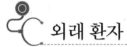

외래 환자

자살 위험성이 있는 외래 환자들은 의사가 입원시킬 것이 두려워 자살 사고를 부인할 수도 있다. 다른 치료진에 의해 도움을 받는 병동 의사와는 달리, 외래 의사들은 환자와 함께하는 시간이 짧고, 다른 사람들에게서 환자에 대한 정보를 얻거나 환자를 관찰할 기회가 더 적다는 점에서 어려움을 겪는다. 외래 의사는 비록 오랫동안 환자와 알고 지내고 치료를 해 왔더라도 진료 시간 내에 행동적 자살 위험 요인을 관찰하는 것은 매우 어렵다. 약물 조절을 위해 단시간, 그리고 부정기적으로 병원을 방문하는 환자를 대하는 정신건강의학과 의사들은 환자의 자살 위험성 평가에 상당한 책임이 있음에도, 행동적 자살 위험 요인을 관찰하기가 가장 어렵다(Meyer & Simon, 2006). 전문 분야별로 각각의 치료가 이루어지고 있는 상황에서는 환자의 자살 위험성을 다루는 다른 치료자들과의 밀접한 협업이 표준 치료가 되어야 한다.

결론

행동적 자살 위험 요인 평가는 체계화된 자살 위험성 평가에 필수적인 요소다. 대부분의 정신 질환은 임상가들이 방어적인 자살 환자를 평가하는 데 도움을 줄 수 있는 행동적 증상을 동반한다. 행동적 평가가 체계화된 자살 위험 평가를 대체할 수는 없다. 평가 시에는 부가적인 정보 제공원들을 반드시 동원하여야 한다.

❗ 핵심 사항

- 관찰로 얻은 자료에서 치료와 안전 관리를 위한 정보를 제공할 수 있는 행동적 자살 위험 요인을 파악할 수 있으며, 이를 통하여 환자의 보고를 무조건적으로 신뢰하는 것을 피할 수 있다.
- 행동적 자살 위험 요인을 밝혀내는 것은 위험성 있는 모든 환자의 체계적 자살 평가에 있어 중요한 부분이다.
- 행동적 위험 요인은 방어적이고 신뢰할 수 없는 환자의 자살 위험성을 조기에 알 수 있게 해 준다.
- 환자는 임상적 면담보다 자가 보고 척도를 통해 자살 사고와 행동에 대하여 더 많은 정보를 드러낼 수 있다. 그러나 자가 보고 척도가 적절한 자살 위험성 평가를 대체할 수는 없다.

• 방어적인 자살 환자에 대한 평가 시 가능하다면 반드시 의미 있는 타인으로부터 정보를 얻어야 한다.

참고문헌

Beck AT, Brown G, Bercheck RJ, et al: Relationship between hopelessness and ultimate suicide: a replication with psychiatric outpatients. Am J Psychiatry 147: 190-195, 1990

Busch KA, Fawcett J, Jacobs DG: Clinical correlates of inpatient suicide. J Clin Psychiatry 64: 14-19, 2003

Connors KR, Cox C, Duberstein PR, et al: Violence, alcohol, and completed suicide: a case control study. Am J Psychiatry 158: 1701-1705, 2001

Cooper J, Kapur N, Webb R, et al: Suicide after deliberate self-harm: a 4-year cohort study. Am J Psychiatry 162: 297-303, 2005

Dumais A, Lesage AD, Alda M, et al: Risk factors for suicide completion in major depression: a case control study of impulsive and aggressive behaviors in men. Am J Psychiatry 162: 2116-2124, 2005

Fawcett J: Comorbid anxiety and suicide in mood disorders. Psychiatr Ann 37: 667-671, 2007

Fawcett J, Scheftner WA, Clark DC, et al: Clinical predictors of suicide in patients with major affective disorders: a controlled prospective study. Am J Psychiatry: 144: 35-40, 1987

Fawcett J, Scheftner WA, Fogg L, et al: Time related predictors of suicide in major affective disorders: a controlled study. Am J Psychiatry 147: 1189-1194, 1990

Fawcett J, Clark DC, Busch KA: Assessing and treating the patient at risk for suicide. Psychiatry Ann 23: 244-255, 1993

Gray GE: Concise Guide to Evidence-Based Psychiatry. Washington, DC, American Psychiatric Publishing, 2004

Grunebaum MF, Galfalvy HC, Oquendo MA, et al: Melancholia and the probability and lethality of suicide attempts. Br J Psychiatry 184: 534-535, 2004

Hansen L: A critical review of akathisia, and its possible association with suicidal behaviour. Hum Psychopharmacol 16: 495-505, 2001

Harris EC, Barraclough BM: Suicide as an outcome for medical disorders. Medicine 73: 281-286, 1994

Harris CE, Barraclough B: Suicide as an outcome for mental disorders. Br J Psychiatry 170: 205-228, 1997

Hawton K, Harris L: Deliberate self-harm in young people: characteristics and subsequent mortality in a 20-year cohort of patients presenting to hospital. J Clin Psychiatry 68: 1574-1583, 2007

Health Insurance Portability and Accountability Act of 1996 (HIPAA) [PL 104-191, 110 Stat 1936], 1996

Isometsa ET, Heikkinen ME, Martunen MJ, et al: The last appointment before suicide: is suicide intent communicated? Am J Psychiatry 152: 919-922, 1995

Meyer DJ, Simon RI: Split treatment, in The American Psychiatric Publishing Textbook of Suicide Assessment and Management. Edited by Simon RI, Hales RE. Washington, DC, American Psychiatric Publishing, 2006, pp 235-251

Murphy GE, Wetzel RD, Robbins E, et al: Multiple risk factors predict suicide in alcoholism. Arch Gen Psychiatry 49: 459-463, 1992

Perlis RH, Fraguas R, Fava M, et al: Prevalence and clinical correlates of irritability in major depressive disorder: a preliminary report from the Sequenced Treatment Alternatives to Relieve Depression study. J Clin Psychiatry 66: 159-166, 2005

Quan H, Arboleda-Florez J, Fick GH, et al: Association between physical illness and suicide among the elderly. Soc Psychiatry Psychiatr Epidemiol 37: 190-197, 2002

Resnick PJ: Recognizing that the suicidal patient views you as an adversary. Curr Psychiatr 1: 8, 2002

Robins E: The Final Months: Study of the Lives of 134 Patients Who Committed Suicide. New York, Oxford University Press, 1981

Shea SC: Chronological assessment of suicide events: a practical interviewing strategy for the elicitation of suicidal ideation. J Clin Psychiatr 59 (suppl 20): 58-72, 1998

Simon RI: Assessing and Managing Suicide Risk: Guidelines for Clinically Based Risk Management. Washington, DC, American Psychiatric Publishing, 2004

Simon RI: Imminent suicide: the illusion of short-term prediction. Suicide Life Threat Behav 36: 296-301, 2006a

Simon RI: Suicide risk: assessing the unpredictable, in The American Psychiatric Publishing Textbook of Suicide Assessment and Management. Edited by Simon RI, Hales RE. Washington, DC, American Psychiatric Publishing, 2006b, pp 1-32

Simon RI, Gutheil TG: A recurrent pattern of suicide risk factors observed in litigated cases: lessons in risk management. Psychiatr Ann 32: 384-387, 2002

Simon RI, Shuman DW: Clinical Manual of Psychiatry and Law. Washington, DC, American Psychiatric Publishing, 2007

Sullivan GR, Bongar B: Psychological testing in suicide management, in The American Psychiatric Publishing Textbook of Suicide Assessment and Management. Edited by Simon RI, Hales RE. Washington, DC, American Psychiatric Publishing, 2006, pp 177-196

Warman DM, Forman E, Henriques GR, et al: Suicidality and psychosis: beyond depression and hopelessness. Suicide Life Threat Behav 37: 77-86, 2004

제5장
정신 질환과 자살 위험성

미국의 경우, 자살 중 90% 이상이 정신 질환과 관련되어 있다 (Harris & Barraclough, 1997). 정신과적 진단은 중요한—가장 중요한 것일 수도 있지만, 만약 가장 중요한 요인이 아니더라도— 자살 위험 요인 중 하나다. 정신 지체를 제외한 모든 정신 질환이 자살 위험성과 관련이 있다(〈표 5-1〉 참조). Mann 등(1999)은 자살 행동의 스트레스-특이체질(diathesis) 모델을 제시했다. 자살이 일어나기 위해서는 자살 행동에 대한 촉진 인자(정신 질환)와 기존의 취약성이 있어야 한다.

주요우울장애, 양극성장애, 조현병과 물질 남용 장애는 높은 자살 위험성과 관계가 있다(American Psychiatric Association, 2003). Harris와 Barraclough(1997)의 연구 결과, 섭식장애에서 표준화 사망비가 가장 높았다. Franko와 Keel(2006)은 신경성 식욕부진증

환자에서 자살률이 높다는 것을 발견하였다. 반면 신경성 폭식증
에서는 자살률이 높지 않았다.

〈표 5-1〉 정신 질환 및 신체 질환과 사망률	
질 환	표준화 사망비[a]
섭식장애	23.14
주요우울장애	20.35
수면제 남용	20.34
혼합 약물 남용	19.23
양극성장애	15.05
아편 남용	14.00
기분장애	12.12
강박장애	11.54
공황장애	10.00
조현병	8.45
인격장애	7.08
후천성 면역 결핍증(AIDS)	6.58
알코올 남용	5.86
간질	5.11
아동기와 청소년기 장애	4.73
대마 남용	3.85
척수 손상	3.82
신경증	3.72
뇌 손상	3.50
헌팅턴 무도병	2.90
다발성 경화증	2.36
악성 종양	1.80
정신 지체	0.88

[a] 표준화 사망비(Standardized mortality ratio: SMR)는 실제 사망률을 기대 사망률로 나
누어 계산한다.
출처: Harris CE, Barraclough B: "Suicide as an Outcome for Mental Disorders."
　　British Journal of Psychiatry 170: 205-228, 1997에서 수정하여 인용함.

인격장애 환자들은 일반 인구보다 자살률이 7배나 높다(Harris & Barraclough 1997; 1장 참조). B군 인격장애 환자들, 특히 경계선 인격장애와 반사회성 인격장애 환자는 높은 자살 위험성을 갖고 있다(Duberstein & Conwell, 1997). B군 인격장애와 충동적인 공격성은 자살의 중요한 위험 요인이다(McGirr et al., 2009). 무직, 경제적 문제, 가족 불화 그리고 대인관계 갈등이나 대인관계의 상실은 인격장애 환자에서 자살 위험성을 높인다(Heikkinen et al., 1997).

자기애성 특성 또는 인격장애를 가진 환자들은 추문, 사업 실패, 형사 고발 등과 같은 견디기 힘든 모욕적인 상황이 발생할 때 '치욕 자살(shame suicide)'에 취약하다. 인격장애의 진단 기준은 1축 정신건강 장애와 같이 명확하지는 않다. 반구조화된 진단 도구가 도움을 줄 수는 있지만 임상적 평가를 대체할 수는 없다. 최초의 평가에서 진단을 내릴 수 있는 1축 장애와는 달리 인격장애를 진단하기 위해서는 보통 연속적인 면담이 필요하다. 환자에 대해 초기에 다축 정신의학적 평가를 시행할 때 임상의는 종종 2축 진단에 '보류'라고 기입한다.

3축의 신체 질환 중 다음과 같은 상태는 자살 위험성의 증가와 관계가 있다. 후천성 면역결핍증, 간질, 척수 손상, 뇌 손상, 헌팅턴 무도병 그리고 암(American Psychiatric Association, 2003). 그 외 두경부 종양, 소화성 궤양, 전신성 홍반성 루푸스, 투석을 받는 만성 신부전, 심장 질환, 전립선 질환, 만성 폐쇄성 폐질환 등과 같은 다른 신체 질환들도 자살의 위험성을 높인다.

짧은 재원 기간, 30분의 초기 평가와 10분간의 약물 점검 등 전문 분야별로 각각의 치료가 이루어지고 있는 체제에서 정신건강의학과 의사와 다른 치료진들은 서로를 알지 못하고 서로에게 도움을 요청하지 않는다. 제한된 횟수의 정신 치료는 종종 임상의들이 인격장애 진단을 내리는 데 충분한 시간을 제공하지 못한다. 임상의들은 가능한 언제든지 이전 치료 기록을 검토하고, 이전 및 현재 치료자들과 정보를 나누어야 한다. 임상의들은 진단과 감별 진단을 위해 환자와 충분한 시간을 보내야만 한다.

동반 질환

동반된 정신의학적 진단은 자살의 위험성을 증가시킨다(Henriksson et al., 1993). 가장 흔한 동반 질환은 주요우울장애, 경계선 인격장애 및 반사회성 인격장애 그리고 알코올과 다른 물질의 남용 장애다. 정신과적 동반 질환은 경계선 인격장애 환자의 자살 시도에, 특히 우울증이 동반되었을 경우, 중요한 위험 요인이다(Black et al., 2004). 주요우울장애와 범불안장애가 동반된 환자는 범불안장애가 없는 주요우울장애 환자와 비교하여 자살 사고가 더 심하다(Zimmerman & Chelminski, 2003). 이 연구에 따르면, 자살을 실행하는 환자의 93%가 한 개 이상의 1축 진단을 갖고 있었다. 심각한 우울증과 불안이 동반된 경우, 자살 위험성을 현저하게 증가시킨다. Isometsa 등(1996)은 자살로 사망한 모든 인격장애 환자가 적어도 한 개의 1축 진단을 갖고 있었다는 것을 발견하였다. 사례의 31%가 2축 진단을 동반하였고, 사례의 46%가 적어도 한 개의 3축 진단을 동시에 갖고 있었다.

Kessler 등(1999)은 5,877명의 인구 조사 결과 질환의 개수와 자살 시도 사이에 양적인 상관관계가 있다는 것을 발견하였다. 질환의 종류가 아닌 질환의 전체 개수가 중요하였다. 따라서 자살 위험성 평가에서 현재의 3축 신체 상태와 질환뿐만 아니라 현재와 과거의 모든 정신과적 진단을 주의 깊게 살펴보아야 한다.

DSM-IV-TR 세부진단과 자살 위험성

DSM-IV-TR(American Psychiatric Association, 2000)에는 주요우울장애, 단일 삽화, 심한 정도, 멜랑콜리아 양상 동반과 같이 많은 정신건강의학과적 질환의 증상 정도와 경과에 대한 세부진단을 제공하고 있다. 증상 정도의 세부진단은 가벼운 정도, 중간 정도, 심한 정도다. 경과의 세부진단은 부분 또는 완전 관해 또는 과거력이다. 우울 삽화는 단일 삽화 또는 재발 삽화일 수 있다. 멜랑콜리아 양상에 대한 세부진단 기준도 있다.

자살의 위험성은 치료의 단계를 반영하는 질환의 중증도와 비례해서 증가할 수 있다(American Psychiatric Association, 2003). 주요우울장애가 단일 삽화인지 재발 삽화인지도 자살 위험성 평가에 중요하다. 젊은 환자들에게서 자살은 질병 경과 중 초기에 나타나는 경향이 있다(Hoyer et al., 2000). 재발성 주요우울장애는 심각한 자살 위험성을 수반한다. 주요우울장애는 사례의 40~50%에서 재발한다(Spijker et al., 2002). 각각의 재발은 질환의 중증도와 기간을 증가시킬 수 있으며, 점점 재발의 빈도도 증가한다(Kendler et al., 2000). 이러한 우울증은 점점 치료에 반응하지 않는다. 절망감과 의기소침함이 실직과 대인관계의 문제와 겹쳐지면 자살 위험성은 더욱 증가한다. 정신병적 양상 또는 멜랑콜리아 양상의 세부진단도 자살 위험 요인에 포함해야 한다.

진단의 정확성은 자살 위험성 평가에 필수적인 것이다. 세부진단의 평가(중증도, 경과, 양상)는 다음 장에서 논의할 자살 위험성에 대한 부가적인 중요한 자료를 제공한다. 다축 정신건강의학 진단을 통하여 1, 2, 3축의 동반 질환, 자살의 위험성이 있는 환자가 가진 스트레스에 대한 평가(4축), 정신적 · 사회적 · 직업적 영역에서 기능적 장애를 확인할 수 있다.

 ## 주요우울장애에서 멜랑콜리아 양상과 관련된 자살 위험성 평가: 사례

멜랑콜리아 양상의 주요우울장애 환자가 다른 주요우울장애 환자와 비교해서 자살 위험성이 더 높다. Grunebaum 등(2004)은 두 개의 대학병원에서 우울증 연구계획에 의해 연속적으로 등록한 377명의 환자를 연구하여 멜랑콜리아 환자들과 비 멜랑콜리아 환자들을 비교하였다. 이들 중 151명(40%)은 DSM-IV의 멜랑콜리아 진단 기준을 만족시켰다. 연구자들은 멜랑콜리아 환자가 더 심각한 자살 시도를 했다는 것과 미래에 다시 시도를 할 가능성 및 치명성이 증가함을 밝혔다. 멜랑콜리아가 없는 환자들은 멜랑콜리아 양상의 환자들만큼 정신건강의학과 입원이 필요하지 않았다.

McGrath 등(2008)은 STAR*D 연구계획을 이용하여 우울증 외래 환자 중 23.5%가 DSM-IV의 멜랑콜리아 양상의 진단 기준을 만족시킴을 보고하였다. 이런 환자들에서는 멜랑콜리아 양상이 아닌 환자들에 비해 과거 사살 시도가 유의하게 흔했으며, 연구 시작 시점에 자살 위험성이 있다고 판단되는 빈도 역시 높았다. 주요우울장애 환자의 1/4이 DSM-IV 세부진단의 멜랑콜리아 양상이라는 이러한 발견은 다른 연구와도(Khan et al., 2006) 일치한다. 멜랑콜리아 양상의 진단 기준을 만족하는 연구 참가자들은 더 높은 우울 중증도 점수를 나타내었고, 1축 동반 질환이 더 많았으며(대부분 불안과 물질 사용 장애), 선택적 세로토닌 흡수 차단제(SSRI)로 치료받았을 때 관해율이 더 낮았다.

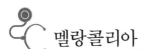

멜랑콜리아

Leventhal과 Rehm(2005)은 멜랑콜리아 우울증이 비 멜랑콜리아 우울증과 증상 면에서 질적으로 다르다고 하였다. 이러한 구분은 생물학적('내인적') 요인, 인격 특성, 치료에 대한 무반응, 자살의 높은 위험성 등의 측면에서 나타난다는 점에 의해 지지된다. Khan 등(2006)은 비 멜랑콜리아 우울증 환자에게서는 현저하게 나타나지 않는 사회인구학적 요인과 다른 외부 요인들을 발견하였다. 그들은 유전적 또는 생물학적 요인이 멜랑콜리아 증상 발현에 중요한 역할을 한다고 결론 내렸다.

다음은 DSM-IV-TR 멜랑콜리아 양상의 진단 기준이다.

1. 다음 중 한 가지가 최근 삽화의 가장 심한 시기 동안에 일어난다.
   • 모든 활동이나 거의 모든 활동에서 흥미 상실
   • 통상적으로 쾌감을 주는 자극에 대한 반응의 결여(좋은 일이 일어났을 때 일시적으로라도 기분 좋게 느끼지 못한다.)
2. 다음 중 세 가지(또는 그 이상)가 최근 삽화의 가장 심한 시기 동안에 일어난다.
   • 질적으로 뚜렷한 우울한 기분(즉, 사랑하는 사람의 죽음 후에 경험하는 느낌과 뚜렷이 차이 나는 우울한 기분을 경험한다.)
   • 아침마다 악화되는 우울증
   • 아침에 일찍 깸(평상시 일어나는 시간보다 적어도 두 시간 전)
   • 현저한 정신 운동 지체 또는 초조
   • 뚜렷한 식욕 부진이나 체중 감소
   • 과도하거나 부적절한 죄책감

DSM-IV-TR은 멜랑콜리아 우울증과 관련된 많은 임상적 · 생물학적 표지자를 제시하고 있다.

- 정신 운동의 변화가 거의 항상 존재함(관찰 가능함)
- 병전 인격장애가 적음
- 명확한 촉발 요인이 적음
- 위약 처방에 반응이 적음
- 외래 환자보다 입원 환자에 흔함
- 더 심한 정도의 주요우울장애 삽화와 비교할 때, 경중 삽화에서 발생하는 경우가 적음
- 정신병적 양상을 가진 환자에게서 더 흔하게 발생함
- 다음의 실험실 결과와 흔히 관련 있음
  - 덱사메타손 억제가 되지 않음
  - 혈청, 소변, 타액에서 증가된 코티솔 농도
  - 수면 EEG 특성의 변화
  - 양분 청취 과제(dichotic listening task)에서의 비정상적 비대칭성

 자살 위험성

주요우울장애는 정신 질환 중 섭식장애 다음으로 자살과 가장 관련성이 높다(Harris & Barraclough, 1997). 이미 언급한 대로, 멜랑콜리아 양상은 자살의 위험성을 상당히 증가시킨다(Grunebaum et al., 2004). 동반된 정신병적 양상, 동반 질환, 관해의 낮은 가능성 또한 자살의 위험성을 증가시킨다. McGrath 등(2008)은 멜랑콜리아 양상이 SSRI 치료에 의한 관해율 감소와 상당한 관계가 있다는 것을 발견하였다.

멜랑콜리아 양상의 진단은 다양한 이유로 놓치기 쉬운 진단이다. 멜랑콜리아와 비 멜랑콜리아 우울증을 구별하는 진단 기준은 엄격하지 않다. 게다가 임상의들은 멜랑콜리아 양상과 관련되어 있는 자살 위험성의 증가를 고려하지 않는다.

임상적 상황 또한 진단에 영향을 줄 수 있다. 입원 기간이 단축되어, 특히 임상의들이 단기 치료를 할 경우, 정확한 진단을 내리는 데 시간이 충분하지 못하다. 낮 병원 프로그램에 참여하는 정신건강 전문가들은 환자의 정신 역동과 대인관계에 더 초점을 맞추게 되어 진단적으로 충분한 고려를 하지 못할 수 있다.

멜랑콜리아 환자들은 치료를 받기 위해 다른 환자들보다 외래를 덜 자주 찾아온다. 그러므로 임상의들은 이러한 진단을 내릴 수 있는 경험이 더 적을 수 있다. 전문 분야별로 각각의 치료가 이루어지고 있는 상황에서 정신건강의학과 의사는 환자를 10~15분 정도만 덜 자주 보게 되고, 정신 치료를 시행하는 정신 치료자도 초기의 45분 또는 한 시간 동안의 평가로는 정확한 진단을 내리기에 시간이 부족할 수 있다. 게다가 멜랑콜리아 양상의 진단은 시간이 지난 후에야 명백해질 수 있다. 그러므로 정신건강의학과 의사와 정신 치료자의 긴밀한 협력과 의사소통을 통해 더욱 정확한 진단이 가능할 수 있다(Simon, 2004). 주요우울장애로 진단된 모든 환자를 멜랑콜리아 양상에 대해 주의 깊게 평가해야 한다.

멜랑콜리아 우울증과 비 멜랑콜리아 우울증의 증상은 겹쳐서 나타날 수 있기 때문에 멜랑콜리아 양상에 대한 진단을 놓칠 수 있다. 세부진단으로서의 멜랑콜리아는 하나의 독립된 정신과적 장애로 분류하기 어렵다. 게다가 멜랑콜리아 양상의 진단 기준 A(모든 활동이나 거의 모든 활동에서 즐거움의 상실, 통상적으로 쾌감을 주는 자극에 대한 반응의 결여)는 심한 우울 증상의 표현이며, 진단 기준 B는 보다 분류적이다. 멜랑콜리아의 핵심 양상은 우울증의 중증도로, 진단적으로 평가하기에는 어려운 차원적 분류 기준이다.

치료와 관리

멜랑콜리아 환자의 높은 자살 위험성을 관리하기 위해서는 정확한 진단과 구조화된 자살 위험도 평가, 근거 중심 치료가 필요하다. 멜랑콜리아 환자는 선택적 세로토닌 재흡수 차단제(SSRI)보다는 삼환계 항우울제(TCA)나 단가아민 산화효소 억제제(MAOI)를 복용할 때 더 반응이 좋다(Angst et al., 1993; Peselow et al., 1992). 전기 경련 치료(ECT) 또한 멜랑콜리아 환자에게 적용할 수 있는데, 특히 환자가 급성으로 자살 위험성을 보이거나 항우울 약제에 반응을 보이지 않을 때 사용할 수 있다(American Psychiatric Association, 2006; Kim et al., 2006). 일부 멜랑콜리아 환자는 전기 경련 치료에만 반응한다.

만일 주요우울장애로 진단된 환자가 적극적인 치료를 받아도 증상이 호전되지 않는다면 진단을 재검토하여 진단에 멜랑콜리아 양상을 포함시키거나 배제해야 한다. 치료가 지연되는 경우, 우울증은 견고해지고 결과적으로 환자는 절망감이나 의기소침을 경험하며 자살 위험도도 높아지게 된다. 또한 치료의 지연은 직업 활동과 대인관계에 부정적 효과를 초래한다.

결론

미국의 경우, 자살 환자의 90% 이상이 정신 질환과 관련되어 있다. 정신 지체를 제외한 모든 정신과적 질환은 자살 위험성을 높이고, 특히 주요우울장애에서 멜랑콜리아 양상을 보일 때 자살 위험성이 더욱 높다. 표준화 사망비는 진단에 따라 다양하다. 예를 들어, 섭식장애와 주요우울장애에서 표준화 사망비가 가장 높다. 인격장애에서는 표준화 사망비가 훨씬 낮다. 정신 질환이 동반 이환된 경우, 동반된 질환의 수가 많을수록 자살 위험도가 증가한다. 멜랑콜리아가 없는 주요우울장애보다 멜랑콜리아가 있는 주요우울장애에서 자살 위험도가 더 높다. DSM-IV-TR 세부진단에 의거하여 정확하게 진단하는 것은 자살 위험성이 있는 환자를 치료 및 관리하는 데 도움이 될 수 있다.

- 정신 지체를 제외한 모든 정신과적 질환은 자살 위험성과 관련이 있다.
- 정신과적 진단 자체가 중요한 위험 요인이다. 따라서 정확한 진단이 중요하다.
- 1, 2, 3축 장애에 동반된 질환이 있을 경우, 자살 위험성은 높아진다.
- 자살 위험도를 높이는 DSM-IV-TR 세부진단 기준에 대해 고려하는 것이 중요하다.
- 임상의는 합당한 진단에 대한 정보나 감별진단에 대한 정보를 충분히 얻기 위해 환자와 충분한 시간을 가져야 한다.

참고문헌

American Psychiatric Association: Diagnostic and Statistical Manual of Mental Disorders, 4th Edition, Text Revision. Washington, DC, American Psychiatric Association, 2000, pp 419-420

American Psychiatric Association: Practice guidelines for the assessment and treatment of patients with suicidal behaviors. Am J Psychiatry 160 (suppl 11): 1-60, 2003

American Psychiatric Association Practice guidelines for the Treatment of Psychiatric Disorders: Compendium 2006. Arlington, VA, American

Psychiatric Association, 2006, p 800

Angst J, Scheidegger P, Stabl M: Efficacy of monoclobemide in different patient groups. Results of new subscales of the Hamilton Depression Rating Scale. Clin Neuropharmacol 16(suppl 2): S55-S62, 1993

Black DW, Blum N, Pfohl B, et al: Suicidal behavior in borderline personality disorder: prevalence, risk factors, prediction and prevention. J pers Disord 18: 226-239, 2004

Duberstein P, Conwell Y: Personality disorders and completed suicide: a methodologic and conceptual review. Clin psychol Sci Pract 4: 359-376, 1997

Franko DL, Keel PK: Suicidality in eating disorders: occurrence, correlates, and clinical implications. Clin Psychiatry Rev 26: 769-782, 2006

Grunebaum MF, Galfalvy HC, Oquendo MA, et al: Melancholia and the probability and lethality of suicide attempts. Br J Psychiatry 184: 534-535, 2004

Harris CE, Barraclough B: Suicide as an outcome for mental disorders. Br J Psychiatry 170: 205-228, 1997

Heikkinen MD, Hendriksson MM, Isometsa ET, et al: Recent life events and suicide in personality disorders. J Nerv Ment Dis 85: 373-381, 1997

Henriksson MM, Hillevi M, Aro MD, et al; Mental disorders and comorbidity in suicide. Am J Psychiatry 150: 935-940, 1993

Hoyer EH, Mortensen PB, Olesen AV: Mortality and causes of death in a total national sample of patients with affective disorders admitted for the first time between 1973 and 1993. Br J Psychiatry 176: 76-82, 2000

Isometsa ET, Henriksson MD, Heikkinen ME, et al: Suicide among subjects with personality disorders. Am J Psychiatry 153: 667-673, 1996

Kendler KS, Thornton LM, Gardner CO: Stressful life events and previous episodes in the etiology of major depression in women: an evaluation of the "Kindling" hypothesis. Am J Psychiatry 153: 1243-

1251, 2000

Kessler RC, Borges G, Walters EE: Prevalence of and risk factors for lifethretening suicide attempts in the National Comorbidity Survey. Arch Gen Psychiatry 56: 617-626, 1999

Khan A, Carrithers J, Preskorn SH, et al: CLinical and demographic factors associated with DSM-IV melancholic depression. Ann Clin Psychiatry 18: 91-98, 2006

Kim HF, Marangell LB, Yudofsky SC: Psychopharmacological treatment and electroconvulsive therapy, in The American Psychiatric Publishing Textbook of Suicide Assessment and Management. Edited by Simon RI, Hales RE. Washington, DC, American Psychiatric Publishing, 2006, pp 199-220

Leventhal AM, Rehm LP: The empirical status of melancholia: implications for psychology. Clin Psychol Rev 25: 5-44, 2005

Mann JJ, Waternaux C, Haas GL, et al: Toward a clinical model of suicidal behavior in psychiatric patients. Am J psychiatry 156: 181-189, 1999

McGirr A, Alda M, Séquin M, et al: Familial aggregation of suicide explained by cluster B traits: a three-group family study of suicide controlling for major depressive disorder. Am J Psychiatry 166: 1124-134, 2009

McGrath PJ, Khan AY, Trivedi MH, et al: Response to selective serotonin reuptake inhibitors (citalopram) in major depressive disorder with melancholic features: a STAR*D report. J Clin Psychiatry 69: 1847-1855, 2008

Peselow ED, Sanfilipo MP, Difiglia C, et al: Metabolic/endogenous psychiatry. Am J Psychiatry 149: 1324-1334, 1992

Simon RI: Assessing and Managing Suicide Risk: Guidelines for Clinically Based Risk Management. Washington, DC, American Psychiatric Publishing, 2004

Spijker J, deGraaf R, Bijl RV, et al: Duration of major depressive episodes in the general population: Results from the Netherlands Mental Health survey and Incidence Study. Br J Psychiatry 181: 208-213, 2002

Zimmerman M, Chelminski I: Generalized anxiety disorder in patients with major depression: is DSM-IV's herarchy correct? Am J Psychiatry 160: 504-412, 2003

제**6**장

자살 위험성이 높은 환자의 급작스러운 증상 호전: 사실인가, 거짓인가

병원에 치료가 의뢰된 환자는 증상이 호전될 것으로 예상된다. 그러나 자살 위험성이 높다고 평가된 환자가 갑자기 임상적으로 호전되면 딜레마에 빠지게 된다. 빠른 증상의 호전이 치료로 인한 결과인가? 죽음을 결정하여 위안을 얻은 것인가? 아니면 빠른 퇴원을 위해 속이고 있는가? 또한 그 환자가 자살 시도 후에도 살아 있다는 것에 기뻐하는가, 양가감정을 느끼는가, 실망하는가? 이러한 문제들은 정신건강의학과 의사의 임상적인 통찰력을 요구한다. 의료 과실 사례는 문제의 심각성을 잘 보여 준다.

이 난제는 다른 임상적 상황에서도 발생하지만 주로 입원 병동에서 발생한다. 정신건강의학과 의사와 치료 팀은 자살 시도 환자

Simon RI, Gutheil TG: "Sudden Improvement in High-Risk Suicidal Patients: Should It Be Trusted?" *Psychiatric Services* 60: 387-389, 2009에서 저자 허가하에 인용함.

가 실제로 증상이 호전되었는지, 호전되었으면 퇴원 후에도 환자의 안전이 얼마나 충분히 유지될 수 있는지 잘 결정해야 한다.

자살 위험성이 높은 환자는 입원하기 전이나 심지어 정신과 병동에 입원해 있는 동안에 거의 치명적인 자살 시도를 하기도 한다. 여러 가지 자살 위험 요인이 있을 수 있고, 보호 요인은 효과가 미미하거나 아예 없다.

정신건강의학과 의사는 체계적인 자살 위험성 평가에 기초하여 이러한 환자에게 접근한다. 대부분 정신건강의학과 입원 병동은 재원 기간이 짧기 때문에 이러한 평가를 하는 데 어려움이 있다. 일부 환자들은 4~5일 미만의 기간 동안만 입원 치료를 받는다. 입원하는 동안 일반적인 치료 목표는 빠른 안정과 자살 위험성의 감소다. 따라서 입원할 때부터 퇴원 계획이 수립된다. 임상적인 초점은 입원 환자를 가능한 한 빨리 사회로 복귀시키는 것이기 때문에, 빠르고 예기치 못한 호전을 보인 자살 위험성이 높은 환자는 이러한 치료 모델에 딱 들어맞는다. 따라서 지속적인 자살에 대한 위험성이 쉽게 간과될 수 있다.

실제 호전

자살 위험성이 높은 환자가 정신건강의학과 병동에 입원하면 증상이 빠르게 호전된다. 호전이 되었다는 것은 환자가 더 이상 급박한 자살의 위험이 높지 않다는 것을 의미하지만 장기적으로 보았을 때 퇴원 후 자살에 대한 위험성은 계속 남아 있다. 이 때문에 퇴원 후의 포괄적인 계획이 필요하다(7장 참조). 급성 자살 위험성이 높은 환자는 퇴원 시 자살 위험성이 전혀 없을 것이라고 말할 수 없다. 중등도의 위험성이 있는 환자 대부분은 외래에서 치료받는다. 구조화된 환경, 치료의 시작, 약제의 효과, 안전 대책 제공 그리고 동료와의 상호작용은 빠른 호전을 이끌어 낼 수 있다. 항우울제, 항정신병약물 그리고 수면제는 몇 분에서 몇 시간 안에 효과를 보일 수 있다. 밤에 잘 자면 임상적인 상태의 빠른 호전을 기대할 수 있다. 약물 이외의 심리사회적 개입—특히 집단치료—은 불안감과 고립감을 감소시키고, 현실적 판단을 도와주며 충분한 지지를 제공한다. 그리고 병원 재원 기간을 단축시킬 수 있다(Simon, 2004). 물질 남용 환자의 제독 치료는 종종 자살의 높은 위험성을 극적으로 감소시킬 수 있다.

증상이 호전되어 가는 환자는 보통 의료진이 지인과 만나는 것에 동의한다. 이러한 추가 정보는 환자가 질환에 대해 설명한 내용을 뒷받침할 수도 있고, 그렇지 않을 수도 있다. 치료진은 환자가 치료에 순응하는지, 병동의 규칙을 지키는지 관찰한다. 실제 호전을 보이는 환자는 집단치료에 참여하고, 다른 환자와 어울리며 병동에서 모습을 드러낸다.

반면 자살 위험성이 높은 환자 대부분은 점진적이고 지지부진한 호전을 보인다. 실제 호전은 빠를 수도 있지만 갑자기 예기치 않은 호전을 보이지는 않는다. 호전의 기본적인 징후는 수면과 식욕 측면, 증상의 감소, 치료 순응 그리고 사회화의 형태로 일어난다. 만약 빠르게 일어난다고 해도, 실제 호전은 하나의 과정으로 나타난다. 비록 가장된 자살 환자가 실제적인 호전을 흉내 내려고 할 수 있지만 그러한 모방은 임상적인 신뢰를 얻기 힘들다.

가장된 호전

사례

기혼의 중년 회사원이 우울증과 심각한 자살 사고로 정신건강의학과에 입원하였다. 그는 병동에서 다른 사람들과 거리를 두고 무관심하게 대하였다. 그런데 그는 짧은 시간 안에 치료진과 대화하고 집단치료와 작업 치료에 참여하였으며 호전의 모든 징후를 보였다. 그 결과, 퇴원 계획이 수립되었다. 치료진 중 한 명이 퇴원 계획에 의문을 제기하였는데, 환자가 전날 밤에 여전히 심각하게 좌절을 겪고 있고, 희망이 없다고 자신에게 이야기하였음을 밝혔다. 이에 직접적으로 질문을 하자 환자는 퇴원 즉시 목을 매어 자살할 계획임을 인정했다. 퇴원은 취소되었다. 2주간의 치료와 약물 조정 후, 환자의 증상 호전은 천천히 이루어졌고 신속한 추적 관찰(예를 들어, 부분적인 입원과 정신건강의학과 의사와의 약속)을 하기로 하면서 퇴원 계획이 수립되었다.

자살에 대한 생각이나 의도, 계획을 부정함으로써 호전을 가장하는 자살 위험성이 높은 환자는 좋아진 것처럼 가장하는 행동이나 태도를 자주 보인다(Simon & Gutheil, 2002). 이처럼 행동하는 환자의 진짜 의도는 가능한 한 빨리 병원에서 퇴원하거나 병원의 재원 기간을 단축시켜서 퇴원 후 빠른 시간 안에 자살하는 것이다.

거의 치명적인 자살 시도는 입원 전에 선행하였거나 입원 기간 중에 일어난다. 자살 시도의 심각성을 드러내는 것으로, 환자는 가족에게 유서를 남기거나 유언장을 남기고 금전적인 문제를 정리할 수 있다. 환자가 자살을 성공하지 못한 것에 실망감을 느끼는 것은 드문 일이 아니다. 일단 입원을 하면 환자는 감지하기 힘든 것부터 쉽게 드러나는 것까지 다양한 징후를 보이며, 이는 환자가 부인하는 경우에라도 지속적인 자살 의도를 보여 준다. 바뀌지 않는 식사 및 수면 양상의 혼란이나 시선 회피, 좋지 않은 개인 위생, 헝클어진 모습이 전형적인 징후다. 환자는 고립되어 있고, 대부분의 시간을 병실에서 보낸다. 환자는 틀어박혀 있으면서 치료진이나 다른 환자와는 단지 최소한의 피상적인 관계만 유지한다. 환자는 집단치료에 가끔씩 출석만 하면서 최소한으로 치료에 참여하거나 아예 참여하지 않는다. 그는 치료자가 가족과 면담하는 것을 거부한다. 입원할 때 자살 위험성이 있는 환자의 25%는 치료진에게 자살에 대한 생각을 이야기하는 것을 거부하지만 가족들에게는 그렇지 않다(Robins, 1981).

정신건강의학과 의사나 치료진의 다른 구성원들이 환자와 자살에 대한 강력한 보호 요인이 될 수 있는 치료적 동맹을 형성하는 것은 어렵다(Goldblatt & Schatzberg, 1992; Havens, 1967; Maltsberger, 1986). 정신건강의학과 병동에 입원한 많은 환자는 치료진이나 병동 시설에 대한 어느 정도의 치료적 동맹을 형성할 수 있다. 이는 단기간만 입원하는 환자들에게도 해당된다. 자살 위험성이 있는 환자가 약물 치료와 병동 규칙을 잘 따르는 경우는 드물다. 약물 치료는 환자에게 활력을 주고 증상을 개선시키지만 기저에 있는 절망과 자살 의도를 감소시키지는 못한다.

이전에 높은 업적을 달성하고, 기능 수준이 높았으며, 야망이 있는 환자가 우울감에 빠져 일을 생산적으로 하지 못하게 되어 정신건강의학과에 처음으로 입원한 경우라면 자살에 대한 위험성이 높은 경우가 많다(Simon & Gutheil, 2002). 이들은 정신 질환이 있다는 것을 모욕적으로 느낀다. 정신 질환은 개인적인 실패로 보일 수도 있고, 충격적인 자기애적 상처로 경험될 수 있다. 이러한 환자들, 흔히 전문직에 종사하는 환자들은 자신의 직업을 통하여 규정된다. 이전에 높은 기능 수준을 보이던 많은 환자는 자살 시도 전에 마치 말기 환자나 죽음을 준비하는 환자들처럼 점차 중요한 관계로부터 멀어지게 된다. 환자가 처음으로 입원했다는 것은 보통 심한 우울증의 발병과 심각한 자살 위험성이 있음을 의미한다. 환자는 의료진이나 병동 관계자들에게 "나는 이렇게 미친 사람들과 여기에 같이 있을 만한 사람이 아니에요." 혹은 "내가 여기에 계속 있으면 내 직업과 가족을 잃고 말 거예요."라고 하면서 퇴원 요구를 강하게 한다. 대부분의 정신건강 전문가는 높은 기능을 하고 있기 때문에 이러한 환자들과 동질감을 느끼고는 자살 위험성을 최소화하도록 도와주기가 쉬울 수 있다.

"더 이상 자살할 생각이 없어요."라고 환자가 가장하여 말할 때는 임상적인 상태나 행동, 태도의 심각도에 근본적인 변화가 일어나지 않는다. 환자가 병동에서 게임을 하면서 종종 웃음을 보일 때가 있다 하더라도 우울증이나 자살에 대한 강박적인 생각, 자살 의도에서 잠시 벗어난 것일 뿐이다. 호전에 대한 임상적인 징후가 없는 상황에서 경솔하게 호전되었다고 판단해서는 안 된다. 가장된 호전은 보통 갑자기 일어난다. 그것은 점진적으로 과정을 밟는 것이 아니라 예기치 않게 발생한다. 가장된 호전은 입원 기간 중 어느 시점에서도 보일 수 있다.

 ## 자살 위험성 평가

자살을 결심한 환자는 정신건강의학과 의사와 임상 관계자를 적으로 생각한다(Resnick, 2002). 치료진은 환자의 자살 의도에 방해가 된다. 모든 자살 환자가 도움을 원하고 치료에 협조적일 것이라는 단순한 가정에서 비극은 발생한다. 게다가 보호 요인의 부재는 자살의 높은 위험성이 지속된다는 것을 의미한다. 개인의 특징적인 위험 요인을 원래 잘 알고 있다면 믿을 만한 임상적 지침이 될 수 있다(말을 더듬는 사람이 자살 위험성이 있을 때 분명하게 말하는 경우). 임상가는 환자와 환자 이외의 사람들이 환자에 대해 평가하는 말도 잘 들어야 한다. 환자가 초기부터 강한 불신을 가지게 한다면 치료적 동맹을 형성할 수 있는 가능성을 무너뜨린다. 치료적 동맹은 문화적 차이와 오해로 인해 실패할 수도 있다.

응급실에서 자주 일어나는 또 다른 상황은 환자가 거짓으로 자살하고 싶다고 꾸며 내는 것이다. "난 자살하고 싶어요."라는 마법의 언어는 입원하여 음식과 숙소를 제공받을 수 있도록 한다. 일단 정신건강의학과 병동에 입원 후 체계적인 자살 위험성 평가가 이뤄지지 않으면 질환을 가장한 환자는 나은 것처럼 가장하는 환자와 거의 비슷한 방식으로 행동한다. 예를 들어, 환자는 병동 규칙에 협조하지 않고 계속 고립된 채 지내면서 치료에 순응하지 않는다. 가장하여 호전되었다는 자살 환자와 달리 이런 환자는 입원 기간을 늘리려고 한다.

방어적인 자살 환자와 가장된 자살 환자는 임상적으로 감별해야 한다(4장 참조). 환자는 정신건강의학과 의사와 관계자를 처음 만나게 되면 흔히 방어적인 태도나 얼버무리는 태도를 취하게 된다. 방어적인 자살 환자가 반드시 의식적으로 임상가를 속이려는 의도를 가지고 있는 것은 아니다. 예를 들어, 일부 환자는 의식적으로 기만하기보다는 무서워하고, 쑥스러워하며, 부정하는 태도를 갖고, 또한 축소하고 방어적인 태도를 취한다.

임상의는 자살 위험성을 평가할 때, 행동적 위험 요인을 반드시 포함시켜야 한다(Simon, 2008). 자살과 관련된 행동적 위험 요인은 기만하는 환자의 말보다 중요하다. 〈표 6-1〉은 근거 중심의 행동적 자살 위험 요인을 제시하고 있으며, 이들을 평가할 때 환자의 협조가 필요하지 않다. 예를 들어, 대부분의 정신건강의학과적 질환에서 행동상의 징후가 쉽게 관찰된다. 또한 정신 지체를 제외한 정신건강의학과적 질환은 자살 위험성을 가지고 있다(Harris & Barraclough, 1997).

갑자기 호전된 자살 위험성이 높은 환자에 대한 만족할 만한 자살 위험성 평가 시에는 부수적인 정보를 얻는 것이 기본이다. 가족은 정보의 중요한 출처다. 환자가 의사와 가족이 함께 논의하는 것을 거부하는 경우, 환자에 대한 언급을 하지 않고 단지 가족이 말하는 것을 듣기만 해도 임상의는 다양한 정보를 얻을 수 있다.

〈표 6-1〉 행동적 자살 위험 요인

- 자살 시도
- 정신건강의학과적 진단[a]
- 물질 남용/중독
- 섭식장애
- 신체 질환
- 우울증
- 멜랑콜리아 양상
- 조증과 혼합 삽화
- 정신병
- 불안
- 초조/과민
- 불면증
- 증상의 중증도
- 집중력 감퇴
- 폭력적인 위협이나 행동
- 충동성/공격성

---

[a]관찰 가능한 징후

출처: Simon RI: "방어적인 자살 환자의 행동적 위험성 평가." *Suicide and Life-Threatening Behavior* 38: 517-522, 2008에서 수정하여 인용함.

그러나 일부 환자는 중요한 사람들과의 어떠한 접촉도 거부한다. 미국의 경우, 「연방의료보험통상책임법」에 의해 환자의 사전 동의 없이 의사들이 다른 의사들과 의견을 나눌 수 있다.

응급상황에서 정신건강의학과 의사는 환자의 부수적인 출처로부터 중요한 정보를 얻어 낼 필요가 있다. 다른 사람으로부터의 정보 제공에 대해 환자를 설득할 수는 있지만 강제할 수는 없다. 윤리적으로 자살하려는 환자를 보호할 목적으로 비밀을 누설하는 것은 허용된다(American Psychiatric Association, 2001). 동의를 얻는 것에 대한 응급상황에서의 예외는 또 다른 선택이 될 수 있다. 미국의 경우, 임상가들은 연방 및 주 법령과 법원에 따라 제한적 혹은 포괄적으로 정의한 '의학적 응급상황'에 대해 알고 있어야 한다(Simon, 2004). 다른 병원의 퇴원 요약지와 같은 이전 의무 기록은 보통 빨리 얻기 힘들다. 그러나 이전 치료자에게 전화나 이메일을 통해서 연락을 하면 환자에 대한 중요한 정보를 빨리 제공받을 수 있다. 도처에 있는 호출기와 휴대전화로 대부분의 임상가들은 신속하게 연락을 할 수 있다. 의사가 전화를 하면 대개 지체 없이 답을 받을 수 있다. 임상의가 자살 위험성이 높은 환자를 치료하는 응급 상황에서는 환자의 비밀 유지에 대하여 윤리적·법적으로 면책을 받을 수 있다(Simon & Shuman, 2007).

치료진은 매일 환자의 정보를 얻는 중요한 출처다. 여러 전문가로 이루어진 팀은 '수천 개의 눈'을 갖고 있다. 환자의 현재 정신건강의학과 의무 기록을 주의 깊게 읽어 봐야 한다. 기록은 환자의 자살 위험성에 관한 중요한 행동이나 정보를 필수적으로 포함한다(Simon & Hales, 2006).

임상의가 입원 당시 환자의 자살 위험성을 너무 높게 평가하였거나 차후에 입원 기간을 늘리려고 할 때 의인성 급성 호전('기적적인 보험 치유')이 일어날 수 있다. 만약에 보험상의 혜택이 승인되지 않으면 환자는 갑자기 '호전' 되어 퇴원한다. 만일에 환자가 퇴원 후 자살을 시도하거나 자살로 사망하면 책임에 대한 위험성이 커진다. 환자 가족은 부주의한 퇴원으로 의료 과실 청구를 신청할 수 있다.

환자가 기회 닿는 대로 자살하기로 마음먹었을 때 그의 임상적 상태는 명백한 '실제' 호전을 보일 수 있다. 예를 들어, '기분이 가벼워짐(mood lightening)'을 보이면 환자가 호전되었다고 치료진이 잘못 안심할 수 있다. 약물은 처방대로 투약되고, 환자는 사회적 고립을 멈추고 집단치료와 병동 활동에 참석한다. 그러나 죽음과 정신적 고통에서의 탈출에 대한 갈망은 변하지 않고 남아 있다.

정신건강의학과적 질환의 핵심 증상은 보통 변하지 않고 남아 있다. 예를 들어, 우울증에서 생장 증상은 지속된다. 정신병 환자에게서는 환자의 가장된 호전에도 불구하고, 사고장애, 환각, 망상이 여전히 남아 있다. 환자는 부가적인 정보에 대해 접근하지 못하도록 계속 제한한다. 그리고 자살에 쓰이는 치명적인 도구는 병실이나 병동 내의 은밀한 장소에 숨겨 놓을 것이다.

정신건강의학과 입원 환자는 진실과 거짓의 역동적인 연속선상에 존재하기 때문에 주어진 시간과 환경 속에서 가장된 호전과 실제적인 호전을 식별하기 어렵다. 기만의 일반적인 형태는 입원 환자가 병동 밖에서 흡연할 수 있는 특권을 얻기 위해 증상을 축소할 때 나타난다. 자살 위험성이 높은 환자에게서 실제적인 호전과 가장된 호전을 구별할 수 있는 분명하고 확실한 예는 연속선상의 양쪽 극단에서만 찾을 수 있다. 많은 입원 환자가 빠르게 호전되고 퇴원하기 때문에 자살 위험성이 높은 환자의 그럴듯한 호전은 실제적인 호전과 구별하기 매우 어려울 수 있으며 종종 불가능할 수 있다. 협진은 가장된 호전으로부터 실제적인 호전을 구별하는 데 도움을 줄 수 있다. 임상의는 절대로 혼자서 고민해서는 안 된다(T. G. Gutheil, 개인 서신 중, 2008).

 위험성 관리

자살 위험성 관리에서 갑작스럽고 예기치 못한 호전과 그 결과로 일어나는 자살에 대한 문제를 다음의 사례에서 볼 수 있다. 이 사례는 실제로 발생한 것을 인용하였다.

문: 전에 '기분이 가벼워짐'이라는 말을 들어 본 적 있나요?
답: 네, 있어요.
문: 그게 어떤 것을 의미한다고 생각하시나요?
답: 사람이 자살할 결심을 하고 나면 무거운 짐을 덜어 놓은 것처럼 더 편안해진다는 것을 의미해요.
문: 그리고 그로 인해 환자가 더 나은 기분을 보인다는 것인

가요?

답: 그래요.

문: 그럼 가벼워진 기분은 잠재적인 자살의 징후와 증상인
가요?[강조하면서]

답: 맞아요.

이 사례에서처럼, 임상의의 과제는 환자가 죽을 결심을 한 뒤에
따라오는 호전의 징후와 의사가 예상하고 기대하는 호전을 구별
하는 것이다. 위험성 관리의 관점에서 중요한 변수들은 증상 호전
의 징후 측면에서의 일관성, 〈표 6-1〉에 있는 모순되는 징후의 부
재, 모든 관찰자가 보고하는 환자의 임상적 양상의 일관성이다.
만일 환자의 경과가 잘 알려진 과정을 따르지 않고 애매하다면 더
많은 정보를 모을 수 있도록 집중 관찰을 해야 한다.

아주 조심스럽게 평가했더라도 임상의도 인간이기 때문에 실수
를 할 수 있다. 자살 의도의 징후는 미묘해서 발견하기 어렵다. 한
편으로 정말 호전된 환자는 자살 의도와는 또 다른 이유로 수면장
애, 초조, 집단 활동 참여에 회피를 보일 수 있다. 충분한 정보를
바탕으로 한 임상적 판단이 그와 같은 미묘한 구별을 위한 유일한
실용적 근거이기 때문에(뿐만 아니라 부주의에 대한 반대 증거이기
때문에) 치료자의 임상적인 추론과 자살 위험성 평가는 잘 기록해
두어야 한다.

보통의 입원 치료 상황에서 정신건강의학과 의사는 치료진의
피라미드에서 가장 윗부분을 차지한다. 이것은 무엇인가를 결정

하는 것(최종 결정)이나 관찰한 자료(정보의 마지막 종착점으로서의 정신건강의학과 의사)에 대한 피라미드를 의미한다. 애석하게도 정신건강의학과 의사는 항상 모든 의무 기록을 검토하지는 않거나 병동 관계자의 정보에 충분히 관심을 기울이지 않는다. 심지어 일부 정신건강의학과 의사는 환자가 자신에게 하는 말만이 진실되고 중요하다고 생각하고, 다른 치료진에 의한 정보는 평가절하한다.

앞의 사례에서처럼, 대부분의 임상의는 자신 앞에서는 '웃는 얼굴'을 보이지만 다른 치료진에게는 경계심을 풀고 솔직하게 마음속에 있는 절망감을 인정하는 환자들에 익숙해져 있다. 이런 종류의 선택적인 솔직함은 가족들이 환자에 대해 잘 안다고 확신하며, 지속적인 우울감이나 자살 의도에 대해 들으려 하지 않는 것과 닮아 있다. 이런 상황에서 치료진의 리더는 몇 분이 아니라 근무 시간 내내 환자를 관찰하는 다른 치료진의 관찰 결과에 더욱 주의를 기울여야 한다.

일부 임상의는 벡 무망감 척도(Beck Hopelessness Scale), 해밀턴 우울 평가 척도(Hamilton Rating Scale for Depression)와 같은 다양한 표준화된 척도나(10장 참조) 유사한 도구라도 사용하기를 선호한다. 이와 같은 평가 방법은 체계적인 자살 평가를 대체할 수 없다. 그러나 이러한 척도의 사용은 적어도 환자를 더 깊이 이해하고자 하는 임상의의 노력을 증명할 수 있고, 부주의에 대한 반대 주장이 될 수 있다. 그러나 표준 진료에서는 자살 위험성 평가를 위해 표준화된 도구를 반드시 사용할 것을 요구하지는 않는다. '당신의 환자를 아는 것'이 반드시 해야 할 평가다.

결 론

자살하려는 환자의 '가장된 호전'은 입원 기간이 짧을 경우, 밝혀내기가 매우 힘들다. 이렇게 가장된 호전은 환자가 빠르게 안정된 것처럼 보이게 한다. 대부분의 경우, 이러한 일이 나타난다. 그러나 문제는 우리가 환자에 대해 얼마나 잘 아느냐에 달려 있다. 정신건강의학과에 입원한 후 관심의 초점은 퇴원 계획으로 빠르게 이동한다. 가장하는 환자는 퇴원을 오래 기다리지 않아도 된다.

! 핵심 사항

- 적절한 정신건강의학과적 평가와 자살 위험성 평가를 위해 환자와 충분한 시간을 보내라.
- 짧은 입원 기간 중 다른 사람들로부터 환자에 대한 부가적인 정보를 얻는 것이 중요하다.
- 자살을 하려고 결심하였을 때 '기분이 가벼워짐'으로 알려진 갑작스러운 호전이 있을 수 있다.
- 정신건강의학과 입원 환자는 짧은 입원 기간 동안 빨리 호전될 것으로 기대된다. 그에 따라 가장된 호전이 간과되기 쉽다.

- 자살 위험성이 높은 환자의 실제적인 호전은 심지어 호전이 빨리 되더라도 일련의 과정이다. 가장된 호전은 하나의 사건이다.
- 행동적 위험 요인은 환자가 방어적이고 숨기려고 할 때 자살 위험성을 평가하는 데 도움을 준다.

참고문헌

American Psychiatric Association: Principles of Medical Ethics With Annotations Especially Applicable to Psychiatry. Washington, DC, American Psychiatric Association, 2001

Goldblatt M, Schatzberg A: Medication and the suicidal patient, in Suicide and Clinical Practice (Clinical Practice 21). Edited by Jacobs D. Washington, DC, American Psychiatric Press, 1992, pp 23-41

Harris CE, Barraclough B: Suicide as an outcome for mental disorders. Br J Psychiatry 170: 205-228, 1997

Havens LL: Recognition of suicidal risks through the psychologic examination. N Engl J Med 276: 210-215, 1967

Health Insurance Portability and Accountability Act of 1996 (HIPAA) [PL104-191, 110 Stat 1936], 1996

Maltsberger JT: Suicide Risk: The Formulation of Clinical Judgment. New York, New York University Press, 1986

Resnick PJ: Recognizing that the suicidal patient views you as an adversary. Curr Psychiatry 1: 8, 2002

Robins E: The Final Months: Study of the Lives of 134 Persons Who

Committed Suicide. New York, Oxford University Press, 1981

Simon RI: Assessing and Managing Suicide Risk: Guidelines for Clinically Based Risk Management. Washington, DC, American Psychiatric Publishing, 2004

Simon RI: Behavioral risk assessment of the guarded suicidal patient. Suicide Life Threat Behav 38: 517-522, 2008

Simon RI, Gutheil TG: A recurrent pattern of suicide risk factors observed in litigated cases: lessons in risk management. Psychiatr Ann 32: 384-387, 2002

Simon RI, Hales RE (eds): The American Psychiatric Publishing Textbook of Suicide Assessment and Management. Washington, DC, American Psychiatric Publishing, 2006

Simon RI, Shuman DW: Clinical Manual of Psychiatry and Law. Washington, DC, American Psychiatric Publishing, 2007

제2부

관리

제 **7** 장
급성과 만성으로 높은
자살 위험성을 가진 환자: 위기 대처

급성 혹은 만성적으로 자살에 대한 높은 위험성이 뚜렷하게 나타나는 경우도 있겠지만, 사실상 자살 위험의 심각도는 다양한 요인의 영향을 받아 계속 역동적으로 변화한다. 급성의 높은 자살 위험성을 만성의 그것과 명백하게 구별하는 경계선은 없다. 우울과 희망의 상실 같은 자살 위험 요인은 급성과 만성의 위험성을 가진 환자에게 중복될 수 있다.

만성적인 자살 위험이 급성으로 변화할 때 점진적이거나 혹은 급격할 수 있다. 2001년에 O. R. Simon 등(2001)은 자살 시도자 153명을 대상으로 한 후향적 연구를 통해 환자의 24%가량에서

이 장의 일부는 Simon RI: *Assessing and Managing Suicide Risk: Guidelines for Clinically Based Rick Management.* Washington, DC, American Psychiatric Publishing, 2004에서 저자 허가하에 인용함.

자살을 시도하려는 결정 후에 실제로 치명적인 시도를 하기까지 채 5분도 걸리지 않는다는 것을 알아냈다. 만성에서 급성의 높은 위험을 갖게 되는 점차적인 변화를 빨리 찾아내야만 공격적인 치료와 관리를 제대로 할 수 있다. 서서히 발전되는 증상을 발견하고, 자살 위험 요인에 대한 윤곽의 전구적인 '조짐'을 알아내고, 그리고 앞서 행했던 자살 시도를 고려하면 즉각적인 행동을 취해야 할지를 명확히 알 수 있다.

자살에 대해 만성적으로 높은 위험성을 가진 환자는 심장 발작에 대해 만성적으로 높은 위험성을 가진 심장병 환자와 유사한 점이 많다. 예를 들어, 높은 위험성을 가진 심장병 환자는 고혈압, 비만, 고지혈증, 협심증, 과거의 심장 발작, 당뇨, 심혈관 질환에 대한 가족력 등을 갖고 있다. 만약 이 환자가 응급 중재를 필요로 하는 급성 심근 경색이 발생한 다음에 생존했다면, 비록 적절한 치료를 받는다고 할지라도 다른 급성 심장 질환에 대해 만성적으로 높은 위험도를 가진 상태가 된다.

자살에 대해 만성적으로 높은 위험도를 가진 환자가 급성으로 자살을 하게 되는 데는 정신 질환의 재발, 약물의 미복용, 물질 남용의 재개, 스트레스를 주는 생활 사건들, 그리고 보호 요인의 상실 등을 포함하여 많은 이유가 있다. 이러한 요인들은 환자를 만성의 높은 위험 상태에서 급성의 높은 위험 상태로 급격하게 몰아넣을 수 있다. 응급 치료를 하면 이런 환자를 만성의 높은 위험 상태로 되돌려 놓을 수 있을 것이다. 예를 들어, 약물로 적절히 호전되지 않은 급성의 높은 위험성을 가진 매우 심하게 우울한 환자는 전기 경련 치료를 통해 빠르게 호전되기도 한다.

급성이라는 용어는 증상의 정도(심각성)와 양(기간)을 묘사하는 것이다. 예를 들어, 수면 부족의 양상은 아침 일찍 깨는 것부터 몸을 쇠약하게 만드는 전반적인 불면까지 다양한 정도의 심각성으로 나타날 수 있다. 우울한 자살 환자에게 절망감의 순간에서 지속적인 절망감까지 다양한 정도의 기간이 있을 수 있다(Fawcett, 2006). 높은 위험 요인은 자살에 대한 근거 중심 연관성에 의해 뒷받침된다. 일단 환자가 급성의 높은 자살 위험성을 가진 것으로 판정이 되면 즉각적인 임상 중재가 필요하다. 어떤 환자들은 수 시간, 수일, 수 주, 몇 달 동안 자살에 대해서 높은 위험성을 가지고 있기도 한다(Fawcett, 2006).

대개 만성적으로 높은 위험성을 가진 환자는 응급 처치가 필요

〈표 7-1〉 급성의 높은 자살 위험 요인

- 정신장애의 심각한 증상
- 자살 사고
- 최근과 과거의 자살 시도
- 최근 자살 시도의 높은 치명성
- 물질 남용
- 절망감
- 전반적인 불면
- 공황 발작
- 초조/혼합된 상태(I형 또는 2형 양극성 장애)
- 동반된 불안과 우울
- 통증이 있는 신체 상태나 질환
- 최근의 상실

주: 유일하게 특징적인 자살 위험 요인은 없다.

한 급성 자살 위기로 빠지게 된다. 따라서 자살의 위험성과 재발을 막기 위해 오랜 기간 동안 예방 치료가 필요하다. 급성의 높은 위험성을 가진 환자는 흔히 일어나는 상태와 관련된 위험 요인을 보이고 있다(〈표 7-1〉 참조).

만성적으로 높은 위험성을 가지는 자살 환자는 위험 요인과 연관해서 흔히 나타나는 특징이 있다(〈표 7-2〉 참조). 만성적으로 고정된 위험 요인은 자살에 대한 가족력, 과거의 자살 시도력, 유년기의 약물 남용, 충동적인 행동의 과거력 등이다. 앞서 언급된 바와 같이, 자살 위험 요인들은 자살에 대한 급성과 만성의 높은 위험성을 가진 환자에게 중복되어 나타나는 경우가 많다.

외래 의사들은 자살에 대한 높은 위험성을 가진 환자에 대해 결정 내리기 위한 자료를 수집하려고 많은 시간을 소비한다. 응급실이나 입원 병동에서도 갑자기 나타난 급성의 높은 위험성을 가진 환자를 조사하는 데 시간이 많이 소요될 것이다. 이러한 상황에서 치료자는 자살 위험성 평가를 시행하고, 이를 통해 결정을 내릴 수밖에 없다.

임상적 관리

자살에 대해 급성 혹은 만성의 높은 위험성을 가진 환자의 치료 및 관리는 매우 어려운 과제다. 대부분의 정신건강의학과 의사는 임상 진료를 하는 동안 이러한 환자들을 만났거나 만나게 될 것이다. 임상적인 뉘앙스나 차이점은 관리 지침의 구성에 있어서 모든 경우 명백하게 포함되지 않을 수 있다. 외래 환경에서 치료와 관리 문제를 보여 주는 다음의 사례에서 일반적인 원칙을 알 수 있다. 응급실과 정신건강의학과 병동 임상의는 자살의 위험성이 높은 환자들과 매우 빈번한 만남을 갖게 된다. 응급실과 병동에서 진료하는 임상의는 대개 급성의 높은 자살 위험성을 가진 환자를 치료하는 데 있어 외래 임상의보다 좀 더 많은 경험을 하게 되며, 외래 임상의보다 다른 정신건강 전문가로부터 좀 더 임상적이고, 정신적이며, 신체적인 지지를 받게 된다(Simon, 2004).

〈표 7-2〉 만성의 높은 자살 위험 요인

- 자살 시도의 과거력(높은 치사성)
- 병원 내원 과거력
- B군, 2축 장애
- 알코올/물질 남용
- 충동성/공격성(자신이나 타인에게)
- 자살극을 벌이는 행동
- 동반질환(1축 그리고 2축)
- 유년기의 신체적/성적 학대의 과거력
- 자살 시도와 달성의 가족력
- 정신장애의 가족력
- 만성적인 신체적 통증
- 계속되는 절망감
- 만성 1축 그리고 2축 장애
- 재발하는 우울
- 대인관계의 상실

주: 종종 급성적 또는 만성적으로 자살 위험이 높은 환자들에게 자살 위험 요인은 중첩된다(예: 우울, 절망감).

한 정신건강의학과 의사는 35세의 미혼인 여성을 4년 동안 약물치료와 함께 정신치료를 해 왔다. 환자의 현재 1축 진단명은 중증의 재발하는 주요우울장애와 전신불안장애였으며, 2축은 경계선 인격장애였다. 그녀는 17세에 처음 입원하여 이후 충동적으로 손목을 그었고, 힘줄이 심각하게 손상되어 외과적인 수술이 필요했다. 또한 그녀는 두 차례의 매우 치명적인 약물 복용으로 단기 입원을 했고, 그때마다 중증의 재발하는 주요우울장애를 진단받았다. 환자는 입원할 때마다 계획적인 자살 시도 사고를 갖고 입원했으며, 마지막 입원은 남자 친구와 헤어지고 나서인 2년 전에 발생했다. 그녀의 가족과 많은 친구들은 지지적이었다.

그녀는 8세에 성적 학대를 받았다. 그녀의 어머니는 우울증으로 치료를 받고 있었고, 삼촌은 자살했다. 그녀는 도서관 사서로 일했다. 남성들과 관계를 원하면서도 한편으로는 거절에 대한 두려움이 뒤따르는 모습을 보였다. 알코올 남용은 심각한 우울증 기간에 동반되었다.

최근까지 그녀의 우울과 불안은 항우울제 약물치료에 반응을 보였다. 그녀는 신경이 날카롭게 되는 위기 상황 동안 정신건강의학과 의사와 치료적 동맹을 맺었다. 그녀는 최근 직업을 잃게 되면서 심각한 우울과 불안이 발생하였다. 그녀는 다시 알코올을 남용하기 시작했고, 희망이 없다고 느꼈으며 강렬한 자살 사고가 지속되어 다리에서 뛰어내리려 하는 계획을 가지고 있었다. 또한 그녀는 불면과 과민성을 호소했다. 환자는 최근에 자살 시도는 하지 않았다.

정신건강의학과 의사는 입원을 권유했으나 환자는 완강하게 거부했다. 자살 위험성 평가에서 환자는 만성 위험에서 빠르게 급성 자살 위험으로 옮겨갈 수 있을 것으로 판단되었다. 정신건강의학과 의사는 즉각적으로 비자발적 입원을 시행하거나 외래 치료를 지속하는 것의 두 가지 선택의 기로에 놓이게 되었다. 치료의 첫 번째 주제로 환자의 자발적인 입원에 대한 거부가 다루어졌다. 정신건강의학과 의사가 그녀에게 과거의 비슷한 상황에서는 입원을 받아들였지만 현재는 왜 거부하는지에 대해 물었을 때, 그녀는 자신의 자존감과 안정성을 유지하기 위한 필수적인 요소가 직업이라고 이야기하면서 현재 그녀가 직업을 잃은 것에 대해 참을 수 없다고 말했다.

정신건강의학과 의사는 지금 그녀의 비자발적 입원의 위험성과 이점을 고려하고 있다. 그는 그녀의 비자발적 입원을 진행하게 되면 의사-환자의 관계를 깨뜨리고, 환자의 안정적인 삶의 관계를 빼앗을 수도 있다는 생각이 들었다. 또한 환자는 며칠 뒤에 비자발적 입원에서 벗어나 퇴원을 요구할 수도 있을 것이며, 이는 그녀의 질병과 자살 위험성을 악화시킬 수도 있을 것이다. 비자발적 입원은 주립 시민위원회의 표준방침에 있어서 환자가 스스로나 타인에게 '절박한' 위험이 될 때 필요하다고 되어 있는데, 이는 환자가 정신건강의학과 의사의 외래 진료를 지속적으로 유지하고자 한다면 현실적으로 실행하기 어려운 부분이다.

정신건강의학과 의사는 외래로 환자를 치료하는 선택의 위험도와 이점을 고려한다. 그는 치료적 동맹을 유지하고자 외래 치료 계획을 결정한다. 그는 외래 치료 선택에 동의한 환자의 동료와 전화 상담을 한다. 정신건강의학과 의사는 환자의 약물을 조정하기 위해 환자에게 자주 만나서 공식적인 면담을 할 것을 권고했고, 환자도 마지못해 동의했다.

환자의 가족은 전에 입원했던 때처럼 그녀에게 지지를 해 준다. 정신건강의학과 의사는 환자의 가족이 자살 방어의 결정적인 요인이라고 생각한다. 환자의 가족은 치료자와의 면담에 환자와 동행하고, '면담 시 보호자도 함께한다'는 전략을 이행하게 된다. 가족 구성원(부모, 형제자매)에게 환자의 증상에 변화가 있을 때 즉각적으로 정신건강의학과 의사에게 전화하도록 했다. 정신건강의학과 의사는 가족들이 24시간 동안 밤을 새는 등의 비현실적인 요청을 하는 대신 응급상황 시 의사와 휴대전화를 통해 연락할 수 있도록 했다. 환자는 그녀가 익숙한 부분 입원에 동의했고, 방문 약속이 퇴원 후 며칠 동안 계획되었다. 그녀와 정신건강의학과 의사의 면담은 매일 짧게 시행될 것이며, 필요시 더 길어질 수도 있을 것이다. 변증법적인 행동 치료(DBT)를 수련받은 치료자가 환자의 자살 사고에 대한 단기적 위기 치료를 위해 환자를 만나기로 했다. 정신건강의학과 의사는 변증법적인 행동 치료자와 규칙적으로 전화 접촉을 할 것이다. 이와 같은 집중적인 치료에도 불구하고, 환자에게 급성 자살 위험이 지속된다면 정신건강의학과 의사는 입원이라는 선택 이외에도 반드시 직접 방문해야 함을 설명했다. 정신건강의학과 의사는 환자가 호전되지 않음에도 다시 입원하기를 거절한다면 최후의 수단으로 비자발적 입원을 진행해야 한다는 것을 알고 있다. 일주일 동안의 집중적인 치료 후에 환자의 우울과 불안 증상은 점차 개선되었다. 그녀의 높은 급성 자살 위험 요인들이 줄어듦에 따라 이전에 만성적으로 지속되던 자살 위험 상태로 점차 돌아가게 되었다. 변증법적인 행동 치료는 계속될 것이다. 정신건강의학과 의사는 환자의 자살 위기 전반에 걸쳐, 특히 자살 위험성 평가와 그의 임상적인 판단의 이론적 근거에 대한 주의 깊고 상세한 기록을 지속할 것이다.

정신건강의학과 의사가 종종 자살에 대한 높은 위험성을 가진 환자를 만났을 때 입원의 필요성 유무는 정신건강의학과 의사로서 직면하게 되는 어려운 문제다. 결정은 상대적으로 입원이 분명하게 필요하지만 환자가 권유를 거부할 때 복잡해진다. 이러한 시점에서 정신건강의학과 의사가 내리는 결정은 치료와 위험성 관리에 매우 중요하다.

정신건강의학과 의사는 체계적인 자살 위험성 평가를 한 후에 입원이 필요한 정도를 평가한다. 앞서 살펴본 사례처럼, 외래치료를 지속하는 위험성과 이점이 입원하는 위험성과 이점보다 불리하게 작용될 수 있다.

만약 환자가 동의한다면 즉각적인 입원을 위한 준비가 이루어져야 한다. 환자는 책임감 있는 사람과 동행하여 바로 병원에 가야 한다. 환자는 옷을 챙기고, 막바지 정리와 같은 일들을 해야 하고, 이러한 입원 전의 우회적인 상황은 환자에게 자살을 시도하거나 달성할 수 있는 기회를 제공할 수 있다. 만약에 환자가 입원하기 위해 자동차로 이동한다면, 운전자가 단독으로 조정할 수 있는 안전한 잠금 체계가 있어야 환자가 자동차에서 뛰어내리는 것을 막을 수 있다. 몇몇의 예에서 정신건강의학과 의사는 환자와 병원을 가는 데 동행한다. 그러나 정신건강의학과 의사는 환자의 신체적 보호에 있어 환자를 책임져야 할 법적인 의무는 없다(Farwell v. Un, 1990).

만약 환자가 입원에 대한 정신건강의학과 의사의 권유에 동의하지 않는다면 입원 거부가 치료의 문제점으로 기록되어야 한다. 종종 입원이 필요한 상황은 급성적이므로 입원 거부의 지속적인 요구는 허락되지 않는다. 또한 이러한 거부 상황은 치료적 동맹에 있어 환자와 의사 간에 긴장된 상태를 만들 수 있다. 이것은 임상적으로 전문가로서 정신건강의학과 의사의 열의를 시험하게 만드는 상황이다. 만약 시간과 환자 상태가 허락된다면 임상의로서 면담과 환자를 이송하는 것을 직접 하는 것은 고려해 볼 수 있는 선택사항이다. 사례에서 정신건강의학과 의사는 짧은 전화 면담을 위해 환자의 동료에게 전화를 했다. 정신건강의학과 의사는 자신이 혼자라고 걱정하지 않아도 되며, 밤마다 잠을 자지 않는 것은 스스로와 환자에게도 이롭지 않다고 했다.

정신건강의학과 의사는 중간 정도의 높은 자살 위험성을 가진 것으로 평가된 환자를 입원시키지 않기로 결정할 수도 있다. 환자가 갖고 있는 보호 요인이 지속적으로 외래 치료를 하게 할 수 있다. 그러한 경우에 있어서는 정신건강의학과 의사와 환자 사이에 좋은 치료적 동맹이 존재할 것이고, 가족의 지원이 유용할 것이다. 정신건강의학과 의사는 좀 더 빈번한 방문과 치료 조정을 통해서 환자의 자살 위험성을 평가할 것이다. 또한 지지적인 가족 구성원은 환자의 관찰 자료를 제공함에 있어 도움이 되지만 정신건강의학과 의사는 이들에게 환자와 눈을 맞대고 환자를 감시하면서 24시간 계속 제공하기를 요구해서는 안 된다(8장 참조). 보호 요인은 심각한 정신 질환에 의해서 압도될 수 있다. 대조적으로 자살에 대해 중간 정도의 위험성을 가진 것으로 평가된 환자가 보호 요인이 적거나 없어서 입원이 필요할 때도 있다.

정신건강의학과 의사는 입원을 거부하는 높은 자살 위험성을 가진 환자에 있어 비자발적 입원을 위한 실질적인 기준을 알지 못하게 할 수도 있는데, 이러한 기준의 예로는 환자가 특정한 기간 동안 자살 시도를 해야 한다는 것이다. 정신건강의학과 의사는 환자가 외래 치료를 계속할 것인지 또는 입원할 것인지에 대해 다음과 같은 요소를 고려해야 한다. 환자를 더 자주 보는 것, 약물을 조정하는 것, 의뢰를 하는 것, 치료적 동맹을 재평가하는 것, 부수적이고 집중적인 외래 프로그램을 고려하는 것, 환자를 이송하는 것 또는 이러한 모든 것이 선택사항으로 고려되어야 한다. 이 중 환자를 이송하는 선택사항은 환자의 현재 자살 위험성이 낮아진다면 실행하지 않을 수 있다. 정신건강의학과 의사에게 자살하려는 환자의 좌절과 화는 환자의 치료를 자포자기하게 할 수 있다(11장 참조).

비자발적 입원은 오진의 책임을 피하기 위한 방어적인 수단이나 오진 시 배상에 대한 법적인 방어를 제공하기 위해서가 아니라 응급한 상황의 임상적 중재로서 활용되어야 한다. 불필요한 입원은 나중에 외래 치료에 있어 환자의 정신 상태와 치료에 대한 믿음을 악화시킬 수 있다. 비록 주립 시민위원회의 법령은 다양할지라도 비자발적 입원에 대한 객관적인 법적 기준은 일반적으로 심각한 정신 질환을 동반하고, 자신이나 타인에 대한 위험성이 높으며 외래 치료로 기본적인 요구를 제공할 수 없는 능력을 포함해야 한다(〈표 7-3〉 참조).

정신건강의학과 의사들은 비자발적으로 입원하는 제도로 인해 환자의 추후 치료가 방해받는 것에 대해 우려하고 있다. 또한 비자발적 입원은 환자의 직업과 대인관계를 위태롭게 할 수 있다. 그러나 높은 자살 위험성을 가진 급성 환자나 정신 질환이 있는 환자는 입원을 거부하고 치료에 협조가 부족하거나 없을 수 있다. 정신건강의학과 의사는 비자발적 입원이 고압적이라는 믿음을 갖게 됨으로써 자살을 하려는 환자의 비자발적 입원에 대해 불편해하고 원치 않게 되어 환자에게 필요한 입원을 막을 수 있다. 비자발적 입원의 강제성에 있어 정신건강의학과 의사가 고려해야 할 임상적 문제는 환자의 치료와 안전이다. 만약 환자에게 비자발적 입원이 필요하다면, 정신건강의학과 의사는 입원에 확고하면서도 임상적으로 환자에게 지지적인 태도를 유지해야 한다. 궁극적으로 비자발적 입원은 어떤 경우에라도 합리적인 임상적 판단의 결과에 의해 이루어져야 한다.

어떤 지역에서는 환자가 비자발적 입원을 필요로 할 때, 의미 있는 비자발적인 정신건강의학과 입원 기준이 존재하지 않는다. 경우에 따라 환자는 환자로 넘쳐 나는 병원에서 다른 환자를 수용해야 하기에 어쩔 수 없이 수일 내에 퇴원해야 할 수도 있다. 게다가 입원을 요하는 환자의 외래 치료는 그 치료 목적을 달성하지 못하고 끝나 버려 비극적인 사건이 야기될 수 있다. 사례처럼 정신건강의학과 의사는 정당하게 환자를 외래에서 치료하기로 결정하고, 더불어 적절하게 치료 계획을 조정할 수 있다. 정신건강의학과 의사는 주의 깊게 자살 위험성 평가와 결정을 해 나가는 과정을 문서화해야 한다.

〈표 7-3〉 전형적이고 실질적인 위임을 위한 객관적이고 다양한 기준

객관적인 기준
• 정신적으로 병이 있을 때
• 본인이나 타인에게 위험할 때
• 기본적인 요구를 제공할 수 없을 때

다양한 기준(기준을 넘어서는 한 가지 혹은 그 이상의 결함)
• 매우 무능할 때(자신을 돌볼 수 없고, 스스로를 해치기 쉬울 때)
• 입원을 거부할 때
• 입원이 필요할 때
• 재산에 대한 위험성이 있을 때
• 합리적인 치료를 결정할 능력이 부족할 때
• 입원이 제한된 대안으로 나타날 때

주: 기준이 법률로 정해져 있으며, 주마다 다르다.
출처: Simon & Shuman(2007)에서 발췌하여 허가받음.

자살에 대한 위기가 발생했을 때는 사회적 응급 정신건강 서비스를 이용하는 것이 필요하다. 환자는 오직 법령에 해당될 때만 시민 조직으로 위탁될 수 있다. 어떤 임상의들은 환자에 대한 증명 서류를 요구받았을 때 환자를 위임해야 한다는 잘못된 생각을 하는 경우가 있지만 시민의 위임(비자발적 입원)은 법원의 판단이다. 법원과 행정 조직은 환자를 비자발적으로 입원시키라는 임상의의 권고에 동의할 수도, 혹은 동의하지 않을 수도 있다.

이용할 수 있는 응급 정신건강 재원과 친밀한 경우, 임상의는 결정적으로 행동 가능하다. 예를 들어, 많은 단체는 비자발적 입원 과정을 돕기 위해 이동통신 위기 조직을 가지고 있다. 만약 높은 위험성의 자살 환자가 비자발적이거나 심지어 자발적인 입원을 해야 하는 상황에서 진료실이나 응급실에서 달아났다면, 경찰이나 이동통신 위기 조직에 전화를 할 수 있다. 이동통신 위기 조직은 비자발적 입원을 위해 청원될 수 있지만 경찰이 환자를 보호하지는 않는다. 다만 정신건강의학과 시설의 이용을 도우려는 경찰의 자발성은 지시된다. 환자를 도우려는 경찰은 그들이 얼마만큼 수련을 받았는지와 정신건강의학과 시설을 이용 가능한지에 따라 결정된다. 경찰의 도움은 권한 안에서 다양할 수 있다.

정신건강의학과 의사가 고소를 당할 수 있다는 두려움은 환자의 비자발적 입원에 대한 임상적 판단에 영향을 미칠 수 있다. 비자발적 입원을 포함하여 법적 고소에 대한 가장 흔한 이유는 잘못된 수감을 일으킬 수 있는 잘못된 위임이다. 정신건강의학과 의사의 또 다른 책임에는 습격이나 폭행, 악의가 있는 기소, 소송의 남용, 감정적 고통에 대한 국제적인 형벌이 포함된다. 그러나 비자발적 입원 때문에 고소를 당할 위험성은 낮다. 환자를 비자발적으로 입원시키기로 결정했다면 정신건강의학과 의사는 환자와 앞으로의 치료에 대한 믿음을 유지하는 것을 돕기 위해서 환자와 비자발적 입원이 필요한 이유에 대해 논의하도록 노력해야 한다.

각 주들은 합리적인 임상적 판단과 신념을 가지고 행동했을 때만 정신건강의학과 의사들과 다른 정신건강 전문가 단체에 허가를 주는 위임 법령을 가지고 있다(Simon & Shuman, 2007). 정신건강의학과 의사가 비자발적 입원을 청원했을 때 법령의 위임 절차를 따르는 것은 좋은 규정으로 보기 힘들 것이다. 환자의 비자발적 입원에 대한 오진 소송은 적절한 검사가 행해지고, 법적인 필요성이 뒤따르며 보증이 악의가 없다면 발생하지 않을 것이다.

앞서 언급된 것처럼 법령의 위임법들은 정신건강 전문가들이 환자의 비자발적 입원이 필요하다고 판단한 경우에 허용된다(Appelbaum et al., 1989). 그러나 자살에 대한 위험성이 있는 환자를 비자발적으로 입원시키지 않았다고 주장하는 오진 소송들이 많이 일어나고 있다. 비자발적으로 환자를 입원시키는 것의 실패에 대하여 정신건강의학과 의사들에게 행하는 소송은 환자를 법적으로 정신병이 있다고 증명하는 것보다 훨씬 더 흔하다. 비자발적 입원에 대한 위험성과 이익을 분석하고, 자살 위험에 대한 주의 깊은 평가를 문서화하는 것은 좋은 임상적 간호 및 확고한 법적 방어를 의미한다.

정신건강의학과 의사가 자살에 대한 높은 위험성을 가진 급성 환자에 대해 비자발적 입원이 가장 좋은 임상적인 선택사항인지 결정하는 것에 불확실성을 느끼는 상황이 발생할 수 있다. 환자의 권리와 치료를 위한 임상의의 의무 사이에는 긴장이 존재한다. 의학적 모델은 환자와 사회적 이익에 초점을 맞춘 노력에 의한 결과다. 시민의 자유의지를 주장하는 사람들은 자살을 막기 위한 목적이 비자발적 입원을 수단으로써 정당화할 수는 없다고 우려를 표한다. 비자발적으로 입원하는 것은 만약 환자가 입원으로부터 치료와 이익을 제공받는 것이 좋게 보인다면 정당화된다(Stone, 1976). 정신건강의학과 의사는 환자를 위한 가장 좋은 치료 계획을 결정하기 위해 그들의 수련과 임상적 경험에 의지한다. 비자발적 입원이 시도되었을 때 법정은 대개 최후의 결정을 내리기 위해 법적인 감시를 통해서 임상적 편견을 조절한다.

정신건강의학과 의사는 자살을 하려는 환자가 위임에 대한 청원의 의지가 없을 때, 치료나 절차를 수용하도록 강요하기 위해 비자발적 입원을 위협하는 데 사용해서는 안 된다. 설득은 환자의 이성적인 능력을 바라는 목표에 도달하게 하기 위해 사용된다. 강압은 환자의 이성적 능력을 회피하게 하고 조작에 의해 침식당한다(Malcolm, 1992). 비자발적 입원에 직면했을 때 많은 환자는 자발적인 입원을 선택한다.

비자발적 입원은 환자에게 자살을 막을 수 있는 적절한 중재다. 회고해 보면 비자발적으로 입원한 환자들은 입원에 대한 필요성을 이해하곤 했다. 어떤 환자들은 그들이 제공받은 간호에 대해서 감사해했다(Gove & Fain, 1997; Spensley et al., 1980).

위험성이 높은 환자의 퇴원

퇴원 계획은 입원 시부터 계획되고, 환자가 입원하여 지내는 동안 다듬어진다. 환자가 퇴원하기 전에 퇴원 후의 치료와 향후 치료 계획을 세우는 것이 필요하다(〈표 7-4〉 참조). 퇴원에 이어서 치료의 집중도가 저하되었을 때 자살의 위험성은 증가한다(Appleby et al., 1999).

환자가 퇴원과 향후 치료 계획에 협조하는 것은 향후 치료자와의 치료 관계를 공고히 하는 데 중요하다. 정신건강의학과 의사와 치료 팀은 치료 순응도를 높이기 위해서 추적 검사 계획을 구조화해야 한다. 예를 들어, 퇴원 후에 즉각적으로 그들의 약물 복용을 중단한 과거력이 있는 정신병 환자는 향후 치료 때까지 오랜 기간 작용하는 근육 내 항정신병약물을 처방받을 수 있다. 중복으로 약을 받았고, 알코올 남용 장애를 가지고 있는 환자는 중복으로 진단받은 환자를 관리하는 데 충분한 시설을 갖추고 있는 단체에 보내야 한다.

환자들은 그들의 정신장애에 대한 교육을 필요로 한다. 이에 가족 구성원도 적절한 때에 동일한 교육을 받아야 한다. 그들의 장애에 대해서 교육을 하는 목적은 현재 치료와 향후 치료의 필요성을 느끼게 하기 위해서다. 환자와 그들의 가족은 종종 그들이 진단을 듣지 못했고, 치료에 대해서 교육받지 못했다고 불평한다.

환자가 향후 치료를 지속할 것인지에 대해 정신건강의학과 의

〈표 7-4〉 자살의 위험성으로 입원한 환자의 퇴원 계획

퇴원과 입원 지속 둘 다에 대한 위험-이득 분석
• 체계화된 자살 위험성 평가를 시행하라.
• 입원하여 있는 동안 있었던 환자의 경과를 다시 확인하라: 퇴원하려고 할 때 환자의 질환과 삶의 상황이 어떻게 달라졌는가?
• 환자가 적절한 임상적 이해를 할 수 있도록 충분한 시간을 할애하라.
• 의미 있는 관계를 발전시킬 수 있는 충분한 시간과 함께 환자가 치료적 환경에 익숙해지게 결심시켜라.
• 치료에 대한 반응을 평가하는 데 충분한 시간이 경과했는지를 확인하라.
• 퇴원 후에 곧바로 외래 치료에서 나타난 자살에 대한 만성적인 위험성을 정리하라.
• 어려운 퇴원 결정에 대한 두 번째 의견을 고려하라.
• 총의 안전한 관리 계획을 시작하라.

지지
• 환자가 신체적 · 감정적으로 도움을 구할 수 있는지를 결정하라.
• 이용할 수 있는 정신건강 서비스에 대한 정보를 환자에게 제공하라.
• 가족 구성원으로부터 지지를 받을 수 있고, 중요한 사람들이 있는지를 결정하라.

병의 상태
• 어떠한 증상이 변화하지 않고 남아 있는지 평가하는 것은 효과적으로 외래에서 치료받을 수 있게 한다.
• 환자가 병에 관한 정신적 교육을 받을 수 있다는 것을 확신시켜라.
• 환자와 함께 일하면서 작성된 일할 수 있는 퇴원 계획을 구조화시켜라.

약물 순응도
• 약물 치료를 고수하는 것이 중요하다는 것을 강조하라.
• 환자와 함께 현재의 부작용이 참을 만한지와 외래 병원에서 처치될 수 있는지를 토의하라.

치료적 협조
• 정신건강 전문가와 함께 작업할 환자의 능력이 있는지 평가하라.

출처: Simon & Shuman(2007)에서 발췌함.

사가 확신할 수 없기 때문에 정신건강의학과와 법적인 단체 양측에 의해 그 사실이 확인되어야 한다(Simon, 1998). 환자가 안정화되기 전에 환자에게 긍정적인 변화를 가져다주는 정신건강의학과 의사의 선택사항은 제한되고 존재하지 않을 수 있다. 또한 환자의 퇴원 후 계획과 치료를 유지하는 것에 실패할 경우 종종 재입원, 절망감, 더 큰 자살 위험성을 야기할 수 있다. 중등도로부터 높은 자살 위험성을 가진 정신건강의학과 환자는 더욱더 외래 환경에서 치료되어야 한다. 정신건강의학과 의사와 치료 팀 사이에는 입원 환자의 적절한 향후 치료를 위해 충분하게 의견을 주고받아야 할 책임이 있다. 환자의 동의하에 정신건강의학과 의사와 사회사업가는 퇴원 후 방문할 기관과 치료자에게 퇴원하기 전에 환자의 진단, 치료, 입원 과정에 대해서 정보를 제공해야 한다.

향후 치료의 약속은 가능한 한 퇴원 날짜에서 가까운 시일 내에 잡아야 한다. 정신건강의학과 의사는 이 장의 앞에 소개된 사례에서처럼 종종 퇴원하고 첫날 발생하는 퇴원 후 자살에 대해 철저히 평가하여야 한다(Meehan et al., 2006). 정신건강의학과 의사는 환자가 퇴원하고 나서 다음날 부분 입원과 함께 약속을 잡는다. 환자는 가능한 한 실제적인 약속을 잡아야 하고, 참여하는 정신건강의학과 의사나 병원 임상의는 잠정적인 향후 치료 약속을 제공할 필요가 있다. 여전히 병원에 있는 동안 환자 스스로가 약속을 잡게 하기 위해서 독립적인 기능을 증진시켜야 한다. 그러나 퇴원하는 어떤 환자들은 너무 혼란스러워해서 그들 자신의 약속을 정할 수가 없다. 환자는 첫 번째 외래 약속 전에 응급상황이 발생하면

누군가에게 전화를 해야 하고, 어디로 가야 하는지를 알아야 한다. 자살을 할 수 있는 위험성이 있는 환자가 집이 없다면 향후 치료가 가능한 공간에서 생활해야 한다. 지속적인 추적 검사는 집이 없는 환자에게는 어려울 수 있다. 이러한 제한은 퇴원 기록지에 문서화되어야 한다.

만약 환자가 다른 시설로 옮기기를 원한다면 환자의 자살 위험성을 포함하여 환자의 현재 상태에 대한 평가가 새로운 시설의 직원에게 전달되어야 한다. 글로 작성된 의사소통 수단이 필요할 수 있다. 가능하다면 새로운 치료자와의 직접적인 전화에 의한 대화(정식적으로 작성된)가 환자에 대한 정보를 제공하는 데 효과적일 수 있다. 전화 통화를 통해서 질문을 받을 수 있고, 설명을 해야 할 수도 있다. 새로운 시설로 옮기는 환자의 자살에 대한 위험성을 제대로 알지 못하는 치료자에게 적절한 정보를 제공하지 못할 경우, 정신건강의학과 의사에게 책임 문제가 생길 수 있다. 정신건강의학과 기록과 퇴원 기록지의 요약은 퇴원 후 다른 치료자에게 적절히 제공되어야 한다.

대부분의 퇴원은 환자의 개인적인 치료 요구와 상황에 맞추어 손질되어야 하는 복잡한 과정을 포함한다. 환자를 퇴원시키기로 하는 결정은 종종 환자를 입원시키기로 하는 결정보다 어려울 수 있다. 퇴원 시에 계속적인 입원 치료와 퇴원과의 사이의 손익에 대한 평가가 이루어져야 한다. 수많은 요인이 퇴원 자살 위험성 평가, 환자 질환의 심각도, 추적 검사와 함께 있을 수 있는 순응도, 가족이나 다른 지지체계의 이용, 물질 남용 장애나 다른 동반된 상태와 같은 것들을 위험성과 이점 평가에서 고려하고 비교해야 한다.

다음은 위험성 이점 평가에서 질문할 두 개의 연관된 중요한 질문이다.

1. 환자는 병원 밖에서 생활할 수 있는 기능을 충분하게 회복했는가 혹은 퇴원이 실패할 가능성이 있는가?
2. 퇴원할 때 환자의 상태와 삶의 상황이 어떻게 변화되었는가?

입원 환자의 자살 연구에서 Fawcett 등(2003)은 "마지막 의사소통으로서 자살 사고와 의도를 부정한 환자는 78%다."(p. 18) 환자가 자살 사고와 의도를 부정할 때, 체계적인 자살 위험성 평가는 자살 위험성의 다른 임상적 연관성을 확인하는 데 도움이 될 수 있다.

정신건강의학과 의사가 퇴원 시기를 결정했던 것을 설명할 수 있는 매우 합리적이고 명백하게 문서화된 손익 보고서가 환자가 자살 또는 법적 고소를 시도했을 때 위탁하려고 했던 기관에 보존되어 있다면 법원에 의해 사후 비판이 선점되는 것을, 도울 수 있을 것이다. 자살의 위험성에 대한 평가는 '지금-여기'으로 결정된다. 더 이상 급성 자살에 대한 높은 위험성이 있지 않은 환자는 종종 만성의 높은 위험 상태로 남게 된다. 퇴원 기록에는 줄어들었거나 원상태로 돌아간 급성의 자살 요인과 남겨진 만성의(장기간) 자살 위험 요인이 포함되어야 한다. 예를 들어, 환자는 정신 질환의 특성과 원인, 앞으로 행해질 치료의 적절성, 권고된 치료를 고수하는 정도, 예측할 수 없는 삶의 변화를 포함하는 수많은 요인에 의해 다시 급성의 자살 위험성을 가진 상태가 될 수 있다. 자살 행동은 시간과 상황에 따라서 중요성이 변화한다는 것과 연관된 임상적 · 성격적 · 사회적 · 환경적 요인의 다양성 사이의 역동적이고 복잡한 상호작용의 결과다.

결론

급성과 만성의 자살에 대한 높은 위험성을 가지고 있는 환자를 치료하고 처치하는 것은 어려운 임상적 도전이다. 임상의는 외래에서 치료받고 있으면서 급성으로 자살 위험성을 가질 수 있는 만성의 자살에 대한 높은 위험성의 환자에게 어려운 선택을 하게 된다. 환자가 계속해서 안전하게 외래에서 치료를 받을 수 있을 것인가? 만약 그렇지 않다면, 환자는 자발적 입원을 받아들일 것인가? 혹은 환자를 비자발적으로 입원시켜야 할 것인가? 자살을 시도하거나 행하려는 급성의 자살에 대한 높은 위험성을 가진 환자를 비자발적으로 입원시키는 것이 잘못되었다고 주장하는 의료소송은 상대적으로 흔하다.

급성과 만성의 자살에 대한 높은 위험성을 가지고 입원한 환자 역시 임상의에게 퇴원에 관해서 어려운 결정을 하게 한다. 따라서 임상의는 주의 깊은 퇴원 계획을 가져야 한다. 외래 치료로의 변화는 환자의 임상적 필요와 이용할 수 있는 공동체 수단에 맞추어야 한다. 가능하다면 환자는 퇴원한 날 외래 치료자와 약속을 가져야 할 필요가 있을 수 있다. 불행하게도 부주의한 퇴원을 주장하는 소송은 흔하다.

핵심 사항

- 자살 위험의 심각성은 차원적이고 역동적이며, 계속적으로 변화하는 위험 요인과 보호 요인의 영향을 받는다. 따라서 자살 위험성 평가는 한 번의 사건이 아니라 과정이다.
- 급성은 증상의 강도(심각성)와 양(기간)을 묘사한다. 높은 위험 요인은 자살과 관련이 있는 증거로 간주한다.
- 급성의 높은 자살 위험성을 만성과 구별할 수 있는 분명한 선은 없다. 만성으로부터 급성으로의 변화는 점차적이고 미묘하거나 급작스럽게 빠를 수 있다. 현재 서서히 나타나는 환자의 증상과 자살 위험성 윤곽은 종종 증상과 전에 있었던 자살 위기와 시도를 보여 준다. 그것으로 임상의가 자살을 막기 위해 재빠른 행동을 취하게 경각심을 갖게 한다.
- 만성의 높은 자살 위험성을 가지고 있는 환자는 병의 진행, 정신건강의학과 치료를 지속적으로 하지 않는 것, 대인관계의 상실과 같은 내적 혹은 외적 스트레스를 유발하는 요인에 대응해서 급성의 높은 위험성을 가진 상태로 옮겨갈 수 있다.

• 급성의 높은 자살 위험성을 가진 환자는 대개 상태와 관련이 있는 위험 요인을 보여 준다. 만성의 높은 자살 위험성을 가진 환자는 종종 다양한 경향과 관련이 있고, 고정된 위험 요인을 보여 준다. 그러나 교차되는 증상과 위험 요인은 급성과 만성의 높은 자살 위험성을 가진 환자에게 변함없이 존재한다.

참고문헌

Appelbauum PS, Zonana H, Bonnie R, et al: Statutory approaches to limiting psychiatrists' liability for the patients' violent act. Am J Psychiatry 146: 821-828, 1989

Appleby L, Dennehy JA, Thomas CS, et al: Aftercare and clinical characteristics of people with mental illness who commit suicide; a case control study. Lancet 353: 1397-1400, 1999

Farwell v Un, 902 F 2d 282 (4th Cir 1990)

Fawcett J: Depressive disorders, in The American Psychiatric Publishing Textbook of Suicide Assessment and Management. Edited by Simon RI, Hales RE. Washington, DC, American Psychiatric publishing, 2006, pp 255-275

Fawcett J, Clark DC, Busch KA: Clinical correlates of inpatient suicide. J Clin Psychiatry 64: 14-19, 2003

Gove WR, Fain T: A comparison of voluntary and committed psychiatric patients. Arch Gen Psychiatry 34: 669-697, 1977

Malcolm JG: Informed consent in the practice of psychiatry, in The American Psychiatric Press Review of Clinical Psychiatry and the Law, Vol 3. Edited by Simon RI. Washington, DC, American Psy chiatric Press, 1992, pp 223-281

Meehan J, Kapur N, Hunt I, et al: Suicide in mental health inpatients and within 3 months of discharge. Br J Psychiatry 188: 129-134, 2006

Simon OR, Swann AC, Powell KE: Characteristics of impulsive suicide attempts and attempters. Suicide Life Threat Behav 32 (suppl): 49-59, 2001

Simon RI: Psychiatrists' duties in discharging sicker and potentially violent inpatients in the management care era. Psychiatr Serv 49: 62-67, 1998

Simon RI: Assessing and Managing Suicide Risk: Guidelines for Clinically Based Risk Management. Washington, DC, American Psychiatric Publishing, 2004

Simon RI, Shuman DW: Clinical Manual of Psychiatry and Law. Washington, DC, American Psychiatric Publishing, 2007

Spensley J, Edwards D, White E: Patient satisfaction and involuntary treatment. Am J Orthopsychiatry 50: 725-727, 1980

Stone AA: Mental Health and Law: A System in Transition (Publ No ADM-6-176). Rockville, MD, National Institute of Mental Health, 1976

제**8**장

자살의 위험이 있는 환자의 안전 관리: 불확실성에 대한 대응

자살의 위험이 있는 환자의 안전 관리에 관여하는 임상의에게
는 안전함을 제공하는 것과 행동의 자유로움을 허락하는 것 사이
의 갈등이 항상 존재한다. 또한 임상의는 자살의 위험이 있는 환자
를 적절하게 감독하는 것과 이러한 서비스를 위해 제3의 지급자에
의한 보험금을 지급하는 문제로 불화를 경험할 수도 있다. 확실한
것은 자살 우려가 있는 환자에게 효과적인 치료와 안전 관리를 제
공하기 위해서는 임상의의 온전한 시간과 노력에 의한 헌신이 필
요하다는 것이다.

Simon RI: "Patient Safety Versus Freedom of Movement: Coping voith Uncertainty,"
in The American Psychiatric Publishing Textbook of Suicide Assessment and
Management. Edited by Simon RI, Hales RE. Washington, DC, American Psychiatric
Publishing, 2006, pp. 423–439에서 저자인 Simon RI의 허가하에 수정하여 인용함.

주의 깊은 평가 후에 자살 위험성이 있는 환자에 대한 안전 관리가 이루어져야 한다. 완벽한 안전을 제공하는 것은 분명히 불가능한 일이다. 자살을 하려고 결심한 환자는 어떻게든지 방법을 찾을 것이다. 그들은 임상의를 그들의 적으로 바라본다(Resnick, 2002). 환자의 속임수와 협조 부족은 안정성 평가를 복잡하게 만든다(4장, 7장 참조). 그러나 다른 전문 분야에 있는 의사와 다르게 정신건강의학과 의사는 자살을 제외하고는 환자의 죽음을 마주치는 것이 드물다. 따지고 보면, 오직 두 가지 유형의 정신과 수련 의사가 있다─그것은 자살 환자를 경험했거나 앞으로 경험하게 될 의사다.

정신건강의학과 의사도 다른 과의 의사들처럼 환자의 죽음을 경험하게 될 것이다. 이러한 부정적인 결과는 의학이 실행되는 동안 지속될 것이다. 환자의 죽음은 비극이다. 그러나 그것 자체만으로는 전문적인 부주의의 증거가 되지는 않는다. 그럼에도, 정신건강의학과 의사에 대한 오진 소송은 직업적인 위험으로 남아 있다. 자살하려고 하는 환자를 치료하고 안전 관리를 하는 것은 의사에게 불안을 주기도 하고, 피곤한 일이 될 수도 있다. 어떠한 임상가들은 그들이 관리하는 자살 위험이 높은 환자의 수를 제한한다. 또 다른 정신건강의학과 의사들은 완벽하게 자살 위험이 있는 환자의 치료를 피하려고 한다. 임상의들은 현실적으로 자살을 하려고 하는 환자의 치료에 앞서 의사가 얼마나 그 불확실성을 참아 낼 수 있는지 능력을 먼저 평가해야 한다.

외래 환자

부분적으로 입원 프로그램에 참여하는 환자를 포함하여 자살 사고가 있는 외래 환자를 조절하는 데는 한계가 있다. 외래 환자를 보는 상황에서 환자의 안전성은 대개 자주 외래를 방문하는 것, 치료적 동맹을 강화하는 것, 약물을 제공하고 조정하는 것, 만약 환자가 동의한다면 가족이나 다른 우려되는 사람과 함께하는 것과 같은 임상적 중재를 통해 확보한다. 더 이상 외래를 통해서 안전한 치료가 어렵고, 자살에 대해서 높은 위험성을 가지고 있는 환자를 위한 선택사항은 자발적 혹은 비자발적으로 입원을 하는 것이다. 중등도의 자살 위험을 가지고 있는 대부분의 환자와 높은 위험성을 가진 몇몇의 엄선된 자살 환자들은 외래 치료를 유지한다.

환자를 입원시키는 시기는 임상의에게 도전적인 결정이 될 수 있다. 그 결정은 입원이 필요하나 환자가 거부할 때 매우 복잡해진다. 이 시점에서 임상의가 취하는 행동은 환자의 치료와 위험성 처치를 위해서 중요하다. 임상의는 혼자 고민해서는 안 된다. 의뢰는 언제나 할 수 있는 선택사항이다.

체계적인 자살 위험성 평가가 이루어지면 임상가는 환자의 입원 여부를 결정해야 한다(7장 참조). 외래 치료를 지속하는 경우의 위험성과 이점은 입원의 경우와 비교하고, 환자와 함께 의논한 후에 결정을 하게 된다. 만약 환자가 동의한다면 즉각적으로 입원을 위한 준비가 이루어져야 한다. 환자는 보호자와 동행하여 바로 병원에 가야 한다. 환자가 옷을 챙기거나 저녁을 먹는 등 마지막 순간에 해야 할 준비와 같은 일들을 해서는 안 된다. 이런 틈새에 환자가 자살을 시도해 버릴 수도 있기 때문이다. 만약 환자가 자동차를 타고 병원에 가는 경우라면 가능한 한 운전자만이 조절할 수 있는 중앙에서 통제 가능한 안전 잠금장치를 이용하면 환자가 차에서 뛰어내리는 것을 막을 수 있다. 간혹 자살하려는 사람들이 앰뷸런스나 기타 다른 구조 차량에서 뛰어내려 죽음이나 심각한 손상을 입기도 하였다. 가급적이면 환자가 알고 있는 또 다른 승객이 환자와 동행하는 것이 필요하다. 예를 들어, 임상의가 병원에 환자와 동행할 수도 있다. 하지만 임상가는 법적으로 환자의 신체적 보호에 대한 책임이 없다(Farwell v. Un, 1990).

만약 환자가 임상의의 입원 권유를 거부한다면, 그에 따른 이유와 대처법은 의무 기록으로 남겨야 한다. 그러한 경우에 입원의 필요성은 시기의 문제이기 때문에 환자가 입원을 거부하는 것에 대한 이유를 지속적으로 물어볼 필요는 없다. 자칫하면 치료적 동맹이 깨질 수 있다. 만약 시간과 환자의 상태가 허락된다면 의뢰와 전원은 또한 고려해 볼 수 있는 사항이다. 이것은 임상의의 전문적이고 개인적인 열정이 도전받는 상황이기도 하다. 자살을 하려는 사람을 비자발적으로 입원시키는 것을 실패하고 나서 환자가 자살을 시도하거나 행했다면 외래 임상의에 대한 오진 소송의 빌미가 될 수 있다. 보상되지는 않지만 설득에 소요되는 시간, 불편함, 타환자 진료 방해, 환자에 의한 법적 소송에 대한 두려움은 임상가의 비자발적으로 입원을 시키는 것을 단념하게 할 수 있다. 주의 수용 법령은 그들이 합리적인 판단, 법령이 정한 수용 과정에 대한 합당함, 선의에 따라 행동했을 때 임상가에게 면책이 주어진다.

자살 위험성 평가와 비자발적 입원에 대한 타당성을 기록해 두는 것은 철저한 위험 관리를 하는 것만큼이나 좋은 임상적 치료다. 비자발적 입원이 문제가 될 경우, 정신건강의학과 의사는 강제 입원에 대한 근거를 법정에 제출해야 한다. 임상의가 가장 주안점으로 고려해야 하는 것은 환자의 안전이다. 비자발적 입원에 대한 자세한 논의를 보고 싶다면, 7장을 참조하라.

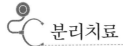

분리치료

분리치료의 환경에서 정신건강의학과 의사와 심리치료사 사이의 협력과 의사소통은 자살의 위험이 있는 환자를 평가하고 처치하는 데 필수적이다. 협력치료의 필수 요소는 효과적인 의사소통이다. 이러한 경우 기본이 되는 치료 원칙은 '우리는 한 배를 탔다.' 라는 것이다.

분리치료를 시행하는 정신건강의학과 의사와 심리치료사는 적절하게 협력할 수 있는 시간을 갖지 못할 수도 있다. 예를 들어, 시간당 4명, 한 주 5일 동안 8시간씩, 약물 처방을 하는 정신건강의학과 의사는 한 주에 160명의 환자를 치료하게 될 것이다. 정신건강의학과 의사가 500명을 기본으로 하는 환자로부터 하루에 20명의 환자에게 전화를 받는다고 가정하면, 정신건강의학과 의사는 주말을 제외하고도 한 주에 100통의 전화를 받을 것이다. 이렇게 정신없이 바쁜 환자 진료로 인해, 과량의 약물 처방이 흔히 발생한다. 어떻게 정신건강의학과 의사가 협력할 시간을 만들 수 있을까?

협력에는 시간과 노력이 필요하다. 분리치료의 틈에서 제대로 관리받지 못하고 자살 시도를 하는 환자를 막기 위해서는 의사소통이 필요하다(Gutheil & Simon, 2003). 그러나 보험회사는 협력을 위해 시간을 보내는 임상의에게 보상을 하지 않는다. 정신건강의학과 의사와 심리치료사 사이의 임상적인 책임은 자살 사고가 있는 환자의 위험성을 높이게 하는 역할 혼동과 불확실성을 막기 위해서 명확하게 경계를 지어야 한다. 환자의 응급상황에 대한 책임도 분명하게 선을 그어야 한다. 정신건강의학과 의사와 심리치료사 사이의 적절한 의사소통은 특히 자살을 하려고 하는 환자들에 가장 기본이 되는 사안이다.

입원 환자

정신건강의학과적인 진료로 처치가 행해진 사례들을 살펴보면, 오직 정신적으로 심각하게 문제가 있는 질병만이 급성 정신치료 시설에 입원하여 왔다(Simon, 1997). 입원의 목적은 위기 중재, 환자의 안전, 안정화를 위함이다(Simon, 1998). 자발적 입원의 적응증은 비자발적 입원의 경우보다 넓게 적용된다. 대부분의 입원 환자는 급성으로 자살을 시도하거나 타인에게 폭력적인 행동을 보인 경우이며, 혹은 그 둘 다일 수도 있다. 입원은 대개 짧다. 대부분의 환자가 단기의 정신건강의학과 시설에서 평균적으로 머무르는 기간은 3일에서 5일이다.

자해 또는 타해의 위험이 있는 환자들은 치료가 완전하지 못한 상태에서 퇴원할 수도 있다(Simon, 1998). 심각한 상태의 환자를 신속하게 입원시키고, 위기개입 후 퇴원시키는 경우, 과중한 업무에 시달리는 의료진이 새로운 환자를 자세히 평가하기에는 시간이 충분하지 못할 수도 있다. 정신건강의학과 의료진들이 인계하며 시행하는 간단한 안전성 확인은 환자와의 관계를 발전시키기에 충분하지 않다. 환자와 '약속'을 하거나 환자가 스스로 자살을 시도하지 않겠다고 말하고 이를 근거로 '자살 예방 서약서'에 서명을 받는 것은 적절한 안전 조치가 아니다(Simon, 2004).

자살의 위험이 있는 환자에게 시행하는 감독의 정도는 체계화된 자살 위험성 평가 후에 결정된다(Simon, 1998). 자살 위험성 평가는 환자 치료와 안전 조치의 불확실성을 줄이기 위한 기본적인 정보를 모으는 것으로, 한 번의 사건이 아니라 일련의 과정이다. 자살 예방 서약서가 적절한 자살 위험성 평가를 대신해서 사용되어서는 안 된다(Garvey et al., 2009).

치료 팀은 정신건강의학과 입원 환자를 관리하는 중요한 치료 제공자다. 치료 팀은 자살을 하려고 하는 환자의 안전 감독에 집중하는 '수천 개의 눈'을 가지고 있다는 장점이 있다. 그럼에도, 치료 팀원들 사이에서 의사소통이 원활하게 이루어지지 않을 경우에 맹점이 발생할 수 있고, 그로 인한 환자의 자살에 대한 위험성이 증가할 수 있다. 입원 환자의 자살은 입원 직후, 직원들이 바뀌는 사이, 식사 시간, 정신건강의학과 수련의 근무처가 변경되는 기간, 그리고 퇴원 후(수 시간, 수일, 수 주 후)에 발생하는 경향이 있다(Qin & Nordentoft, 2005). 정신건강의학과적인 치료의 기왕력이 없는 새로운 환자는 필요에 따라서 자살 예방 조치 상태를 더욱 적극적으로 확인해야 한다. 입원 직전에 심각한 자살 시도를 했던 환자는 일대일 관찰이나 감독이 필요하다. 간호사는 만약 정신건강의학과 의사가 도착하지 않은 상태이거나 조사할 기회를 갖게 될 때까지 환자를 자살 예방 상태로 두거나 주의 감독 수준을 높일 수 있는 결정권을 행사할 수 있다. 만약 자살 예방 감시가 간호 직원에 의해서 실행되었다면, 정신건강의학과 의사는 이 예방 상태를 끝내기 전에 환자를 평가해야 하고, 중지에 대한 이론적 배경을 기록해야 하며 예방 상태를 유지하기 위해서도 기록을 남겨야 한다. 간호사는 자살의 예방 상태를 낮추거나 중지할 수 없다.

정신건강의학과 의사는 전에 간호사가 조사한 환자에 관하여 안전 예방 상태를 바꾸거나 중지를 요구하는 간호 직원의 전화를 빈번히 받게 된다. 정신건강의학과 의사는 일상적으로 임상 직원에 의해서 행해지는 현장에서의 자살 위험성 평가에 기초해서 전화로 안전 조치에 대한 결정을 내린다. 법정 소송에서 통화 내용이 쟁점이 되어 발생할 수 있는 "그/그녀가 그렇게 말했어요."라는 불일치를 방지하기 위하여 통화 내용은 기록되어야 한다.

늦은 저녁이나 이른 아침 시간에 환자를 입원시킨 정신건강의학과 의사는 시기적절한 방법으로 환자를 평가할 필요가 있다. 어떤 정신과 병원에서는 정신건강의학과 의사에게 최초의 평가를 위해서 24시간까지 허락하고 있다. 이것은 이미 입원한 환자의 심각성을 따져 볼 때 비현실적이라고 볼 수 있다. 엄격한 입원 기준 때문에 대개 자살 위험이 심각한 환자만 입원을 하게 된다. 정신건강의학과 의사는 자살을 시도한 환자에 대해 법적으로 책임을 지게 될 위험한 처지에 놓이게 된다.

정신건강의학과 의사가 새롭게 입원한 환자를 처음으로 평가하는 과정에서 '시기적절함'이라는 것은 고의적으로 모호한 용어다. 이때 의사는 간호 직원에 의해 전해지는 환자의 정신 상태나 자살 위험성의 수준에 많이 의지하게 된다. 정신건강의학과 의사가 환자의 안전 조치의 기초가 될 수 있는 적당한 과거력을 얻기 위해서 필요에 따라 임상 직원에게 많은 질문을 하는 것은 당연한 일이다. 환자를 만날 수 있을 때까지는 임상 직원을 통한 전화 확인이면 충분하다. 심각한 자살 시도를 하여 입원을 하게 된 환자는 가능한 한 빨리 얼굴을 마주해야 한다. 임상의는 필요하다면 위험성이 높은 급성 환자를 즉시 만나기로 결정할 수 있다.

관찰 수준

병원에 내원한 환자의 체계화된 자살 위험성 평가는 앞으로 시행될 자살 예방 조치의 수준에 대한 정보를 제공한다. 예를 들어, 환자를 일대일로, 적당한 거리를 두고, 혹은 근거리에서 눈으로 직접 확인하는 관찰이 필요한가? 15분에서 30분마다 안전 확인이 필요한가? 아니면 (대개 30분에서 1시간마다 행해지는) 일상적인 병원의 관찰로 충분한가? 정신건강의학과 의사는 종종 병원들 사이에서 다양한 의미를 가지고 있는 '근접 관찰'이라는 지시의 정의를 알아두어야 한다. 대개 환자를 자살 안전성 경고 상태로 유지하는 것이 경고 수준을 줄이거나 그만두는 것보다 쉽다. 여전히 일대일 혹은 15분마다 안전성을 관찰받고 있는 환자는 즉각적으로 퇴원시켜서는 안 된다. 퇴원을 시행하기에 앞서, 환자의 자살 안전성 경고 상태를 종료한 후 일정 기간 동안 관찰이 필요하다.

대개의 관찰 방법은 입원 초반에는 15분마다 관찰하면서 필요할 때 안전 조치를 조정하는 것이다. 그러나 기계적인 15분 단위의 확인은 환자의 안전성 요구에 적합하지 않을 수 있다. 환자들은 15분 단위의 확인 사이에 자살을 할 수도 있다. 입원 전에 거의 죽기 직전 정도의 심각한 수준의 자살을 시도했던 사람은 평가가 뒤따르는 일대일 관찰이 필요할 수 있다.

급성으로 자살을 시도하여 수차례 입원을 했던 환자는 병동 치료진에게 큰 부담이 될 수 있다. 서비스의 제한은 현재의 조치를 위한 치료 환경에서는 현실적이다. 게다가 자살을 시행하기로 한 환자는 일대일 안전 예방 상태에서도 자살 시도를 할 수 있다. Busch 등(2003)은 입원 중인 76명의 자살 환자를 검토하여 그 환자들 중 42명이 15분 단위의 자살 확인 중에 죽었다는 것을 알아 냈다. 더불어 환자의 9%는 자살한 순간에 일대일로 관찰하는 병원 직원과 함께 있었다. 이에 그들은 100% 효과적인 특별한 자살 예방 조치는 없다고 결론을 내렸다.

환자가 높은 자살 위험성이 있다는 것을 알게 되었을 때, 보험의 보장 범위 인에서 그러한 서비스를 이용할 수 없기 때문에 일대일 관찰을 지시해서는 안 된다. 더욱이 부족한 병원 인력으로는 일대일 관찰을 제공하기 어려울 수 있다. 환자나 가족들은 돈이 부족하여 '간병인'을 구할 수 없거나 아예 구하고자 하는 의지가 없을 수도 있다. 정신건강의학과 의사나 직원들은 자살 위험이 높은 환자를 단지 일대일 관찰에 대한 보험 보상을 받기 위해서 격리하거나 감금해서는 안 된다. 격리나 감금의 사용은 확실한 임상적 기준과 법적 규제에 따라서 시행해야 한다. 격리나 감금이 시행된 환자는 일대일 관찰을 필요로 한다. 격리나 감금의 사용에 의한 관찰을 통해서 보험 보상을 받으려는 유혹은 피해야 한다.

자살 위험성이 있는 환자에 대한 지속적인 관찰은 환자가 안정될 때까지만 일관성 있게 유지를 한 후 가능한 한 빨리 끝내야 한다. 정신건강의학과 병원은 감옥이 아니다. 비록 안전성이 가장 중요한 관심사이지만, 직원에 의해 근접 관찰하는 것은 환자에게 고통을 주기 때문에 적절하게 시행해야 한다. 예를 들어, 근접 관찰을 하는 동안, 개인적인 기능을 수행하는 데 있어 개인의 사생활 보호는 보장받을 수 없게 된다. 환자는 관찰자 없이는 욕실에 들어가거나 샤워를 할 수가 없다. 이는 때때로 환자의 희망을 박탈하고, 우울하게 만들며 자살의 위험도를 높이는 상당한 당혹감과 굴욕감을 경험토록 할 수 있다. 또한 낯선 사람에 의한 지속적인 관찰은 특히 편집성 환자를 더욱 악화시킬 수 있다.

정신건강의학과 병원에서 환자는 활동을 하는 동안에 직원들의 일대일 관찰을 충분히 받지 못할 수도 있다. 환자의 움직임과 자유 규정을 침범하지 않는 범위 내에서 직원은 간호사 스테이션 앞이나 환자가 육안적으로 관찰될 수 있는 정신건강의학과 병원의 특정한 위치에, 즉 '구역'에 환자를 둘 수 있다. 임상 직원은 5분에서 10분 간격으로 시간과 힘이 많이 드는 안전 예방 조치를 제공할 수 없다. 이에 다른 환자들은 대개 자살 예방 조치 상태에 있다. 5분에서 10분 간격의 안전성 확인과 기록은 잠재적인 책임을 져야 하는 결과를 만들고 간과될 수 있다. 만약 5분에서 10분 간격의 확인이 필요하다면, 직원이나 책임감이 있고 수련을 받은 '보호사'에 의해서 환자를 지속적으로 관찰할 수 있는 곳에 있게 하거나 일대일 대등한 입장의 관찰을 하는 것이 낫다. 바쁜 병원에서는 직원들의 주의가 산만해질 수 있기 때문에 비디오 모니터링은 모순일 수 있다.

적절한 초기 평가와 관찰 후 단체 모임에 참여하고, 다른 사람들과 어울리며, 병원에서 활동을 하는 환자는 대개 15분 간격 확인을 끝낼 수 있다. 그로 인해 이러한 환자는 일반적인 병동 관찰을 받게 된다. 대조적으로 자살의 위험이 높고 사람들과 단절되어 격리된 환자는 일대일 관찰이 필요하다. 지속적으로 격리된 환자는 처음에는 고립되고 단절되었지만 하루가 지나고 나서 정신건강의학과 병원에 있는 것에 대해서 좀 더 편안하게 느끼므로, 새롭게 입원한 환자와는 구별해야 한다. 이러한 적응은 환자가 점차적으로 직원들 혹은 동료들과 관계를 형성해 나갈 때 생겨날 수 있다. 관찰 수준은 환자의 요구를 조절하기 위해 유연하게 만들어야 한다. 예를 들어, 우울감이 있는 환자는 우울 증상이 나빠졌을 때 모니터를 하면서 근접 관찰이 필요할 수 있다.

자살하기로 결정한 환자가 실제로 기분이 나아지고 증상이 개선될 수도 있다. 이러한 환자들은 대개 급작스럽게 혹은 종종 드라마틱하게 '호전'을 보이지만 대조적으로 대부분의 환자는 실제로 일관성이 없이 점차적으로 호전을 보인다. 자살을 하려고 하는 환자는 종종 정신장애의 핵심적인 증상(예: 불면, 식욕부진, 안절부절못함 그리고 불안과 우울)이 나타난다. 호전이 실제가 아닌 자살을 하려고 하는 환자와 실제로 호전하고 있는 환자를 구별하는 것은 정신건강의학과 의사가 행해야 하는 가장 어려운 일 중 하나다. 정신건강의학과 의사가 그들이 하는 치료에서 환자가 호전되기를 바라는 기대는 안전성 평가와 조치에 있어서 맹점을 만들어 낼 수가 있다(6장 참조).

병동이 가장 바쁘거나 인력 교대를 할때 자살을 하려고 하는 환자는 직원이 부주의한 사이에 자살을 시도하거나 행할 수 있는 기회를 갖게 될 수 있다. 다학제적 치료팀은 심지어 업무상 부담이 한계에 달했을 때라도 지속적인 안전 경계 상태를 유지할 수 있어야 한다. 만약 정신건강의학과 직원의 수가 부족하고 자살을 하려고 하는 환자의 유입이 너무 많다면, 일시적으로 정신건강의학과 병원에 입원하는 것을 차단하는 것이 필요하다. 지속적으로 흥분되어 있으면서 자살 위험성이 높은 환자는 임상 직원들을 빨리 지치게 할 수 있다.

긴박한 자살

정신건강의학과 의사는 긴박한 자살을 평가하는 데 어려움을 겪는다(Simon, 2008). 긴박성은 정신건강의학과적 진단이 아니다. 자살의 긴박성을 확인할 수 있는 위험 요인은 없다(11장 참조). 자살 위험성은 매 분마다, 매 시간마다 혹은 날마다 달라질 수 있다. 환자들은 종종 치명적인 무기를 숨기고 있는 것이 확인되었거나 그들이 처음으로 자살을 시도하려고 한다고 이야기할 때 '긴박한' 자살의 위험성이 있는 것으로 생각된다. 그럼에도, 다리에 서서 총으로 자신의 머리를 겨누는 자살을 시도하려고 하는 사람들조차도 치명적인 행동을 하는 것을 단념시킬 수 있다. 금문교에서 뛰어내렸다가 살아남은 몇몇 사람들은 그들이 다리에서 뛰어내린 후에야 비로소 마음을 바꿨다고 이야기한다. 추락을 제지당했던 515명 중에서 94%가 많은 시간이 지난 후에도 살아 있었다(Seiden, 1978). 임상의가 주의 깊게 급성의 높은 자살 위험성을 평가하고, 치료 조치를 취하는 것은 언제 환자가 자살을 시도할지 또는 하지 않을지의 여부를 예측하는 불가능한 일을 시도하는 것보다 더 긴박하다 (11장 참조).

집중 치료실

자살을 시도하고 나서 내원한 환자는 집중 치료실(ICU)에서 정신건강의학과 병동으로 옮겨지기 위해 기다려야 할 수 있다. 많은 경우, 계속적으로 환자를 돌보기 위해 '간병인'이 필요하다. 환자는 집중 치료실이나 내과/외과 병동의 안전장치가 없는 창문을 통해서 뛰어내리거나 혹은 집중 치료실을 걸어 나가서 기회가 되는 순간을 찾을지도 모른다. 드물게 수련받지 않은 '간병인' 또는 가족들이 지속적인 안전 관리를 제공하기도 한다. 그들은 환자가 자살을 실행하기 위해 기만적으로 행동한다기보다는 순응적 태도를 보인다고 생각하기 쉽다. 그들은 자살을 하려고 했던 환자가 욕실에 가는 것을 좋아하지 않는다. 환자가 욕실에서 질식을 시도할 수 있기 때문이다.

내과/외과 병동은 의도치 않게 안전하지 못한 시설과 다른 안전상의 위험으로 인해서 환자가 자살을 시도할 기회를 제공할 수 있다. 집중 치료실은 자살의 위험성이 있는 환자의 안전 조치를 위해 설계되지 않았다. 따라서 환자를 정신건강의학과 병동으로 옮기는 것은 내원 즉시 일차적으로 이루어져야 한다.

격리와 강박

연방 정부의 메디케어와 메디케이드 서비스센터(이전의 건강보호자금위원회, 1999)과 합동위원회(이전의 건강보호단체의 인가를 위한 합동위원회, 2001) 그리고 대부분의 주에서는 격리와 강박이 가능한 곳에서 이를 최소화하고 피하기 위해서 이를 위한 규정을 발전시켜 왔다(Simon & Shuman, 2007). 연방 정부의 규정은 좀 더 제한적인 각 주의 법에 의해서 대체될 것이다. 격리는 안전하고 억제와 조절을 할 수 있는 환경으로 환자를 분리시키고, 물리적으로 이동하는 것을 막을 수 있는 방에 비자발적으로 속박시키는 것이다. 강박은 환자의 움직일 수 있는 자유를 제한하기 위해서 환자의 의사와는 관계없이 물리적인 힘을 직접적으로 적용하는 것이다. 물리적은 힘은 사람의 손길, 기계 장치 혹은 그것이 혼합되는 것을 포함한다. 이러한 중재의 사용은 환자의 안전에 위험이 될 수 있기 때문에 오직 자해 또는 타해를 범할 높은 위험성이 있을 때만 사용해야 한다. 법적인 언어에서는 강박을 정의함에 있어 약물의 사용을 포함하고 있다(Simon & Shuman, 2007). 격리와 강박은 오직 최후의 수단으로 사용되어야 하며, 직원들의 편의를 위해서 사용되어서는 안 된다. 격리와 강박에 대한 적응증과 안전 예방 조치는 철저하게 기록되어야 한다. 격리와 강박은 모든 다른 치료와 안전을 위한 방법들이 실패했을 때 사용해야 한다. 그러한 상황에서 무엇보다도 중요한 치료적 목표는 환자의 안전과 존엄을 해치지 않는 것이다.

능숙한 직원들은 환자와 직원의 안전과 보호를 위해서 격리와 강박을 시작할 수 있다. 그러나 그들은 면허가 있는 의사로부터 가능한 한 격리와 강박을 시작한 지 1시간 안에 명령을 받아야 한다. 격리와 강박을 시작한 지 1시간 안에 환자를 직접 만나서 평가해야 한다는 것, 재평가의 빈도, 적절한 감시, 격리와 강박 시간을 제한하고 시행할 것, 가족에 대한 고지, 가능한 빨리 격리와 강박을 끝낼 것, 격리와 강박이 끝난 후 환자와 직원들에게 보고와 설명을 할 것 등이 메디케어와 메디케이드 서비스센터와 합동위원회에 의해 규정되어 있다.

격리와 강박을 위한 좀 더 자세한 적응증과 비적응증은 다른 곳에서 확인할 수 있으며 이를 다루는 것은 이 장의 범위를 벗어난다(American Psychiatric Association, 1985). 격리와 강박은 자해를 예방하기 위해서 높은 자살 위험이 있는 환자에게 필요할 수 있다. 만약 환자가 입원 후에 직원에 의해 모임에 짧게 참여하게 된다면 초기의 치료적 동맹 성립에 긍정적인 영향을 줄 수 있다. 치료적 수준에 맞는 적절한 약물 투여는 종종 높은 자살 위험성이 있는 환자를 안정시켜 준다. 만약 자살을 시도하려는 환자가 격리되고 강박되었다면 규제력을 지닌 병원 정책에 따라 직접적인 관찰이 필요하다. 격리실은 창문이 있어야 하고, 듣고 보는 감시 능력이 있어야 한다(Lieberman et al., 2004). 임상적으로 적절한 경우, 문을 개방해 두는 격리가 선호된다.

이동의 자유

병원 환경에서의 환자의 자주권과 진단, 치료, 안전성의 필요 사이에서 합리적인 접점이 있어야 한다. 자살 위험이 있는 환자에게는 신발끈, 벨트, 날카로운 물건, 유리 제품, 베갯잇처럼 질식하는 데 이용될 수 있는 것에 대해서 표준 안전 예방 조치가 관찰되어야 한다. 입원 시에 철저하게 금지품을 찾아내는 것은 당연한 과정이다. 정신과 병동은 대개 최소한의 공간에 가구가 짜여져 있고, 무게가 나가지 않는 비품과 샤워 커튼 기둥이 있으며, 잘 찢어지지 않는 침대 시트, 종이 수건, 전기 침대의 짧은 코드선(적절히 절연이 되는), 선이 없는 전화나 안전한 선을 가지고 있는 전화, 뛰어내리는 것을 막는 창문, 바리케이드로 사용할 수 없는 문, 폐쇄회로 비디오 카메라들이 비치되어 있다. 또한 플라스틱 쓰레기 봉지를 사용해서는 안 된다. 입원해 있는 환자가 가장 흔하게 이용할 수 있는 자살 방법은 목을 조르는 것이고, 대개 환자의 침대, 문, 욕실 시설에 걸려 있는 침대 시트를 이용하여 행한다. 화장실의 배관 파이프를 안전하게 설치하고, 딱딱한 천장을 이용하는 것이 목을 매달아 자살하는 위험성을 줄일 수 있다. 정신과 병동에서 가장 위험한 곳은 환자의 방, 특히 욕실이다.

안전 예방 조치를 결정하는 것은 심한 정신장애가 있는 환자가 최소한의 제한된 방법에 의해 치료를 받아야 한다는 필요성을 제기하는 법정의 지시로 인해 어려워진다(Simon, 2000). Johnson v.

United States(1981)에서 법관은 '개방문' 정책은 위험에 대한 높은 가능성을 만들어 낸다고 언급했다. 법정은 다음과 같이 말했다.

현대의 정신건강의학과 의사들은 환자를 활동적이고 생산적인 삶으로 돌려놓기 위해서 모든 노력을 기울여야 한다는 것의 중요성을 알고 있다. 따라서 환자는 일상에서 존재하는 요구를 조정함으로써 자신의 자신감을 향상시키기 위해서 격려받아야 한다. 특히 위험에 대한 예측은 어렵기 때문에 병원 입원에 대한 과도한 믿음은 잠재적으로 도움이 되는 사회 구성원의 장기적 감금을 유발할 수 있다.

개인의 자유를 보장하는 것과 환자 스스로가 해치는 것을 막는 것 사이에서의 긴장은 자살하려고 하는 환자의 안정성 조치에 있어 고유의 불확실성으로 나타난다(Amchin et al., 1990). 오진 소송에서는 사례의 세세한 사실과 개방문 정책을 직원들이 적용하는 것에 대한 합리성이 결정적인 역할을 한다.

 ## 정책과 절차

병원의 정책과 절차는 정신건강의학과 의사가 환자를 평가하는 것이 환자 입원 후 일정한 시간 안에 행해지기를 요구한다. 정신건강의학과 의사에 의해서 정책과 절차로부터 이탈되는 것은 문서로 설명될 필요가 있다. 만약 정신건강의학과 의사가 정책과 절차를 이행하지 않아서 환자가 해를 입는다면 정신건강의학과 의사가 방어하기 어려울 수 있다(Eaglin v. Cook County Hospital, 1992). 공식적인 정책과 절차는 종종 치료의 기준을 반영하는 합의된 진술이 된다. 그러나 그들은 일반적으로 적용되는 표준치료보다는 '최선의 진료'를 제기할지도 모른다.

개별 정신의학과의 부서 내 정책은 대개 24시간 동안 새롭게 입원한 환자가 특정한 시간 동안 정신건강의학과 병동에 머무르기를 요구할 수도 있다. 새롭게 입원한 환자가 정신건강의학과적 평가가 끝나고 안정성 요구가 결정될 때까지 병동을 벗어나도 된다는 결정을 내릴 때는 신중해야 한다. 종종 응급 입원은 늦은 밤이나 이른 아침에 발생하기도 한다. 높은 자살 위험성이 있는 환자는 입원 후 적당한 시간 내에 정신건강의학과 의사에 의해서 평가되어야 한다. 간호 직원은 환자가 입원한 후에 시기적절한 방법으로 정신건강의학과 의사와 접촉해야 할 의무가 있다.

관리 의료의 시대에 타인을 동행하지 않고 병동을 나가는 특권을 갖거나 외박을 하는 것은 흔하지 않은 일이다. 하지만 직원과 동행하여 병원 안에서 진단적 과정 때문에 병동을 나가는 것은 흔한 상황이다. 환자의 내과적 문제의 긴박성과 자살의 위험성 수준 평가에 따라 적절한 감독이 제공되어야 한다. 어떠한 경우에는 환자와 동행하기 위해서 한 명 이상의 직원이 필요할 수도 있다.

새롭게 입원한 환자 중에서 담배를 피우는 사람들은 종종 혼자서 혹은 담배를 피우는 다른 사람들과 함께 병동 밖으로 나가려고 직원에게 압력을 행사할지 모른다. 환자는 니코틴 패치나 흡입기를 거부할 수도 있다. 자살의 위험성에 대해서 적절한 평가가 시행되고 기록이 된 후에 병동 밖으로 나가는 것이 안전할 것으로 확인된 것이 아니라면 외출이 허락되어서는 안 된다.

조기 퇴원

환자들은 다양한 이유로 의학적 권고에 반하여 정신건강의학과 병동을 떠난다. 흡연 환자 중 일부는 그들이 병동 내에서 담배를 피우는 것이 허락되지 않을 경우에 병동을 떠나 버린다. 물질 남용 장애를 가진 환자들은 의학적 권고에 반하여 때때로 한밤중에 서명을 하고 나가 버린다. 비공식적 입원 정책(순수하게 자발적인 경우) 혹은 공식적 입원 정책(조건부로 자발적인 경우) 중 어느 쪽을 적용하는가에 따라 자살 위험성이 있는 환자가 퇴원 요구를 할 때 입원을 유지할 수 있을지 여부가 결정된다. 순수하게 자발적인 환자를 그들의 의지에 반해서 입원 상태로 있게 할 수는 없을 것이다. 오직 도덕적인 설득만이 입원을 계속 유지하게 하기 위해서 사용될 수 있다. 단지 몇몇의 주에서만 비공식적인 입원 절차를 사용하고 있다. 어떤 병원에서는 정신과적 질환과 의존성이 동시에 있는 환자들만을 정신건강의학과 병동에 입원시키고 있다. 물질의 해독을 위해서 입원한 환자는 비공식적인 입원일 수 있는 반면에 같은 병동에 있는 정신건강의학과 환자는 공식적인 입원이 된다. 일반적으로 동반된 정신장애 없이 물질을 남용하는 환자는 그들의 의지에 반해서 입원시킬 수 없고, 반면에 정신장애를 동반한 물질 남용 환자는 대개 만약 그들이 자살 위험이 있다면 그들의 의지에 반해서 입원을 시킬 수가 있다.

정신건강의학과 의사는 환자가 의학적 권고에 반하여 퇴원하려고 결정하기 전에 환자를 조사하거나 자살 위험성 평가를 시행할 기회를 갖지 못할 수도 있다. 임상 직원들이 적절한 자살 위험성 평가를 시행하고, 그들의 평가에 대해서 정신건강의학과 의사에게 정보를 제공하는 것은 신뢰를 바탕으로 이루어져야 한다. 자살에 대한 심각한 위험성이 있는 조건부의 자발적인 환자는 좀 더 자세한 평가를 위해 특별한 시간이 필요할 수 있다. 입원해 있는 동안 어떠한 환자들은 퇴원하겠다는 요구를 취소하고 계속 입원하기로 결정하기도 한다. 자살에 대한 위험성이 낮은 환자들은 의학적 권고에 반하여 퇴원하는 것이 허락될 수도 있고, 만약 그들이 급성의 자살 위험성이 있는 상태라면 비자발적으로 입원이 유지될 수도 있다. 의학적 권고에 반하여 서명을 하고 퇴원을 하려고 하는 자살 가능성이 있는 환자를 퇴원시키거나 그대로 입원을 유지하는 결정은 위험성 수준 평가에 따라서 결정된다(Gerbasi & Simon, 2003). 중등도에서 고도의 자살 위험성이 있는 어떤 자살 환자들은 특별히 외래 치료자와 함께 치료적 작업을 하는 치료적 동맹이 존재하고, 다른 실질적인 보호 요인이 존재할 때 외래를 통해서 치료할 수 있다.

응급실에서 만나게 되는 급성의 자살 위험성이 있는 환자가 입원을 거부하는 경우 자발적이거나 비자발적 입원 사이에서 선택을 해야 하는 상황에 처하게 된다. 어떤 환자들은 단지 정신건강의학과 병동에 단기간 입원한 후에 퇴원하기 위해서 비자발적 입원보다 자발적인 입원을 선택한다. 만약 '회전문'이라고 불리는 환자들이 조건부(공식적인)로 자발적인 입원을 한다면 그들은 주 법률에 명시된 것에 따라서 좀 더 자세한 평가를 받을 수도 있다.

자살 경고

임상의는 자살 위험성이 높은 환자에 대한 정보를 다른 사람에게 제공할 법적 책임이 없다(Bellah v. Greenson, 1978). 위험이 되는 제3의 부분에 경고하고 보호하기 위해서 수많은 사법권에서 존재하는 타라소프(Tarasoff) 의무는 자해의 위험이 있을 때는 아니지만 타해의 위험이 있을 때는 적용이 가능하다(Tarasoff v. Regents of the University of California, 1976). 그러나 Gross v. Allen(1994)이 발표했던 1994년 캘리포니아 항소 법정의 사례에서 보면 법정은 만약 환자가 위험한 행동의 과거력이 있다면 처음에 치료를 했던 사람이 이러한 과거력에 대해서 새롭게 치료를 하는 사람에게 과거의 정보를 제공해야 할 책임이 있다고 판결했다. 법정은 자살의 위험을 경고하고 예방하기 위해서 타라소프 분석이라는 확장된 책임을 적용했다.

Gross v. Allen은 자살 위험이 있는 환자의 안정성을 확보하기 위한 조치에 있어 정신건강의학과 의사에게 새로운 의무를 요구하지는 않는다. 환자는 종종 입원 후에 새로운 치료자와 의사소통을 하기도 한다. 기준이 되는 안전성 확보를 위한 방법은 환자의 상태, 환자와 가족들 사이의 병리적 관계를 수정하려는 시도, 가족의 지지를 동원시키는 것에 관한 다른 중요한 것들과 의사소통하는 것을 포함한다(예: 치명적인 무기, 독극물, 약물을 제거하는 것, 처방 받은 약물을 관리하고 모니터링 하는 것). 올바른 임상 진료는 치료에 필요한 중요한 사항들을 빠뜨리지 않기 위해서 환자의 자살 위험에 대해 환자가 그러한 중재에 동의했다는 다른 사람들의 증언을 필요로 할 수도 있다. 그러나 환자는 정보 공유에 대해 허락하지 않을 수도 있다. 단순하게 다른 사람의 이야기를 듣기만 하는 임상의는 환자의 비밀 보장을 위반하지 않는다. 환자는 전화 연결로 정보를 제공받아야 한다.

특히 『정신건강의학과에 적용이 될 수 있는 주해가 있는 의학 윤리 원칙』(American Psychiatric Association, 2001)에 의하면, "때때로 정신건강의학과 의사는 임박한 위험으로부터 환자나 공동체를 보호하기 위해서 환자가 밝힌 비밀 정보를 드러내야 할 때도 있다."(4조 8항) 몇몇 주에서는 환자가 자신에게 스스로 위협이 되는 상황에서 비밀 정보를 공유할 수 있도록 허용하기도 한다.

의미 있는 다른 사람들

환자를 치료할 때는 다른 사람들의 협조와 지지가 필요하다. 중요한 사람들에는 가족(배우자, 어머니, 아버지, 형제자매, 자식, 조부모, 다른 친척들)과 가족이 아닌 사람들(룸메이트, 친구, 이성 친구, 기타의 사람들) 또한 포함한다(Dervic et al., 2004). 가족은 종종 환자의 주요한 지지 세력이고, 자살을 막는 보호 요인이 된다. 퇴원 후 계획은 퇴원 후 위험성과 이점 평가의 중요한 부분으로서 환자의 안정성, 가족의 안정성 그리고 환자와 가족 사이의 관계의 양상을 기록해야 한다.

그러나 환자를 감독하는 가족에게 잠재적인 문제가 있을 수 있다. 첫 번째, 환자와 가족의 사이가 매우 불안정할 수 있다. 정신건강의학과적인 질환을 앓고 있는 환자는 흔히 심각한 심리적 문제를 보이는 가족을 가지고 있다. 게다가 어떤 환자의 가족은 환자보다 더 불안정할 수도 있다. 가족 구성원은 환자의 정신 질환을 부정하기 때문에 환자가 필요한 약물을 복용하는 것을 방해하기도 한다. 방해가 되는 가족은 환자의 자살에 대한 높은 위험 요인이 될 수 있다. 환자의 병에 대해서 가족을 교육시키는 것은 환자의 안정성과 안전을 손상시키는 파괴적인 태도 및 행동을 감소시키는 데 도움이 될 수 있다. 정신교육은 퇴원 후 안전 계획을 세우는 데 있어 중요하다.

가족 구성원은 자살하려는 환자를 대처하는 방법을 교육받지 않았다. 자신을 죽이려는 의지가 있는 환자는 자살을 시도하거나 실행하는 교묘한 방법을 찾으려고 한다. 가족 구성원에게 지속적으로 환자를 지켜보고 있으라고 하는 것은 대개 실패한다. 대부분의 가족 구성원은 욕실에까지 환자를 따라 들어가지 않고, 또한 환자를 지켜보기 위해 밤새도록 환자 곁을 지키고 있을 수는 없을 것이다. 게다가 가족 구성원은 부인(denial), 피로 혹은 다른 해결해야 하는 문제에 참여해야 할 필요가 있기 때문에 지속적인 감시에 대해서 예외가 될 수 있는 이유를 찾는다. 예를 들어, 환자를 지속적으로 관찰해야 한다는 이야기를 들었던 한 가족이 환자 혼자 운전해서 교회에 가도록 허락했다. 결국 그 환자는 죽기 위해 30마일 떨어진 다리에서 뛰어내렸다.

가족에게는 중요한 역할이 있다. 하지만 그것은 정신 병동에 있는 정신건강 전문가에 의해서 제공되는 지속적인 안전을 위한 조치를 대신하지는 못한다. 따라서 가족들이 감독하는 것에 대한 믿음에 기초해서 환자를 일찍 퇴원시키는 것은 위험할 수 있다. 자살 위험성이 있는 외래 환자가 지속적으로 24시간 가족의 감독을 원한다면 그때는 정신건강의학과 병동의 입원의 적응증이 될 수 있다. 가족은 환자가 자살 시도를 하려고 할 때 종종 보이는 특징적인 증상이나 행동을 관찰하고 기록할 수 있도록 교육을 받을 수 있다. 환자에 대한 가족의 지지와 환자의 생각과 행동에 대한 피드백은 적절하고 도움이 되는 역할을 한다. 환자에게 지지적인 가족 구성원은 종종 환자의 정신 상태에서 중요하고도 의미 있는 변화에 민감하다.

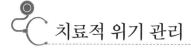

치료적 위기 관리

임상적으로 적응증이 되는 중재가 임상의의 회피적이고 방어적인 태도로 인해 손상될 때, 고소당할 수 있다는 공포는 환자의 안전을 위한 대처를 부족하게 할 수 있다. 자신이 없고 두려움을 느끼는 임상의는 지나치게 방어적인 태도를 채택하여 자살하려고 하는 환자의 안전을 위한 조치에 있어 고유의 불확실성을 피하려고 한다(Simon, 1985, 1987). 환자의 치료에 있어서 아주 단정적인 태도를 취하지 않는다. 예를 들어, 소송을 일삼고 치료를 거부하는 자살 위험이 높은 환자를 고소당할 수 있다는 두려움 때문에 비자발적으로 입원시키는 것에 실패한 임상의는, 만약 환자가 자살을 시도하거나 행하면 법적 책임을 피하기 어려울 수 있다.

위기 관리는 특히 자살에 대한 위험성이 있는 환자의 평가와 대처를 하는 정신건강의학과적 업무에 있어서 현실적인 문제다. 위험성에 대한 대처 지침은 대개 이상적이며 최선의 업무를 추천하지만 현실적인 치료 기준은 일반적이고 합리적인 치료다. 더욱이 도전적이고 다면적이면서 미묘한 자살의 경우에는 정확한 평가와 대처에 대한 지침을 제시하는 것이 어렵다.

치료적 위기 관리는 환자 중심으로 행해져야 한다(Simon & Shuman, 2009; 13장 참조). 그것은 치료 과정과 치료적 동맹을 지지한다. 최소한, '일단 해가 되지 않게 하라.' 라는 의학에서의 기본 윤리 원칙을 따른다. 정신건강의학과의 법적 조정에 대한 실효성 있는 지식은 의사가 자살 위험이 있는 환자에게서 빈번하게 발생하는 정신건강의학과적 · 법적 문제를 처리하는 것에 대해 좀 더 효과적으로 대응할 수 있게 한다. 또한 치료적 위기 관리는 의사에게 자살 위험성이 있는 환자에 있어 임상의의 치료 역할을 지지할 수 있는 편안하면서도 중요한 방법을 제공한다. 환자의 안전 조치를 약화시키는 방어적인 업무 행태는 감소하고 있다.

결 론

임상의가 자살 위험이 있는 환자를 치료할 때 시간과 노력을 바쳐 최선을 다하는 것이 안전 관리의 임상적 불확실성을 줄이는 유일하고 가장 중요한 요인이다. 임상적 판단을 전화로 시행하는 것에 대한 불확실성은 불가피한 것이다. 임상의들은 자살 위험이 있는 환자를 치료할 때 동반되는 감정적 · 육체적 피로뿐만 아니라 불확실성과 불안에 대처하는 자신의 한계 또한 평가하여야 한다. 어떠한 임상의들은 그들이 치료하는 자살 환자의 수를 제한하고, 자살에 대한 위험이 알려진 환자를 받지 않는다.

! 핵심 사항

- 자살을 하려고 하는 환자에 대한 효과적인 치료와 안전 확보를 위한 조치는 임상의의 시간과 노력을 바치는 충실한 태도가 필요하다.
- 자살 위험성 평가는 일회성의 사건이 아니라 과정이다. 따라서 정보를 제공받고, 계속적인 치료와 안정성 확보를 위한 조치를 결정하는 것이 핵심이다. 그것은 자살 위험이 있는 모든 환자에게 행해져야 한다.
- 자살 예방 서약은 적절한 자살 위험성 평가를 대신해서는 안 된다. 급성으로 병이 발생한 새로이 잘 알지 못하는 환자를 자살 예방 서약에 의존시키는 것은 부적절하다. 자살 예방 서약은 존재하는 않는 안전성이 존재하는 것으로 착각을 일으킬 수 있다.
- 전체 치료 팀이 환자의 자살 위험성을 평가하는 데 참여한다. 급격하게 상황이 변화하는 입원 상태에서 자살에 대한 위험이 있는 환자의 적절한 감독은 단지 소수의 사람들의 책임이 될 수는 없다.
- 가족과 다른 치료자들은 특히 그들의 적절한 역할에 대해서 교육을 받았을 때 환자의 안전 확보를 위한 조치에서 중요한 역할을 한다. 그러나 대부분의 가족은 환자를 위해서 지속적인 관찰을 제공할 수 없다. 만약 지속적으로 감독이 필요하다

면, 환자를 입원시키거나 환자가 안정될 때까지 퇴원을 지연시키는 것을 고려해야 한다.

- 혼자 고민하지 마라. 의뢰는 항상 할 수 있는 선택사항이다.

참고문헌

Amchin J, Wettstein RM, Roth LH: Suicide, ethics, and the law, in Suicide Over the Life Cycle: Risk Factors, Assessment, and Treatment of Suicidal Patients. Edited by Blumenthal SJ, Kupfer DJ. Washington, DC, American Psychiatric Press, 1990, pp 637-663

American Psychiatric Association: The Psychiatric Uses of Seclusion and Restraint (Task Force Report No 22). Washington, DC, American Psychiatric Association, 1985

American Psychiatric Association: Principles of Medical Ethics With Annotations Especially Applicable to Psychiatry. Washington, DC, American Psychiatric Association, 2001

Bellah v. Greenson, 81 Cal App 3d 614, 146, Cal Rptr 525 (1978)

Busch KA, Fawcett J, Jacobs DG: Clinical correlates of inpatient suicide. J Clin Psychiatry 64: 14-19, 2003

Dervic K, Oquendo MA, Grunebaum MF, et al: Religious affiliation and suicide attempt. Am J Psychiatry 161: 2303-2308, 2004

Eaglin v. Cook County Hospital, 227 Ill App 3d 724, 592 NE2d 205 (1992)

Farwell v Un, 902 F2d 282 (4th Cir 1990)

Garvey KA, Penn JV, Campbell AL, et al: Contracting for safety with patients: clinical practice and forensic implications. J Am Acad Psychiatry Law 37: 363-370, 2009

Gerbasi JB, Simon RI: When patients leave the hospital against medical advice: patient's rights and psychiatrists' duties. Harv Rev Psychiatry 11: 333-334, 2003

Gross v Allen, 22 Cal App 4th 345, 27 Cal Rptr 2d 429 (1994)

Gutheil TG, Simon RI: Abandonment of patients in split treatment. Harv Rev Psychitary 11: 175-179, 2003

Health Care Financing Administration, 42 Code of Federal Regulation 482.13 (f)3 (II) (C) (1999)

Johnson v. United States, 409 FSupp 1283 (MD Fla 1976), rev'd 576 F2d 606 (5th Cir 1978), cert denied, 451 U.S. 1019 (1981)

Joint Commission on Accreditation of Healthcare Organizations: Comprehensive Accreditation Manual for Behavioral Health Care: Restraint and Seclusion Standards for Behavioral Health. Chicago, IL, Joint Commission Accreditation of Healthcare Organizations, 2001, pp tx7.1.5-tx 7.1.6

Lieberman DZ, Resnik HLP, Holder-Perkins V: Environmental risk factors in hospital suicide. Suicide Life Threat Behav 34: 448-453, 2004

Qin P, Nordentoft M: Suicide risk in relation to psychiatric hospitalization. Arch Gen Psychiatry 62: 427-432, 2005

Resnick PJ: Recognizing that the suicidal patient views you as an adversary. Curr Psychiatr 1: 8, 2002

Seiden RH: Where are they now? A follow-up study of suicide attempters from the Golden Gate Bridge. Suicide Life Threat Behav 8: 203-216, 1978

Simon RI: Coping strategies for the defensive psychiatrist. Med Law 4: 551-561, 1985

Simon RI: A clinical philosophy for the (unduly) defensive psychiatrist. Psychiatr Ann 17: 197-200, 1987

Simon RI: Clinical Psychiatry and the Law, 2nd Edition. Washington, DC, American Psychiatric Press, 1992

Simon RI: Discharging sicker, potentially violent psychiatric inpatients in

the managed care era: standard of care and risk management.
Psychiatr Ann 17: 726-733, 1997

Simon RI: Psychiatrists' duties in discharging sicker and potentially violent
inpatients in the managed care era. Psychiatr Serv 49: 62-67, 1998

Simon RI: Taking the "sue" out of suicide: a forensic psychiatrist's
perspective. Psychiatr Ann 30: 399-407, 2000

Simon RI: Assessing and Managing Suicide Risk: Guidelines for Clinically
Based Risk Management. Washington, DC, American Psychiatric
Publishing, 2004

Simon RI: Imminent suicide: the illusion of short-term prediction. Suicide
Life Threat Behav 38: 517-522, 2008

Simon RI, Shuman DW: Clinical Manual of Psychiatry and Law.
Washington, DC, American Psychiatric Publiching, 2007

Simon RI, Shuman DW: Therapeutic risk management of clinical-legal
dilemmas: should it be a core competency? J Am Acad Psychiatry
Law 37: 156-161, 2009

Tarasoff v. Regents of the University of California, 17 Cal3d 425, 551 P2d
334, 131 Cal Rptr 14 (1976)

제9장

자살 환자의 총기 안전 관리: 총체적 접근

가정에 총기가 있는 집은 없는 집에 비해서 자살의 증가와 중요한 관련이 있다(Brent, 2001). 가정 내의 총기 소유율이 높은 지역은 자살률이 높고, 후에 자살을 조절할 수 있는 다른 요인들과도 관련이 있다(Barber, 2005). Wintemute 등(1999)의 연구에서, 권총의 구매는 다른 총기나 다른 방법들보다도 자살의 위험을 높이는 것으로 나타났다. 총기로 인한 자살의 증가는 권총을 구매한 후 일주일 이내에 일어나고, 그 위험이 적어도 6년 동안 증가된 상태로 남아 있다. 구입 첫해에 권총이 모든 자살로 인한 사망의 24.5%를 차지하고, 21~33세 여성 죽음의 51.9%를 차지한다(Wintemute et al., 1999). 2003년 미국에서의 31,484명의 자살자 중 16,907명

Simon RI "Gum Safety Management with Patients at Risk for Suicide." *Suicide and Life-threatening Behavior* 37: 518-526, 2007에서 저자 허가하에 인용함.

이 총기에 의해 일어났다(American Association of Suicidology, 2006). 총기에 의한 자살 시도의 경우는 약 85%가 사망으로 끝이 났다(Kellerman & Waecker, 1998).

자살에 이르게 하는 치명적인 방법들이 덜 이용 가능할 때, 그러한 방법에 의한 자살률이나 횟수가 감소하고, 전반적으로 자살률 또한 감소한다(Harvard School of Public Health, 2010). 1958년 이전의 영국에서는 석탄으로부터 분리된 가정용 가스에 일산화탄소가 10~20%가 포함되어 있었는데, 가스를 이용한 방법이 자살의 주요한 방법이었다. 1958년 이후, 이산화탄소가 없는 천연가스가 생산되었고, 자살은 눈에 띄게 감소하였다. Hawton(2002)은 천연가스로 바꿈으로써 6,000~7,000명을 구할 수 있었다고 측정하였다. 이러한 방법들의 감소는 자살 의도는 아니더라도 자살 시도의 치명성을 감소시킴으로써 생명을 구할 수 있다. 총기 안전 관리는 자살 환자를 줄이는 데 있어서 대단히 중요한 임상적 중재 방법이다.

가정에 있는 총기의 저장 방법과 개수는 자살률에 영향을 미친다. 가정에 있는 총기와 관련된 자살의 위험은 장총보다는 권총이 더 높고, 잠궈진 총보다는 잠궈지지 않은 총, 장전되지 않은 총보다는 장전된 총이 더 높다(Brent, 2001). 전체적인 자살률은 가정용 총의 보급률과 통계적인 관련이 있다(Markush & Bartolucci, 1984). 가정에 총을 가지고 있는 사람은 다른 방법으로 자살하는 것보다 총기로 자살하여 사망할 가능성이 더 높다(Dahlberg et al., 2004).

중등도의 자살 위험을 가진 대부분의 환자는 외래에서 치료를 받는다(Simon, 2004). 자살의 위험이 높은 환자들도 평가해서 주의 깊게 선택한다면 외래 환자로서 치료받을 수 있다. 그러나 자살 위험이 높은 정신건강의학과 환자들의 대부분은 입원 치료를 받는다. 응급실에서 평가된 환자들은 흔히 자살의 위험이 중등도보다 더 높다. 몇몇 환자는 집이나 다른 장소(예: 차, 일터, 다른 사람)에 총기를 보관하고 있다. 자살의 위험이 높은 환자들에게는 반드시 총기의 사용 가능성이나 접근성에 대해 질문해야 한다.

충동성과 총기는 치명적인 조합이다. Simon 등(2001)의 연구에 의하면, 15~34세의 자살 시도자들은 자살을 결심하고 시도하기까지 얼마의 시간이 걸렸는지 질문을 받았다. 전반적으로 5%는 1초가 걸렸다고 보고했고, 24%는 5분 이내라고 말하였다. 총기로 자살 예행 연습을 하는 것은 총기에 의한 자살이 빠르고 쉽다는 믿음을 강화시킨다. 총을 머리나 이마에 대면 죽음은 방아쇠를 당기기만 하면 되는 거리에 있는 것이다. 대부분의 다른 자살 방법(예: 약물 과용, 목 매달기, 일산화탄소)들보다도 장전된 총에 손을 뻗

〈표 9-1〉 자살 위험이 있는 환자에게 총기 안전 관리의 원칙

- 집이나 집 밖(예: 차, 사무실, 다른 곳)에 있는 총기에 대해 묻는다. 또한 환자가 총기를 얻거나 구매할 의도가 있는지 질문한다.
- 총기를 치워 줄 적극적이고 책임 있는 사람을 지정해서 환자가 알지 못하는 장소인 집 밖에 총기와 탄약을 안전하게 보관하게 해야 한다.
- 지명된 사람으로부터 전화를 받고는 직접 접촉해서 집이나 집 밖의 다른 곳에 제대로 총기와 탄약을 제거했는지 확인해야 한다. 미리 계획된 총기 안전 관리 계획에 따라서 안전하게 보관해야 한다.
- 자살의 위험성을 평가한 입원 환자나 응급실 환자는 총기와 탄약이 제대로 제거되고 보관될 때까지 퇴원시키지 말아야 한다.[a]

[a] 외래 환자의 경우에는 경우에 따라 결정해야 한다.

는 것이 시간이 덜 걸린다. 급박하고 일시적인 충동이 몇 분 이내에 자살에 이르게 한다.

총기 안전 관리 원칙

자살의 위험이 있는 환자의 총기 안전 관리는 복잡하고 어려운 도전일 수 있다. 어떠한 방법에 의한 자살의 전반적인 예방은 불가능한 업무다. 그럼에도 의사는 만족할 만한 임상적인 총기 안전 관리를 제공하는 데 있어서 능숙해야 한다(〈표 9-1〉 참조).

지적 장애를 제외한 모든 정신 질환이 자살의 위험성을 증가시키는 것과 관련이 있다(Harris & Barraclough, 1997; 5장 참조). 만약 집에 총기가 있는지 정신건강의학과 환자들에게 일상적으로 질문을 해야 할까? 만약 대답이 긍정적이라면, 집에 총기가 있을 때 자살의 위험성이 증가된다는 것을 보여 주는 연구들에 대해서 환자에게 이야기해 주어야 할까? 자살의 위험성과 무관하게 의사들은 정신건강의학과 환자들에게 집에 있는 총기를 제거하라고 충고해야 하는가? 현재 자살의 위험은 낮지만 자살의 가족력이 있는 환자들은 이러한 권유를 받아야 하는가? 이러한 질문들에 대한 대답에서 알리고 개입하는 것에 대한 결정은 사례에 따라 적용되는 논리 정연한 임상적인 판단과 신중함에 의해서만 결정되어야 한다. 집에 있는 총기에 대하여 현재 자살의 위험이 없는 환자에게 묻는 것은 지나친 경고일지도 모르고, 또한 초기 치료를 방해할지도 모른다. 그러나 자살의 위험이 있는 환자들은 임상적인 총기 안전 관리 계획의 적극적인 실행이 요구된다.

총기 안전 관리가 첫 번째이면서 또한 가장 중요한 치료 주제이지만, 의사들은 환자가 자살의 위험이 있다면 이것보다 더 알아보아야 한다(American Psychiatric Association, 2003). 자살 환자들에게는 그들이 총기에 접근할 수 있는지 질문해야 한다. 몇몇 환자는 자발적으로 그들의 집에 총기를 가지고 있다고 할 것이다. 다른 환자들은 집에 있는 것은 부정하지만 쉽게 접근할 수 있는 다른 곳에 총기를 보관해 두고 있을지도 모른다. 그래서 환자에게 "집이나 다른 장소에 총기가 있나요?" "쉽게 그것을 구할 수 있나요?"라고 질문할 필요가 있다. 추가적으로 환자에게 "총기를 얻거나 구매할 의사가 있나요?"라고 물어야 한다. 한 연구에서는, 총기를 구매한 사람은 일반 인구에 비해 권총을 구매한 지 일주일 이내에 보정한 비율로 57배 정도 자살률이 높다고 보고하고 있다(Wintemute et al., 1999).

집에 총기를 가지고 있는 환자는 대개 하나 이상을 가지고 있다. 잠겨 있거나 안전하게 보관되어 있는 총기도 여전히 접근할 수는 있다. 예를 들어, 만약 환자가 총기가 보관된 장소에 들어갈 수 있거나 총기 보관 장소의 열쇠를 복사해서 가지고 있다면, 의사는 총기 안전 관리의 일부로서 '자살 예방 서약'을 환자가 말로 하거나 글로 써 주는 것과 상관없이 신뢰해서는 안 된다. 이러한 자살 예방 서약은 자살의 위험을 줄이거나 제거한다는 증거가 없다(Simon, 2004; Stanford et al., 1994).

모든 권총과 장총은 탄약과 함께 제거해야 하고, 환자가 접근할 수 없는 장소에 보관해야 한다. 그러나 누가 그렇게 할 것인가? 환자는 가족이나 다른 사람에게 총기를 달라고 말할지도 모른다. 이러한 선택은 위험하다. 왜냐하면 환자가 총기와 직접 접촉할 수 있기 때문이다. 몇몇 예로, 환자는 총기 보관을 위해 의사에게 총기를 가져올 수 있다. 의사의 위험도 명백하다. 다칠 수 있는 위험은 환자가 의사에게 총기를 돌려받기를 요구할 때 지속된다. 만약 의사가 허락하지 않으면, 반치료적인 힘의 다툼이 생겨서 치료가 약화된다. 의사가 환자의 총기를 안전하게 보관할 책임은 없다.

최상의 상황은 자살 위험성이 있는 환자가 집에 총기가 있는 것에 대해서 알고 있으며, 환자가 지명하는 책임 있는 사람, 대개 가족이나 배우자, 이웃이 그 총기를 제거하는 것에 대해 동의하는 것이다. 치료의 경계는 지명된 사람을 수용함으로써 재조정된다. 지명된 개인은 스스로 다치지 않게 총을 제거할 수 있어야 한다. 만약 그렇게 할 수 없으면 그 일을 수행할 수 있는 유능한 사람이나 경찰이 접촉해야 한다. 지명된 사람은 총기를 무장해제시키는 데 숙련된 도움을 필요로 할지 모른다. 많은 개인이 총기를 다루는 방법을 알지 못하고, 총기가 주변에 있을 때 두려워한다.

미리 준비된 계획에 따라서 지명된 사람은 모든 총기를 집이나 집 밖에서 안전한 곳으로 제거했는지 의사에게 다시 보고해야 할 것이다. 그래서 총기나 탄약을 환자가 찾을 수 없게 해야 한다. 비극적인 사건이 말해 주듯이, 단순히 총기를 감추는 것만으로는 충분하지 않다. 자살을 의도하고 있는 환자는 집에 안전하게 보관되

어 있는 총기를 얻을 기발한 방법을 찾을 수도 있다. 자살 위험성
이 있는 환자는 잠궈진 방아쇠를 풀 수도 있거나 잠궈진 상자나
총기 보관함의 열쇠를 복사하여 가지고 있을지도 모른다. 그 또는
그녀는 어딘가에 숫자의 조합을 적어 두었을 수도 있고, 총기에
접근하기 위해 공식적인 잠금장치를 무력화시킬 다른 방법을 알
고 있을지도 모른다. 의사와 환자 그리고 지명된 사람 사이의 협
상은 문서로 완전히 기록되어야 한다.

　의사는 총기 안전 계획에 참여하는 지명된 사람이 자살 위험성
이 있는 환자를 공동으로 치료하는 것이 아니라면 업무에 국한된
치료적 동맹에 의존해서는 안 된다. 의사의 임무는 지명된 사람이
총기 안전 계획을 이해하고 있는지와 그것을 실시하기에 충분한
책임이 있는지를 결정하는 것이다. 이러한 결정은 임상적인 판단
에 근거한 것이다. 의사가 할 수 있는 것은 그들 스스로의 판단을
믿고, 지명된 사람이 동의한 방식으로 안전 계획이 잘 수행되었는
지를 확인하는 전화를 받는 것으로 확인하는 것뿐이다. 어떤 사람
들은 먼저 확인하고 나서 믿는 방법을 선호할 수도 있다.

　총기 안전 관리에 대한 지시는 가능한 한 간단하고 직접적으로
지켜져야 한다. 이러한 주제에 대한 논의는 종종 환자의 가족이나
배우자를 두렵게 하거나 혼란스럽게 한다. 이러한 경우, 지명된
사람에게 총기의 공이를 제거하거나 번호를 새롭게 지정해서 안
전장치를 잠궈 놓았는지를 묻는 것은 지명된 사람을 압도시키고
안전 계획을 단념하게 할지도 모른다.

　지명된 책임 있는 사람과 임상의, 환자와의 만남이 계획되어야

한다. 또한 모든 참여자가 질문에 대해 자유롭게 묻고 대답할 수 있도록 격려해야 한다. 공동의 팀 접근이 치료적 동맹을 유지하는 데 있어서 도움이 되고, 임상의에게 지명된 사람을 만날 수 있는 기회를 제공해야 한다. 집에 있는 총기가 자살의 위험을 높이는 것을 설명해야 한다. 지명된 사람은 곧장 집으로 가서 즉시 총기와 탄약을 집에서 없애야 하고, 총기를 환자가 알지 못하는 집 밖의 다른 안전한 곳으로 옮겨야 한다. 장전된 총기는 해제해야 한다. 지명된 사람은 신속하게 그 일을 수행하고, 다시 연락할 것을 동의한다. 그날의 다른 일이나 활동들은 모두 연기되어야 한다. 만약 전화를 받지 못하거나 미리 계획되거나 빠른 방법으로 수행하지 못한다면 환자의 총기 안전 계획은 더 이상 실행 불가능하다. 환자와 지명된 사람이 총기 안전 관리 계획을 따르게 하는 것을 확실하게 하는 임상의의 능력에는 제한점들이 존재한다.

Brent 등(2000)의 연구에 의하면, 주요우울장애를 가진 106명의 청소년들의 부모는 임의 추출한 정신치료 임상 연구에 참여했다. 집에 총기가 있다고 대답한 부모들은 자살의 위험성을 알게 한 후 그것을 제거하도록 설득받았다. 급성기 연구가 끝난 후 오직 27%만이 총기를 제거하였다. 저자는 우울한 청소년들의 가족이 치료의 다른 면에서는 순응함에도 불구하고, 총기를 제거하라는 권유에는 순응하지 않았다고 결론을 내렸다. Kruesi 등(1999)에 의한 작은 규모의 연구일지라도 상해를 예방하는 부모 교육이 총기에 접근하는 것을 제한하였다고 보여 주었고, Grossman 등(2000)과 Sidman 등(2005)의 대규모 연구는 총기의 안전한 보관을 촉진하는 안전 상담이나 다양한 공동체 교육 캠페인이 총기를 보관하는 습관을 통계적으로 유의미하게 바꾸지는 않는다고 보여 주고 있다. 이러한 연구들은 합의된 총기 안전 관리 계획의 수행을 확인하기 위해서 지명된 사람으로부터 전화를 받는 것의 중요성을 강조하고 있다.

자살 위험이 있는 환자와 연관된 상황에서 환자의 집에서 총기를 없애도록 지명된 사람과 만나는 것이 어려울 수 있다. 이러한 경우, 가급적이면 환자와 함께 있을 때 그 상황에 대해 잘 알고 있는 지명된 사람과 전화 연락을 하는 것이 더 나을 수 있다. 그리고 이 장의 처음에 기술된 것처럼, 총과 탄약을 즉시 제거하라고 설명하고, 집 밖의 안전한 장소에 분리하여 보관하도록 해야 한다. 사전 접촉 없이 갑자기 전화하는 것은 가능한 피해야 한다. 이러한 전화는 의심하지 않고 있던 전화를 받는 사람에게 불안감을 줄 수 있다. 그래서 임상의의 지시에 따르고, 임상의에게 질문하는 것을 어렵게 만들 수 있다. 환자가 지명된 사람에게 먼저 전화하도록 하는 것이 더 나을 수 있다. 지명된 사람과의 전화 연락은 최선이 아니다. 하지만 유일한 실용적인 대안책이다. 이러한 일을 통하여 임상의는 직접 접촉하거나 또는 전화를 통해 총기 안전 관리 계획을 명확히 이해했는지 알 수 있다. 지명된 사람과 이메일로 접촉하는 것은 충분치 않다. 실제의 대화를 통해 말투의 미묘한 차이와 애매모호함을 식별할 수 있다. 그리고 잘못 이해하는 것을 피할 수 있다. 가족은 그들이 안전하다고 생각하는 장소에 총을 숨길 것이다. 그러나 그것은 자살을 시도하기로 결정한 환자에 의해 쉽게 발견될 수도 있다. 자살을 시도하려는 환자의 집에 총을 보관하는 것은 안전하지 않다는 것이 임상적인 원리다. 다시 말해, 총기 안전 계획은 주의 깊게 기록되어야 한다.

결국 환자는 총기를 돌려받는 것에 대해 물을지 모른다. 환자와의 치료적 동맹이 있을 때, 그리고 지명된 제삼자와의 협조가 있을 때, 임상의와 환자 그리고 지명된 사람에 의해 공동으로 환자가 총기를 돌려받는 것을 결정할 수 있다. 이러한 협조가 없다면, 임상의는 환자에게 조기에 총이 돌아가는 것을 거의 막을 수 없을지도 모른다. 총기 안전 계획의 시작은 환자가 총을 언제 돌려받을지 결정하는 것을 고려한 임상적인 기준에 대해 논의하는 것을 포함한다.

총기 안전 관리 원칙의 적용

총기 안전 관리 원칙의 적용은 치료 환경, 특별한 임상적인 상황, 그리고 자살 위험이 있는 환자의 안전 필요성에 따라 다양하다.

외래 환자

외래 환경에서 자살 위험 환자의 총기 안전 관리의 기회는 제한적이다. 환자가 새로운 환자인지, 평가된 환자인지, 치료적 동맹이 있는지 없는지, 책임 있는 사람과의 지지적인 관계가 유용한

지, 다른 보호 요인이 있는지에 따라 많은 부분이 달라진다. 따라서 임상의는 위험 요인과 보호 요인 둘 다를 고려한 체계적인 자살 평가를 따른다(Simon, 2006).

집에서 총기를 제거하는 동안 외래 환자가 기다리는 장소에 머무를 수 있는지 물어보고, 경우에 따라서 다른 곳에 안전하게 있도록 해야 한다. 그러나 그것이 불필요하고, 비현실적이고, 반치료적일 수 있다. 환자는 언제든지 외래 환경에서 자유롭게 떠날 수 있기 때문이다. 임상의는 환자의 비자발적인 입원에 대한 청원을 제외하고는 환자의 이동의 자유를 제한할 수 없다. 만약 환자에게 집에서 총기를 제거할 때까지 기다리겠냐고 물을 필요가 있다면 입원이 고려되어야 한다. 혼자 살거나 다른 사람들로부터 고립되어 있는 자살 위험 환자는 총을 제거하기 위해 지명된 사람이 없을 수 있다. 따라서 총을 다른 방법으로 제거할 동안에 입원이 필요할 수 있다.

협조가 잘되는 환자라 할지라도, 임상의는 자살을 확실히 방지할 수 있는 총기 안전 관리를 제공할 수는 없다. 임상의가 통제할 수 없는 자살 위험 요인들은 너무나 많다. 예를 들어, 치료 중간에 예기치 않게 질환의 심각도가 변화하거나 또는 예상치 못한 외상 사건이 일어나는 경우에 안정적인 치료적 동맹이 약화될 가능성이 있다. 또한 총기를 제거하고 안전하게 보관할 책임을 위탁받은 개인들이 안전 계획을 따르지 못할 수도 있다. 만약 중등도에서 고도의 자살 위험이 있는 환자가 집에서 총기를 안전하게 보관하자는 임상의의 협력을 거절한다면, 자발적인 입원 또는 필요한 경우에 비자발적인 입원이 환자의 안전을 위해 필요할지도 모른다. 자살 의도가 있는 환자는 종종 임상의를 그들의 적으로 간주한다 (Resnick, 2002). 감춰진 총기가 발견되지 않을 수도 있다. 그러나 모든 임상의가 할 수 있는 것은 총기 자살의 위험을 줄이기 위해서 합리적인 총기 안전 관리 계획을 이행하는 것이다.

자살 위험이 있는 환자는 임상의가 총기를 안전하게 보관할 목적으로 다른 사람에게 이야기하는 것을 거절할 수도 있다. 환자는 다른 가족이나 배우자가 자신이 자살을 하기 위해 집에 총기를 숨겨 두었다는 것을 알게 되기를 원하지 않을 수도 있다. 이러한 경우, 임상의는 비밀 보장 의무가 필요한 응급상황인지를 결정해야 한다. 『정신건강의학과에 적용될 수 있는 주해가 있는 의학 윤리 원칙』(American Psychiatric Association, 2001)에 의하면, "때때로 정신건강의학과 의사들은 임박한 위험으로부터 환자나 공동체를 보호하기 위해서 환자가 밝힌 비밀 정보를 드러내야 할 때도 있다." (4조 8항) 다른 규율에 의해서 정신건강 임상의들은 그들의 전문적인 조직의 지침에 따라서 환자의 비밀성을 지키는 것과 응급상황에서 밝히는 것 사이의 긴장을 어떻게 다루어야 하는지 상의해야 한다.

1996년에 발효된 「연방의료보험통상책임법(HIPAA)」에 의하면 어떠한 지침(Vanderpool, 2002)에서는 환자의 위임 없이 응급상황에서 보호하고 있는 부양자에게 정보를 밝히는 것을 허용하고 있다. 응급상황에서는 치료를 위한 동의 또한 내포되어 있다(Simon & Goetz, 1999). 연방과 주 법령과 법정에서는 좁은 범위부터 넓은 범위까지의 의학적 응급상황을 정의하고 있다(Currier et al., 2002).

환자의 비밀 보장 의무를 유지하는 것과 자살 환자의 안전에 중요한 정보를 밝히는 것 사이의 선택에 직면했을 때, 임상의는 삶을 지지하여 환자의 비밀을 폭로하는 잘못을 범할 수도 있다. 또한 자살로 환자를 잃는 것보다 비밀 보장 의무 위반에 따른 고소를 당하는 것을 선택하는 것이 더 나을 수도 있다.

입원 환자

정신건강의학과 병동에 입원하는 많은 환자는 심한 정신건강의학과적인 질환을 가지고 있으며, 높은 자살 위험이 있다. 입원 기간은 보통 5~6일 이하로 매우 짧다. 입원 환자들은 종종 자살의 위험성이 낮아진 상태에서 퇴원한다. 입원 환자의 치료는 환자의 안정화를 위해 계획되어 있다. 퇴원 후 계획에는 향후 치료와 안전 관리를 위한 환자의 요구가 언급된다.

입원 환자의 총기 안전 관리 팀에는 정신건강의학과 의사, 환자, 임상 직원, 그리고 지명된 책임 있는 사람(예: 가족, 배우자, 다른 사람)이 포함된다. 정신건강의학과 의사가 여러 명의 가족과 연락할 때 발생할 수 있는 잘못된 의사소통을 막기 위해 환자의 입원을 통해 주로 접촉하는 사람은 지명된 사람이어야 한다.

초기 선별의 일부로서, 임상적 팀은 환자의 집에 총기가 있는지 또는 쉽게 접근할 수 있는 다른 장소에 있는지 반드시 환자에게 물어야 한다. 환자는 총기를 가지고 입원할 수도 있고, 총기의 장소를 밝힐 수도 있다. 그들은 오직 부분적으로만 집에 있는 총기의 위치를 알려 주거나, 총기에 접근할 가능성을 부정할 수도 있다. 환자의 허가를 받아 환자와 함께 살고 있는 사람에게 총기의 위치와 존재를 증명할 수 있게 물어봐야 하고, 또한 다른 총기의 소유 가능성과 위치를 밝혀야 한다. 정신건강의학과 의사들은 환자가 있는 곳에서 지명된 책임 있는 사람을 만나야 한다. 그러고 나서 총기 안전 관리에 환자의 협조가 필수적임을 알려야 한다. 총기 안전 계획은 설명되고, 동의를 받고, 서류로 남겨져야 한다.

총기 제거 계획을 능숙하게 실행할 수 있는 지명된 사람의 능력을 결정하는 것은 입원 환자와 연관된 상황에서 더 문제가 될 수 있다. 지명된 사람의 정신적인 안정도를 전화로 결정하는 것은 어려울 수도 있다. 몇몇 가족이나 배우자는 환자보다도 정신적으로 더 병들어 있을지도 모른다. 만약 환자가 총기 안전 계획을 실행하기 위하여 가족이나 배우자와 접촉하는 것을 허가하지 않는다면, 환자의 퇴원은 다른 치료나 안전을 위한 선택이 추구될 때까지 연기될 수 있다.

자살의 위험성이 있는 입원 환자가 혼자 살고 있거나 다른 사람들로부터 고립되어 있는 경우, 집에 총을 가지고 있으면서 총을 제거할 다른 사람을 지명할 수 없을 수도 있다. 심사숙고한 후, 환자는 지명된 사람처럼 행동할 수 있는 다른 누군가를 생각해 낼 수 있다. 만약 가족이나 친구를 찾을 수 없다면, 환자에게 총기를 지역 경찰 전용구역에 전화하여 맡기도록 도울 수 있다. 반면 협조를 거절한 환자의 경우, 총기 안전 문제가 해결될 때까지 퇴원은 금기다. 직원들은 환자의 집에 들어갈 수 있는 합법적인 이유를 경찰에게 제공할 필요가 있다. 경찰의 도움을 받기로 선택하였으면 직원은 경찰에게 환자의 집 열쇠를 주고, 총기의 위치도 알려 주는 등 적극적으로 참여하는 것이 필요하다. 경찰은 총기를 제거한 것을 알리기 위해 다시 전화를 걸어야 한다. 환자에게 사법권에 의해 경찰이 총기를 돌려주지 않을 것이라고 말해야 한다. 총기를 좋아하거나, 운동선수, 사냥꾼인 환자가 그들의 총기를 경찰이 압수하는 것을 원치 않는다면, 총기를 제거할 다른 선택 방법을 찾도록 할 수 있다. 입법부의 교정이 또한 유용할 수 있다. 주법들은 임상의의 총기 안전 관리 계획의 촉진과 제한점을 결정하는 데 논의될 수 있다(Norris et al., 2006).

총기 안전 관리는 환자가 퇴원하기 전에 요구된다. 집에 총기가 있거나 다른 곳에 보관되어 있다면 계속 안전하게 관리해야 한다. 최근 퇴원한 정신건강의학과 환자들은 자살의 위험이 높다. 특히 퇴원 첫 주 이내가 높다(Currier et al., 2002). 만약 총기가 환자의 친구나 아는 사람에 의해 보관되고 있다면 그들은 환자가 총을 되찾을 수 있게 허락하지 않을 것이라는 것을 솔직하게 알려야 한다. 책임 있는 제삼자가 정신건강의학과 의사나 임상 직원에게 환자가 퇴원하기 전에 총기를 안전하게 보관하였다는 것을 입증하는 전화를 하는 것은 중요하다. 다시 전화를 하는 것은 총기 제거 계획이 적절하게 수행되었는지를 임상의가 결정할 수 있게 한다(예: 총기를 어디에 보관했는지). 만약 책임 있는 사람으로부터 약속된 시간 안에 전화를 받지 못한다면, 환자의 퇴원은 총기가 안전하게 보관될 때까지 미뤄질 수 있다. 정신건강의학과 의사나 임상 직원에 의한 추적 전화가 지명된 책임 있는 사람이 총기를 제거하도록 만들지도 모른다. 그러나 약속한 대로 다시 전화하지 않은 사람을 임상 직원이 찾아내는 것은 기대하기 어렵다.

환자의 퇴원 연기는 안전 관리 계획이 입원 첫날에 시행될 때 줄어들 수 있다. 퇴원 직전에야 총기를 제거하기 위해 노력하고 확인 전화를 받는 것은 환자의 복귀, 퇴원을 늦추고, 추가적인 입원 일수에 대해서는 보험 적용이 안 될 수 있다. 더 좋지 않은 것은, 만약 환자가 퇴원을 주장하고 총기를 제거할 만한 사람을 찾지 못하는 경우이며, 이때 안전 계획은 중단된다. 총기 제거에 따른 이러한 연기나 문제점은 문제가 해결될 때까지 환자의 퇴원을 미루게 할 수 있다.

입원 환자에게 총기 제거 계획은 다양한 이유로 실패할지도 모른다. 총기를 보관할 책임이 있는 사람은 계획에 따라서 총기를 옮겼다고 전화를 하고 나서 총기를 안전하게 치우는 것을 이룰 수도 있다. 지명된 사람은 환자의 자살을 부인하고 싶은 마음에 환자가 자살을 시도할 수도 있다는 말을 믿지 않아서 그의 마음이 혼란스러워지거나 바뀔 수도 있다. 종종 가족이나 배우자, 친구들이 집에서 총기를 안전하게 제거하는 데 협조를 하지 않는 주요 요인은 환자의 자살 의도 부정 때문이다. 또 다른 가능성은 환자나 그의 가족의 차에 총기가 있는지 확인하지 않는 것이다. 지명된 사람은 환자의 직장에 총기가 있는지 알 수도 있고, 모를 수도 있다. 자살 환자의 심각한 병으로 인한 양가감정이나 탈진, 좌절 때문에 가족은 동의한 계획을 성실하게 따르지 않을 수도 있고, 부주의하게 환자가 찾을 수 있는 장소에 총기를 보관할 수도 있다. 게다가 환자는 다른 총기의 존재에 대한 정보를 말하지 않음으로써 퇴원 총기 안전 계획을 약화시킬지도 모른다. 어떤 가족은 환자를 퇴원시키기 위해 총기를 제거했다고 거짓말할 수도 있다. 임상의들은 형사가 아니다. 총기 안전 계획에 지명된 사람이 긍정적으로 참여하는 것은 말 그대로 꼭 필요한 것이다.

많은 잠재적인 어려움에도, 임상의들은 적절한 자살 위험을 평가해야 하고, 총기 안전 계획을 퇴원 전에 이행해야 한다. 총기 안전 관리는 환자의 퇴원 후 치료 계획에 필수적인 요소다. 이 장에서 논의했듯이, 외래 환자를 보는 임상의들은 환자에게 총기를 언제 돌려줘야 안전할지 그 시기를 결정해야 한다. 총기 안전 관리 계획의 지속은 입원 환자를 외래 환자로 주의 깊게 돌려놓는 데 있어서 없어서는 안 될 부분이다.

응급 환자

총기에 의한 자살의 위험이 높은 환자들은 보통 응급실에서 평가된다. 응급실에 입원한 모든 정신건강의학과 환자에게 반드시 총기에 의한 자살 계획과 총기에의 접근성, 그리고 총기를 구할 의도에 대해 질문해야 한다. 몇몇 예의 경우, 자살 환자들은 응급실에 총기를 가져오기도 한다. 어떤 응급실에는 직원들과 환자를 보호하기 위해 금속 탐지 안전 체계가 있다. Wintemute 등(1999)

의 연구에 적혀 있듯이, 자살 환자들이 최근 권총을 구입한 것은 높은 위험성을 보여 주는 것이다. 특히 21~33세 여성에게서 그러하다. 자살 환자가 응급실에 왔을 때, 맨처음 내과 의사가 환자를 검사한다. 일단 환자가 내과적으로 문제가 없다면, 보통 위기 상담자가 환자를 평가한다. 위기 상담자의 업무는 가능한 한 적절한 성질의 많은 정보를 빨리 모으는 것이다. 만약 환자가 이전에 응급실이나 병실에 입원한 적이 있다면, 환자의 기록이 필요하고 재검토해야 한다. 전자 기록은 종종 즉시 재검토하는 데 유용하다. 임상의는 만약 환자가 현재 치료를 받고 있다면, 치료자를 접촉해야 한다. 환자가 종종 늦은 밤이나 이른 아침 시간에 입원하면 정보를 모으는 것은 제한적이다. 대부분의 환자는 접촉한 위기 상담자에게 이름과 전화번호를 알려 준다. 집에 총기가 있는지와 위치를 포함한 환자의 이력은 접촉한 사람에 의해 확인되어야 한다. 응급실은 그 문을 통해 들어오는 자살의 위험이 있는 모든 환자에게 주어지는 자살 예방의 근원지다.

자살의 위험이 있는 환자가 응급실에서 병실에 입원할 때 총기 안전 관리는 입원 임상 직원에게 넘겨진다. 만약 자살 위험이 있는 환자가 외래 환자로서 다뤄질지를 결정해야 한다면, 집에서의 총기 접근성과 이 단원에서 처음에 기술된 것처럼 팀 안전 계획이 이행되고 기록되어야 한다. 다음날이나 며칠 뒤에 외래 치료로 옮겨진 자살 위험이 있는 환자는 응급실에서 퇴원하기 이전에 반드시 집에 있는 총기가 제거되어야 하고, 안전하게 보관되어야 한다. 만약 책임 있는 제삼자가 총기를 보관할 수 없거나 총기 안전 계획을 효과적으로 이행할 수 있는 것에 대해 합리적인 의심이 있다면, 환자는 향후 평가와 치료를 위해 입원실로 옮겨져야 한다. 단순히 '자살 및 타살 사고가 없고, 안전이 약속되었는지'를 질문하고 기록해야 한다. 환자를 집에 보내는 것은 받아들여지지 않고, 치료와 안전 관리에 대한 정보를 제공하는 체계적인 자살 위험성 평가가 요구된다(Simon, 2006).

만약 환자가 응급실에서 퇴원한 후 24시간 동안 지속적인 감독이 필요하다면, 그는 입원해야 한다. 환자의 가족 또는 배우자가 환자의 일대일 감독을 지속적으로 제공해야 하는 불가능한 일을 짊어질 수는 없다. 가족은 지속적인 감시에 여러 가지 예외를 둘 수 있다. 예를 들어, 환자를 따라 화장실에 들어가는 것은 드물다. 일상생활을 하다 보면 환자에게서 주의를 덜 기울이는 일들이 일어날 수 있다. 가족은 환자가 도움을 원할 것이라고 생각한다. 그들은 환자가 죽으려고 한다는 사실이나, 총기나 다른 방법으로 자살하려 한다는 것을 부인하거나 무시한다.

여기에서 제안한 안전 관리 계획은 총기 자살을 줄이는 하나의 방법일 뿐이다. 총기 안전 관리의 다른 다양한 접근은 임상의의 훈련, 임상적 경험 그리고 독특한 치료, 환자의 안전 관리 필요성에 따라 달라진다. 총기 안전 관리가 적용되는 것이 어떤 방법이든 간에 그것은 지명된 책임 있는 사람이 환자의 총을 무장해제시키고, 집에서 안전하게 제거하고 보관했다는 것을 확인해 주기 위한 미리 계획된 확인 전화를 포함하는 팀 접근이어야 한다. 총기 안전 관리의 핵심은 확인이다.

결 론

집에 있는 총기는 자살을 유의미하게 높이는 것과 관련이 있다. 자살의 위험이 있는 모든 환자에게 총기가 집에서 이용 가능하고, 다른 곳에서 쉽게 접근 가능한지 질문하여야 한다. 또한 그들이 총기를 사거나 구입할 의도가 있는지 질문해야 한다. 총기 안전 관리는 임상의, 환자 그리고 집에서 총기를 제거할 책임 있는 지명된 사람을 포함한 협동적인 팀 접근이 필요하다. 지명된 사람으로부터 임상의에게 다시 전화가 오는 것은 총기가 계획에 따라 제거되고 안전하게 되었는지 확인하기 위해 필요하다. 총기 안전 관리의 원칙은 임상적인 상황에 따라 그것을 다양하게 이용함으로써 외래 환자, 입원 환자, 응급 환자에게 적용된다.

! 핵심 사항

- 총기 안전 관리의 핵심은 확인이다.
- 총기 안전 관리는 협력적인 팀 접근이 필요하다.
- 집에 총기가 있는 것은 총기가 없는 집과 비교했을 때 자살을 유의미하게 높이는 것과 관련이 있다.
- 충동성과 총기는 치명적인 조합이다. 자살을 결정하고 시도하는 데 걸리는 시간은 종종 대략 수 초 또는 수 분이다.

• 권총을 구입하는 것은 구입한 주 이내에 자살 위험성을 유의
미하게 높이는 것과 관련이 있다.

참고문헌

American Association of Suicidology: U.S.A. Suicide: 2003 official final data.
　　2006. Available at: http://dhhs.nv.gov/Suicide/DOCS/ StatisticsReseach/
　　AllStateSuicideRankings/2003%20Final%20Data.pdf. Accessed
　　January 26, 2010.

American Foundation for Suicide Prevention: Firearms and suicide. 2010.
　　Available at: http://www.afsp.org/index.cfm?fuseaction= home.view
　　Page&page_id=0ABB1629-08A0-ACE7-DEBF9EAE00C45352.
　　Accessed January 26, 2010.

American Psychiatric Association: Principles of Medical Ethics With
　　Annotations Especially Applicable to Psychiatry. Washington, DC,
　　American Psychiatric Association, 2001, Section 4, Annotation 8

American Psychiatric Association: Practice guidelines for the assessment
　　and treatment of patients with suicidal behaviors. Am J Psychiatry
　　160 (suppl 11): 1-60, 2003

Barber CW: Fatal connection: the link between guns and suicide.
　　Advancing Suicide Prevention 1: 25-26, 2005

Brent DA: Firearms and suicide. Ann N Y Acad Sci 932: 225-240, 2001

Brent D, Baugher M, Birmaher B, et al: Compliance with recommen
　　dations to remove firearms in families participating in a clinical trial
　　for adolescent depression. J Am Acad Child Adolesc Psychiatry 39:
　　1226-1228, 2000

Currier GW, Allen MH, Serper MR, et al: Medical, psychiatric, and cognitive assessment in the psychiatric emergency service, in Emergency Psychiatry. Edited by Allen MH (Review of Psychiatry Series, Vol 21; Oldham JM and Riba MB, series eds). Washington, DC, American Psychiatric Publishing, 2002, pp 35-74

Dahlberg LL, Ideda RM, Kresnow M: Guns in the home and risk of violent death in the home: findings from a national study. Am J Epidemiol 160: 929-936, 2004

Grossman DC, Cummings P, Koepsell TD, et al: Firearm safety counseling in primary care pediatrics: a randomized controlled trial. Pediatrics 106: 22-26, 2000

Harris CE, Barraclough B: Suicide as an outcome for mental disorders. Br J Psychiatry 170: 205-228, 1997

Harvard School of Public Health: Means matter: means reduction saves lives. 2010. Available at: http://www.hsph.harvard.edu/means-matter/means-matter/saves-lives/index.html. Accessed January 27, 2010

Hawton K: United Kingdom legislation on pack sizes of analgesics: background, rationale and effects on suicide and deliberate self-harm. Suicide Life Threat Behav 32: 223-229, 2002

Kruesi MJ, Grossman J, Pennington JM, et al: Suicide and violence prevention: parent education in the emergency department. J Am Acad Child Adolesc Psychiatry 38: 250-255, 1999

Kellerman AL, Waecker LE: Preventing firearm injuries. Ann Emerg Med 33: 77-79, 1998

Markush RE, Bartolucci AA: Firearms and suicide in the United States. Am J Public Health 2: 123-127, 1984

Norris DM, Price M, Gutheil TG, et al: Firearm laws, patients, and the roles of psychiatrists. Am J Psychiatry 163: 1392-1396, 2006

Resnick PJ: Recognizing that the suicidal patient views you as an adversary. Curr Psychiatr 1: 8, 2002

Sidman EA, Grossman DC, Koepsell TD, et al: Evaluation of a community based handgun safe-storage campaign. Pediatrics 115: 654-661, 2005

Simon OR, Swann AC, Powell KE, et al: Characteristics of impulsive suicide attempts and attempters. Sucide Life Threat Behav 32 (suppl 1): 49-59, 2001

Simon RI: Assessing and Managing Suicide Risk: Guidelines for Clinically Based Risk Management. Washington, DC, American Psychiatric Publishing, 2004

Simon RI: Suicide risk: assessing the unpredictable, in The American Psychiatric Publishing Textbook of Suicide Assessment and Management. Edited by Simon RI, Hales RE. Washington, DC, American Psychiatric Publishing, 2006, pp 1-32

Simon RI, Goetz S: Forensic issues in the psychiatric emergency department. Psychiatr Clin North Am 22: 851-864, 1999

Stanford EJ, Goetz RR, Bloom JD: The no harm contract in the emergency assessment of suicide risk. J Clin Psychiatry 55: 344-348, 1994

Vanderpool D: HIPAA privacy rule: an update for psychiatrists. Psychiatric Practice and Managed Care 8: 5-12, 2002

Wintemute GJ, Parham CA, Beaumont JJ, et al: Mortality among recent purchasers of handguns. N Engl J Med 341: 1583-1589, 1999

제10장

자살 위험성 평가 서식:
치료자 주의사항

자살 위험성 평가는 환자를 치료하고 관리하는 데 필요한 정보를 제공하는 핵심적인 기능을 한다(Scheiber et al., 2003). 이 과정은 급성 및 만성의 위험 요인과 보호 요인들을 찾아내고, 우선순위를 매겨 자살 위험의 전체적인 평가에 통합시켜 분석하는 종합적인 과정이다.

정신건강의학과 의사는 목숨을 위협하는 응급상황에 처한 자살 환자를 평가한다. 다른 과 의사들과는 달리, 정신건강의학과 의사는 환자들의 자살 위험성을 평가할 때 임상검사나 정교한 진단적 도구를 사용하지 않는다. 예를 들면, 심장 질환으로 응급실을 방

Simon RI: "Suicide Risk Assessment: Form Over Substance?" *Journal of American Academy of Psychiatry and Law* 37: 290-293, 2009 ⓒ American Academy of Psychiatry and Law에서 허가하에 인용함.

문한 환자의 경우 의사들은 심전도 검사, 반복적인 심장효소 검사, 영상 검사, 심도자술과 같은 진단적 검사들을 시행하여 전체적인 치료와 관리 계획을 수립하는 데 필요한 임상적 자료를 얻는다. 자살 환자의 경우에 있어서 정신건강의학과 의사의 진단적 도구는 체계화된 자살 위험성 평가다.

자살 위험성이 있는 환자는 종종 치료자들로 하여금 불안, 수면장애, 주의집중 곤란과 같은 다양하고 불편한 증상을 야기시킨다. 자살 환자들에 대한 역전이적인 분노와 증오, 배려와 같은 반동형성은 치료자들이 환자를 적절히 평가하고 치료할 수 있는 능력을 위협하기도 한다(Gabbard & Allison, 2006). 환자의 자살은 치료자를 비탄에 빠뜨리며, 강한 슬픔과 죄책감, 배신감, 분노, 우울감을 일으키며, 치료에 대한 자신감을 상실하게끔 만든다(Gitlin, 2006). Charles와 Kennedy(1985)는 환자의 자살로 인한 법적 소송의 개인적 · 직업적 후유증에 대해서 토로한 바 있다. 따라서 임상의들은 위험을 관리하는 방법의 하나로서 자살 위험성을 평가하는 서식에 의존하는 경우가 있는데, 이는 이러한 서식이 의료과실로 인한 소송을 막아 주거나 소송에서 자신을 방어해 줄 것이라는 잘못된 믿음 때문이다. 하지만 불행하게도, 이런 평가 서식은 임상의로 하여금 자신이 임상적 평가와 판단을 적절하게 내리고 있다고 속게 함으로써 잠깐의 위안을 줄 뿐이다. 임상의는 추가적인 자살 위험성에 대한 평가는 필요하지 않다고 잘못 생각함으로 인해서 오히려 법적 책임을 지게 되는 위험에 더 크게 노출되게 된다.

자살로 인한 의료과실 소송에서 원고측 변호사는 환자에 대한 자살 위험성 평가 서식을 면밀히 조사하게 마련이다. 예외 없이 자살을 시도하거나 성공한 환자들은 그 서식에 포함되어 있지 않은 위험 요인들을 보여 왔었다는 것이 밝혀지게 된다. 원고의 변호사측 전문가는 그 평가 서식에 있는 내용에만 의지하지 않고 좀 더 완벽한 자살 위험에 대한 평가를 시행했었다면 환자의 자살 위험성이 높다는 것을 미리 명확하게 알 수 있었을 것이라고 증언하게 된다.

서식의 허구성

자살 위험성 평가 서식(이하 '서식')은 매우 다양하며 각각의 독특한 특성이 있다. 이 서식들은 폭넓고 다양한 수련 배경과 경험을 가진 정신보건 전문가들이 만든 것이다. 현재 존재하는 수많은 서식 중에서 그 어느 것도 같은 것이 없다. 많은 서식이 단기간 동안에만 사용되고, 환자가 자살을 시도하고 난 후에는 다른 서식으로 대체된다. 어떤 서식들은 여러 번 자살이 일어났음에도, 사라지지 않고 계속 사용된다.

이러한 서식들은 정신적 특성을 측정하는 도구적 성질을 가진 것이 아니다. 즉, 신뢰도나 타당도가 검증되어 있지 않다는 것이다. 어떤 서식들은 전반적인 자살 위험성을 수치로 만들어 내기 위해서 점수를 매겨 합산하도록 만들어진 것도 있다. 여기서 얻은 점수는 정확성이 더해진 허구를 만들어 내어 치료자의 정확한 판단을 흐리게 한다. 자살 위험성의 평가 결과를 숫자로 나타낼 수는 없다.

환자 교대율이 높고, 입원 기간이 짧은 입원 환경에서 치료하는 의사들이 이런 서식을 선호한다. 자살 위험이 높고 증상이 심한 환자들은 치료진을 불안하게 하는데, 의사들은 이런 서식에 꼬박꼬박 표기를 해 가면서 불안을 줄이고 자신만의 신뢰를 쌓는다. 이와 유사하게 환자가 많은 외래 진료에서도 짧은 방문 시간 내에 빠르게 작성할 수 있는 평가 서식들이 선호된다. 응급실 상황에서도 체크리스트들이 자주 사용되는데, 대개는 자살 위험성을 평가하는 과정을 문서로 서술하는 항목이 포함되어 있다. 철저한 자살 위험성 평가를 시행하는 것보다 체크리스트에 정기적으로 체크하는 것이 훨씬 더 쉽다. 하지만 불행하게도 적절한 자살 위험성 평가에는 지름길도 없고, 간단하게 할 수 있는 방법도 없다.

자살 위험성 평가 서식의 또 다른 근본적인 결함은 분석과 통합의 프로세스가 없다는 것이다. 치료자가 위험 요인과 보호 요인들을 찾아내고 우선순위를 매겨 환자의 자살 위험성을 전체적인 평가에 통합하는 과정이 요구되지 않는다. 형식이 본질에 앞서는 것이다.

많은 서식에서 발견되는 또 다른 기본적인 제한점은 보호 요인들의 유무를 말해 주지 못한다는 것이다. 보호 요인들도 위험 요인들과 마찬가지로 철저한 평가를 통해야만 밝혀진다. 위험 요인들만을 고려한 임상적 평가는 불완전하고 결함이 많다.

서식에는 가끔 만든 사람(들)이 자살 위험을 나타내는 믿을 만한 표지자라고 잘못 알고 있는, 확실하지 않고 단순히 위험 요인일 것 같은 느낌만을 주는 내용이 포함되어 있기도 하다. 어떤 서식들은 완전히 잘못 만들어진 것처럼 보인다. 예를 들어, '정서적 고통' '통찰력' '자기 혐오'는 특정한 환자들에게 적용되는 것이지 근거가 밝혀진 일반적인 자살 위험 요인이 아니다. 행복감으로부터 깊은 우울감까지 감정의 변화를 묘사하는 만화 같은 얼굴표정들을 포함하고 있는 서식들도 있다.

서식에 포함된 자살 위험 요인과 보호 요인들에는 근거가 부족한 것들이 종종 있다. 예를 들어, 정신건강의학과적 진단과 중요한 자살 위험 요인들이 빠져 있기도 하다. 그 이외에 정신증, 우울증, 섭식장애, 절망감, 불안과 초조, 불면증, 공황, 충동성, 무쾌감, 물질 남용, 최근에 있었던 인간관계의 상실, 동반 질환 그리고 가정에 총기를 소유하고 있는 것과 같이 근거 중심 자살 관련 요인들이 눈에 띄게 빠져 있는 것도 많다. 반면에 이른바 샷건(산탄총) 방식의 서식은 황당한 자살 위험 요인의 항목을 많이 포함하고 있다. 어떤 것들은 관련이 있지만 다수는 관련이 없고, 단순히 유무를 기계적으로 체크하도록 하는 매우 따분한 항목들이다. 설명을 위한 어떠한 평가 서술도 체크리스트에 포함되지 않는다.

환자의 자가 평가도구를 높은 자살 위험성이 있는 입원 환자가 스스로 작성할 때는 특히 신뢰할 수 없다. 반드시 문서로 작성하는 서술식의 자살 위험성에 대한 임상적 평가가 자가 평가도구를 사용한 조사와 함께 병행되어야 한다. 두 평가에서 불일치가 있을 경우, 환자와 함께 그 이유를 찾아보아야 한다. 어떤 자살 환자들은 임상면담에서보다 서식에 기록할 때 더 잘 표현한다(Sullivan & Bongar, 2006). 그러나 자살 위험이 있는 환자 중 약 25%는 자살 생각이 있다고 치료자에게 밝히지 않는다(Robins, 1981). 환자가 진실하다는 것과 살고 싶어 한다는 가정을 무조건 믿어서는 안 된다. 어떤 자살 충동 환자들은 치료자와 직원을 적으로, 자신의 죽으려는 의지를 방해하는 걸림돌로 여긴다(Resnick, 2002). 또한 자가 평가는 방해받지 않고 자살하려는 목적을 가지고 퇴원 허락을 받기 위해 왜곡되어 작성될 수도 있다. 비록 환자가 정직하게 대답을 했을지라도, 자가 측정된 자살 척도는 지나치게 민감하고, 특이도는 결여되어 있다. 예를 들어, 자살을 시도하지 않는 많은 우울증 환자들에게서 자살의 위험 요인들이 존재하는 것처럼 보이게 되는 것이다.

해당 자살 위험 요인들이 존재한다고 체크한 것과 전체적으로 판단된 자살 위험성 사이에는 차이가 있을 수 있다. 예를 들어, 치료자가 다수의 중등도와 고위험 요인들이 존재한다고 체크를 하였는데 전체 자살 위험은 낮거나 없는 것으로 판단될 수도 있다. 이러한 모순의 이유는 잘 설명되지 않는다. 이런 불일치는 종종 치료자의 부정과 소망적 생각 그리고 불안을 줄이려는 소망의 결과이기도 하다. 기계적 · 강제적으로 서식을 작성한 경우에도 환자와 치료자에게 제대로 된 정보를 제공하지 못한다. 서식을 사용할 때, 치료자는 임상적인 평가도 반드시 시행해야 한다. 만약 서식을 사용한다면, 서식의 사용만으로 전체 위험에 대한 평가를 대

체하는 것이 아니고, 체계적인 자살 위험성 평가를 수행하는 데
있어서 도움을 주는 정도로만 활용해야 한다.

　서식에 나열된 일반적인 위험 요인들은 지역사회 기반의 심리
학적 분석, 코호트, 환자-대조군 연구에서 밝혀진 것으로써, 자살
환자마다 특유의 개인적인 자살 위험 요인과 보호 요인들을 잡아
내는 것은 아니다. 예를 들어, 심각하게 말을 더듬는 정신분열병
환자가 입원이 필요할 정도로 자살 충동에 빠질 때마다 말을 명료
하게 하기 시작한다. 증상이 호전되면서 안전하게 퇴원을 하게 될
때쯤이면 말 더듬는 것도 점차 원래대로 돌아가 심해진다. 말을
더듬는 것은 이 환자의 경우를 제외하고는 자살 위험 요인이 아니
다. 또 다른 예는 대부분의 서식이 문화적인 차이점을 고려하지
않고 있다는 것이다.

　위험성 평가 모델(assessment models)은 자살 위험성 평가 과정
을 개념화하는 것을 돕는 교육 수단으로 사용될 수 있다(Simon,
2006). 그러나 자기발견적 모델(heuristic models)에서는 명백한 주
의사항이 주어지지 않는다면 임상적인 평가 대신에 서식의 사용
을 장려할 수도 있다.

심리 측정 척도와 도구: 과학

　의료기관 평가 위원회(Joint Commission on Accreditation of Health-
care Organizations, 2004)에서는 정신건강의학과 기관들이 자살 위

험이 있는 입원 환자들을 평가할 때 미리 만들어진 도구들을 사용하도록 요구한다. 각각의 기관들은 그들만의 자살 위험성 평가 프로토콜을 개발할 책임이 있다. 이러한 요구로 인해 자살 위험성 평가 서식들이 많이 개발되었는데, 이들 중 일부는 단일-구조화 혹은 반구조화된 임상용 및 연구용 척도들에서 파생되어 만들어진 것들이다.

일반적으로 사용되는 표준화된 임상 척도에는 우울증 측정을 위한 해밀턴 우울척도, 벡 우울척도(Beck Depression Inventory), 우울증상 척도(Inventory of Depressive Symptomatology) 같은 것들이 있다(Rush et al., 2008). 심리측정 특성을 가진 연구용 척도로는 평생에 걸친 자살 시도에 관한 정보를 도출해 내는 콜럼비아 자살력 평가도구(Columbia Suicide History Form), 자살 사고의 특성을 측정하는 벡 자살 사고 척도(Beck Scale for Suicide Ideation), 죽고 싶은 소망을 측정하는 자살 의도 척도(Suicide Intent Scale), 자살 사고와 행동을 측정하는 자살 척도(Harkavy Asnis Suicide Survey), 그리고 미래에 대한 부정적인 태도를 측정하는 벡 무망감 척도 같은 것들이 있다. 연구용 도구들과 심리학적 도구들은 임상에서 일반적으로 사용되지 않는다. 그러나 임상용 척도와 연구용 척도에서 표준화된 자살 위험 요인들은 임상적인 평가에서 핵심적인 것들이다.

심리검사와 자살 위험 척도를 사용하면 진료 초기에는 자살에 대한 평가가 필요없다고 판단되었던 환자들에게도 자살 사고가 있다는 것과 자살의 위험성이 높다는 것을 밝혀낼 수도 있다(Sullivan & Bongar, 2006). 검사와 척도는 임상 판단의 편견과 볼 수 없는 부분을 밝혀내어 전체 평가에 도움이 될 수 있다. 일반적으로 정신건강의학과 의사들은 심리검사와 자살 위험성 척도를 자살 위험성 평가에 사용하지 않는다. 영국의 Zimmerman과 McGlinchey(2008)는 우울증과 불안 장애 환자를 치료할 때 소수의 정신건강의학과 의사들만이 표준화된 도구를 사용한다고 하였다. 정신건강의학과 의사들은 척도를 사용하면 시간도 너무 소요되고, 임상적으로도 별로 도움이 되지 않는다고 생각하기 때문에 일상적으로 척도를 사용하지는 않는다. 물론 표준화된 도구를 사용하는 방법에 대한 수련도 받지 않는다.

표준 치료에서도 체계적인 자살 위험성 평가의 한 부분으로 심리검사와 체크리스트를 사용하는 것을 요구하지 않는다(Sullivan & Bongar, 2006). 급성 자살 위험에 대한 임상적 평가를 연구용 척도나 임상용 척도 단독으로 대체할 수는 없다(Rush et al., 2008). 척도와 도구들은 급성 자살 위험의 여러 가지 다른 영역을 평가한다. 이렇게 다양한 모든 척도를 하나의 위험 평가 서식에 통합시켜서 사용한다고 해도, 수많은 임상 위험 요인이 예외 없이 빠지게 된다. 아무리 정교하게 구성하여도 다양한 일반적 · 개인적 자살 위험 요인들을 모두 잡아 낼 수는 없다. Oquendo 등(2003)은 그들의 저서에서 자살 위험을 평가하는 연구용 척도들의 실용성과 제한성에 대해 언급하고 있다.

임상적 평가

자살 위험성 평가 방법 중 신뢰도와 타당도가 경험적으로 검증된 것은 하나도 없다(Simon, 2006). 표준 치료는 광범위한 합리적 · 임상적 접근 방법을 요구한다(Simon, 2006). 의사의 의무는 합리적인 평가 방법을 사용하여 적절한 자살 위험성 평가를 시행하는 것이다.

임상적 평가를 대신하여 자살 위험성 평가 서식을 사용하는 것은 자살의 위험성을 높일 수 있다. 임상적 평가가 치료의 한 과정인 반면에, 서식에 의한 평가는 의례적인 것이 되기 쉽다. 어떤 서식들은 환자가 입원할 때 작성되고, 어떤 것들은 퇴원할 때 작성되며 혹은 입원이나 퇴원 시 모두 작성되기도 한다. 자살 위험이 있는 환자들에게 얼마나 자주 임상적 평가가 이루어져야 할 것인지는 위험의 수준에 따라 다르다. 아무리 좋은 척도라 하더라도 임상적 평가와 판단 같은 통합적인 역할을 할 수는 없다. 그러나 구조화 및 반구조화된 자살 척도는 임상적 평가를 보완해 줄 수는 있다(American Psychiatric Association, 2003).

Malone 등(1995)은 반구조화된 선별도구들을 사용함으로써 각 개인의 생애 전체에 있었던 자살 행동을 더 잘 파악하게 하고, 통상적인 임상 평가가 개선되었다고 하였다. 전반적인 자살 위험성 평가에 필요한 정보들을 제공하는 자살 위험 및 보호 요인들에 대한 문서화되고, 간략한 서술이면 충분하다. 평가 결과에 따라 시행된 치료와 관리 개입의 종류와 시행된 개입의 유효성에 대한 것도 기술되어야 한다(Simon, 2006).

결 론

자살 위험성 평가는 매우 중요한 부분이다. 이것은 위험 요인과 보호 요인들을 찾아내고, 우선순위를 매겨 자살 위험성의 전체적인 평가에 통합하는 과정이다. 서식을 작성하는 것이 환자를 알기 위해 보내는 시간의 전부가 되어서는 안 된다. 평가 서식과 체크리스트는 환자에 대한 정확한 평가의 기능을 할 수 없다. 자살 위험성 평가 서식을 사용할 때, 치료자는 적절한 임상적 평가도 반드시 시행해야 한다. 평가 서식들을 사용하는 치료자들은 더 많은 것을 해야 한다. 자살 위험성에 대한 임상적 평가는 여전히 필요하다. 자살 위험성 평가 서식을 채워 넣는 것만으로 임상적 판단을 대신해서는 안 된다.

! 핵심 사항

- 서식이 환자를 알기 위해 환자와 함께 보내는 시간을 대체할 수는 없다.
- 서식과 체크리스트가 사용된다면, 반드시 자살 위험성 평가

과정을 설명하는 서술을 문서로 남겨야 한다.

- 자살 위험성 평가 서식을 사용한다는 것은 치료자도 적절한 평가를 반드시 시행해야 한다는 것을 의미한다.
- 자살 위험성 평가는 급성과 만성의 위험 요인과 보호 요인들을 찾아내고, 우선순위를 매겨 자살 위험의 전체적인 평가에 통합하는 분석적이며 종합적인 과정이다. 독립된 평가 서식들과 체크리스트들이 이것을 모두 대신할 수는 없다.
- 서식과 체크리스트 사용이 가지는 가장 큰 위험성은 의사들로 하여금 그들이 자살 위험성을 적절하게 평가했다는 착각을 심어 주는 것이다.

 참고문헌

American Psychiatric Association: Practice guidelines for the assessment and treatment of patients with suicidal behaviors. Am J Psychiatry 160 (suppl 11): 1-60, 2003

Charles SC, Kennedy E: Defendant. New York, Free Press, 1985

Gabbard GO, Allison SE: Psychodynamic treatment, in The American Psychiatric Publishing Textbook of Suicide Assessment and Management. Edited by Simon RI, Hales RE. Washington, DC, American Psychiatric Publishing, 2006, pp 221-234

Gitlin M: Psychiatrists reactions to suicide, in The American Psychiatric Publishing Textbook of Suicide Assessment and Management. Edited by Simon RI, Hales RE. Washington, DC, American Psychiatric Publishing, 2006, pp 477-492

Joint Commission on Accreditation of Healthcare Organizations: Sentinel Event Statistics. December 31, 2004. Oak Brook Terrace, IL, Joint Commission on Accreditation of Healthcare Organizations, 2004

Malone KM, Katalin S, Corbill E, et al: Clinical assessment versus research methods in the assessment of suicidal behavior. Am J Psychiatry 152: 1601-1607, 1995

Oquendo MA, Halbertham B, Mann JJ: Risk factors for suicidal behavior: the utility and limitations of research instruments, in Standardized Evaluation in Clinical Practice. Edited by First MB (Review of Psychiatry Series, Vol 22; Oldham JO and Riba MF, series eds). Washington DC, American Psychiatric Publishing, 2003, pp 103-130

Resnick PJ: Recognizing that the suicidal patient views you as an adversary. Curr Psychiatr 1: 8, 2002

Robins E: The Final Months: Study of the Lives of 134 Persons Who Committed Suicide. New York, Oxford University Press, 1981

Rush AJ, First MB, Blacker E: Handbook of Psychiatric Measures: Suicide Risk Measures, 2nd Edition. Washington, DC, American Psychiatric Publishing, 2008

Scheiber SC, Kramer TS, Adamowski SE: Core Competencies for Psychiatric Practice: What Clinicians Need to Know (A Report of the American Board of Psychiatry and Neurology). Washington, DC, American Psychiatric Publishing, 2003, p 65

Simon RI: Suicide risk: assessing the unpredictable, in The American Psychiatric Publishing Textbook of Suicide Assessment and Management. Edited by Simon RI, Hales RE. Washington, DC, American Psychiatric Publishing, 2006, pp 1-32

Sullivan GR, Bongar B: Psychological testing in suicide risk management, in The American Psychiatric Publishing Textbook of Suicide Assessment and Management. Edited by Simon RI, Hales RE.

Washington, DC, American Psychiatric Publishing, 2006, pp 177–196

Zimmerman M, McGlinchey JB: Why don't psychiatrists use scales to measure outcome when treating depressed patients? J Clin Psychiatry 69: 1916–1919, 2008

제 **11** 장
●∙∙∙∙∙∙∙∙∙●

임박한 자살, 소극적인 자살 사고와
고치기 힘든 근거 없는 믿음

근거 중심 정신의학의 발전으로 임상에서 지속되어 온 견고한 근거 없는 믿음, 전통 및 권위에 대한 무비판적인 수용은 더 이상 받아들여지지 않고 있다(Gray, 2004). 그렇지만 자살 환자의 치료에서 몇몇 근거 없는 믿음들이 여전히 받아들여지고 있다. 이 장에서는 자살 위험이 있는 환자의 임상 치료를 방해하는, 무비판적으로 수용되어 온 3가지의 근거 없는 믿음에 대해 살펴보고자 한다.

임박한 자살(imminent suicide)이란 용어는 단시일 내에 일어날 일에 대한 예측의 완곡한 표현이다. 이것은 예측 불가능한 행동이 일어나기까지의 모호한 기간을 일컫는 말이다(Pokorny, 1983). 언제 환자가 자살을 시도하고 성공할 것인지를 예측할 수 있는 단기

Simon RI: "Imminent Suicide: The illusion of Short-Term Prediction." *Suicide and Life-Threatening Behavior 36*: 296-301, 2006의 허가하에 인용함.

위험 요인은 없다(Harris et al., 2000; Simon, 2004). 몇 분, 몇 시간, 며칠, 몇 개월 또는 몇 년 후에 자살을 시도할 것인가? 위험성 예측의 정확성에 영향을 주는 다양한 기간의 정의에 대해, Slovenko (1998, p. 303)는 "이러한 기간의 정의(time limit)는 근거 없는 것으로 보인다."고 표현했다. 보험 자료 분석을 통해 일반 인구와 비교하여 자살의 위험성이 높은 질병 집단을 파악할 수 있다(Addy, 1992). 그러나 이런 보험 자료들을 통한 분석에서도 자살의 임박성에 대해서는 알 수 없다(Monahan et al., 2001).

'임박한' 이란 말은 한마디로 정의하기 어렵다. 이 용어는 의학적 용어도 아니며, 정신건강의학과 용어도 아니다. 하지만 임상에서 흔하게 사용되고, 임상 분야에서 쉽게 사용되는 용어이기도 하다. 대부분의 기간이 모호함에도 불구하고(예: 24~48시간, 1~3주, 1개월), 어떤 임상가들은 임박한 자살에 대한 임의적인 기간을 제시한다. Hirschfield(1998)는 "의사는 위험성이 임박한 것인지(48시간 이내), 단기적인 것인지(수일에서 수 주), 장기적인 것인지 반드시 결정을 내려야 한다."고 이야기했다. 그는 자살의 위험성을 "만약 환자가 죽고자 하는 의도를 표현하고, 이미 마음에 시도할 계획을 갖고 있으며, 치명적인 도구가 사용 가능한 상황이라면 임박한 것"으로 간주했다. Rotheram(1987)은 임박한 위험(imminent danger)과 자살 위험(suicide risk)을 구별해야 한다고 하였다. '임박성'의 예측은 "난폭함에 대한 평가 또는 예측에 사용되는 방법을 모델로 한다." Monahan(1981)은 임박한 위험을 난폭한 행동이 '3일 이내'에 일어날 것으로 예측되는 경우로 정의하였다.

Fawcett 등(1990)은 평가 1년 이내의 자살을 통계적으로 유의한 급성, 단기 지표로 생각하였다. 이러한 저자들은 '임박함'에 대한 정의를 내리려고 시도하려고 한 반면, 이 용어를 부수적으로만 사용하는 저자들도 많다(VandeCreek & Knapp, 2000).

임박함이라는 용어는 비자발적 입원 관련 규정의 주요 기준으로 언급되고 있다(Werth, 2001). 위험 고지 및 보호 규정에도 기술이 되어 있으며, 보조법률이나 법원 의견에도 포함되어 있다(Mavroudis v. Superior Court for County of San Mateo, 1980). 관리 의료에서의 치료 지침은 입원 환자에게 보험이 지급되기 이전에 임박한 위험의 기준을 만족시키기 위해서는 최근의 자살 시도가 있었다는 것을 요구하고 있다.

표준 치료: 예견 가능성 대 예측

법정은 자살 위험성 평가 과정의 합리성을 평가하고, 환자의 자살 성공 또는 자살 시도 행동이 예견 가능한 것이었는지 살펴보기 위해 정신건강의학과 의사가 자살 시도를 하거나 자살을 성공한 환자에게 행한 처치를 평가한다(Simon, 2001). 예견 가능성(foreseeability)은 과학적인 영역보다는 법적인 용어로, 상식적이고 개연적인 개념이다.

하지만 법적인 용어와 정신건강의학과적 용어가 완전하게 일치하지는 않는다. 예견 가능성은 법률적인 용어로는 특정 행동 또는 태만으로 인해 초래될 것 같은 해로운 행동이나 손상을 합리적인 근거를 가지고 예측하는 것으로 정의된다(Black, 1999). 법은 소송을 당한 사람에게 "단지 일어날 가능성이 있는 사건을 예견하라는 것이 아니라, 사건이 일어날 것이라는 합리적 근거가 있는 사건을 미리 예견해야 한다는 것"을 요구한다(Hairston v. Alexander Tank and Equip. Co., 1984). 자살은 예측할 수 없기 때문에 적합한 평가를 통해 단지 자살의 위험성만을 예견할 뿐이다(Simon, 2002). 근거가 있기 때문에 예견 가능하다는 말을 자살이 예측 가능하다(predictability)는 말과 혼동되어서는 안 된다. 자살 예측의 또 다른 말인 자살의 임박성은 근거가 있는 예견 가능성과 같은 뜻이 아니다. 법률에서는 근거가 있는 예견 가능성에 기간의 정의는 포함시키지 않는다. 시간의 경과 자체는 재판에서 승소하지 못하게 하는 것은 아니다. 이는 단지 배심원이 가중치를 둘 수 있는 하나의 요인에 불과하다(Naido v. Laird, 1988). 예견 가능하다는 말이 예방 가능하다는 말은 더더욱 아니다. 지나고 나서 보면 어떤 경우에는 자살이 예방 가능했을지는 모르지만, 평가 당시에는 예견 가능하지 않았을 수도 있다(Meyer et al., 2010).

비자발적 입원

비자발적 입원 규정의 주요 기준은 정신 질환이 있으면서 자신이나 타인에게 위험성이 있는지의 여부다(Simon & Shuman, 2007).

자신에 대한 위험성이라는 표현에는 '중대한 장애'라는 의미가 포함되어 있다. 위험성은 법적인 상태를 뜻하는 것으로, 어떤 진단이나 타고난 성향을 의미하는 것은 아니다. 위험성의 개념은 법정에서도 적절히 설명되지는 않고 있다. 법정은 위험성을 정의하는 데 구체적인 의미를 정하는 것을 피하고, 보다 일반적인 법의 관습과 다양한 사례에 따라 광범위하게 사용하기 위해 모호한 용어로 사용하는 것을 선호한다. Brooks(1978)는 위험성을 5가지 요소로 나누었다. ① 손상 또는 행위의 특성, ② 손상의 정도, ③ 가능성, ④ 임박함, ⑤ 빈도. 임박함은 위협적인 폭력 행동이 언제 일어날 것인지를 파악할 수 있는 유일한 요소다. 그렇기는 하지만 임박함은 법적인 용어이기도 하다. 이것은 전문적으로 표준화된 치료가 없는 경우에 임상의가 법적인 요구조건을 준수하였는지에 대한 시비가 일 때 법적 의제가 되기도 한다.

임상의는 이렇게 비자발적 입원 규정의 기준에 따르기 위해서는 환자가 자살 위험성이 임박했다는 서류상 또는 내포된 법적인 요구를 접하게 된다(Melton et al., 1997). Melton 등(1997)은 "비자발적 입원은 임박한 위험성에 근거한다. 장기적이기보다는 단기적인 자신 또는 타인에 대한 위험성에 초점을 둔다."라고 기술하였다. 미국의 몇몇 주에서는 아주 먼 일이 아니라 임박했다는 점을 강조하기 위해 '분명한 행위'에 대한 기술을 요구한다(American Psychiatric Association, 2001, 4조 8항).

의사가 임박함에 대한 기준을 맞추지 못해 좌절하거나, 어떻게든 기준을 맞추려고 시도하려고 하지 않고, 비자발적 입원을 필요로 하는 자살 환자들을 보호하는 쪽을 선택하는 실수를 범하기도 한다. 의사는 비자발적 입원에 필요한 서류를 작성만 할 뿐이다. 환자의 입원에 대한 최종적인 결정은 법적으로 결정된다. 주정부는 정신건강의학과 의사와 다른 정신건강 전문가 집단이 타의에 의한 입원 신청을 할 때, 합리적인 임상적 판단과 성실하게 일을 처리했다면 법적인 책임을 면제받을 수 있도록 비자발적 입원 관련 법률 내에 관련 규정을 마련하고 있다(Simon, 2004; 7장 참조).

전문가 집단에서도 '임박한'이란 용어를 사용한다. 예를 들어, 『정신건강의학과에서 적용될 수 있는 주해가 있는 의학 윤리 원칙』(American Psychiatric Association, 2001, 4조 8항)에서는 정신건강의학과 의사에게 잠재적으로 난폭할 수 있는 환자의 비밀 보장은 제한되어야 한다고 주장한다. "때때로 정신건강의학과 의사들은 임박한 위험에서 환자나 공동체를 보호하기 위해 환자가 밝힌 비밀 정보를 드러내야 할 때도 있다."(4조 8항) 따라서 원칙적으로 정신건강의학과 의사는 단기 예측이라는 불가능한 과제에 대한 부담을 갖고 있다.

관리 의료의 치료 지침

몇몇 관리 의료 제공 기관, 즉 사보험회사들(managed care organizations)은 환자의 입원에 대한 보험 급여를 승인하기 위해서는 환자가 '임박한' 자살 위험 상태에 있다는 증거를 제시할 것을 요구한다. 이러한 상황은 정신건강의학과 의사 또는 위기 관리 상담자가 응급실에서 자살 시도 환자를 평가할 때 종종 겪는 상황이다. 환자가 스스로 임박한 자살 사고에 대해 진술하는 것으로는 입원에 대한 보험 급여를 제공하지 않는다. 임박한 자살이라는 의견이 받아들여지기 위해서는 보통 최근의 분명한 자살 행동 또는 시도가 특정한 시간 내에 있어야 한다.

자살을 성공할 때까지 평균 8~25회의 자살 시도가 일어나는 것으로 추정된다(National Institute of Mental Health, 2003). 통계적인 의미에서는 최근에 자살 시도가 있었다 하더라도 자살 시도가 '임박했다는' 것을 나타내는 것은 아니다. 자살 시도를 다시 하지 않는 환자들도 많다. 최근이 아닌 과거에 치명적인 자살 시도를 했던 자살 시도 고위험군에 속한 환자는 최근에 분명한 자살 시도라는 기준을 만족하지 않는다는 것을 이유로 보험 급여를 거부당할 수도 있다. 과거 또는 최근에 자살 시도가 없었다는 것은 환자의 현재 자살 위험성을 평가하는 데 반드시 필요한 정보는 아니다.

자살 위험의 수준을 파악하기 위해서는 체계적인 자살 위험성 평가가 필요하다. 최근에 분명한 행동(임박성)이 없다는 것을 근거로 사보험회사들이 보험 급여를 제공하지 않아도 급성 자살 시도 고위험군은 입원을 하게 된다. 환자가 입원한 후, 병원과 사보험 회사 의사 간에 소송이 이루어진다. 자살 임박성의 판단이 어렵고, 따라서 입원의 타당한 기준에 맞지 않다는 것으로 인해 논쟁이 발생할 수도 있다. 정신건강의학과 의사는 최근에 분명한 자살 시도 행동이 환자가 언제 자살을 시도할지, 자살을 성공할지 예측하지 못한다는 점을 강조해야 한다.

병원과 의원의 정책과 치료 과정에서 의사들에게 표준 치료 지침이 없을 때의 요구조건인 임박한 자해에 대한 평가를 요구해서는 안 된다. 임박한 또는 이와 등가로 간주되는 용어[예: 위태로운 (threatening), 응급의(emergent)]는 강박과 격리의 방침에서도 사용된다(American Psychiatric Association, 1985). 격리과 강박 절차 시행에 대한 정당성은 모호한 의미의 '임박한'이란 단어의 사용보다는 반드시 적합한 위험성 평가를 기초로 판단되어야 한다.

예측 불가능성에 대한 평가

자살이 임박하거나 자살의 단기 위험성이 있다고 판단되는 환자의 자살 가능성을 예측하지 못하는 것에는 몇 가지 원인이 있다. 자살의 고위험군으로 분류되는 환자들 중에서도 자살은 매우 드물게 일어난다. 자살을 시도하거나 또는 성공하는 환자들은 대부분 죽음에 대해 양가적이며, 일부 사람들은 마지막 순간까지도 그렇다. 한 일화로, 금문교에서 자살을 하려고 뛰어내린 사람들 중 살아 남은 10명 중에 8명은 떨어지는 도중에 마음이 바뀌었다고 하였다. 자살 시도를 하려던 사람들이 결정적인 순간에 높은 곳에서 뛰어내리지 않고, 혹은 장전된 총을 쏘지 않고 넘겨주도록 설득당하는 경우들이 있다. 자살은 마지막 순간까지도 불확실한 것이다.

자살하기로 마지막 결정을 내린 환자라도 즉시 실행에 옮기지 않고 적절한 때가 오기를 기다린다(예: 배우자 또는 다른 가족이 없을 때). 치명적인 방법으로 자살 시도를 한 후 정신건강의학과 병동에 입원한 환자라도 입원 기간 동안에는 자살 의도에 대해 부인할 수도 있다. 15분마다 이루어지는 병실 점검 시간 사이나 일대일로 마주하고 있는 동안에도 자살 시도를 위한 좋은 때를 잡을 수 있다(Fawcett et al., 2003).

　자살 위험은 매 분, 매 시간, 매일마다 다르다. 이런 점은 임박한 자살의 예측이 가능하다는 것을 환상에 불과하게 만든다. 시간의 흐름은 '지금-여기'에 근거하여 판단을 내리는 자살 평가의 정확성을 희석시킨다(Simon, 2006). 그러므로 자살 위험성은 하나의 '사건'이 아닌 시간의 흐름이 있는 '과정'으로 평가되어야 한다.

　자살이 임박했다고 판단되는 환자는 예외 없이 심각한 증상이 있고, 자살의 위험이 매우 높은 상태다. 적절한 자살 위험성 평가를 시행하지 않은 채 그저 환자의 임박한 자살 위험성을 기술만 하는 것은 의사가 그 환자에게서 특정적인 위험 요인과 보호 요인을 찾아내서 치료하고 관리하는 것을 어렵게 한다. 환자의 임박한 자살 위험성을 판단한 의사는 그 자리에서 적절한 자살 위험성 평가를 시행해야 한다. 체계적인 자살 위험성 평가는 환자의 전반적인 치료와 안전 관리에 중요한 정보를 제공하는 급성 위험 요인, 개선 가능한 위험 요인, 치료 가능한 위험 요인과 보호 요인을 파악하고 치료의 우선순위를 정하게 해 준다(Simon & Shuman, 2009).

의사는 치료와 안전 관리에 의한 이러한 요인들의 반응을 평가함으로써 환자의 임상 경과를 추적 관찰할 수 있다. 급성 위험 요인들을 치료하는 것은 우울증 환자에게 항우울제가 작용할 수 있는 시간을 벌어 준다. 불안, 초조와 불면은 치료에 대체로 빠르게 반응한다. 지지적인 가족 구성원 또는 배우자와 같은 보호 요인들을 집중적으로 동원하여 자살 위험을 감소시킬 수 있고, 그 결과로 의사는 환자의 치료와 안전 관리에 적절하게 초점을 맞출 수 있다. 비로소 '임박함'은 착각의 영역으로 밀려난다.

자살의 단기 위험성이 판단되면 의사는 즉시 지속적인 치료와 안전 관리에 도움이 되는 정보를 파악할 수 있는 체계적인 자살 위험성 평가를 시행해야 한다. 자살 위험을 가진 환자의 관리에 있어서 '임박한'이란 용어는 셰익스피어의 문구를 빌리자면, "소음과 분노로 가득 찼을 뿐, 아무 의미도 없다."는 것과 같다.

 소극적인 자살 사고에 관한 근거 없는 믿음

'소극적인' 자살 사고는 '적극적인' 자살 사고에 비해 위험이 낮다는 믿음을 지지하는 근거 중심의 연구 결과는 없다. '소극적인 자살 사고'는 정신건강의학과 의무 기록, 논문, 교과서, 치료 지침, 임상 담론에서 수도 없이 언급된다. 이것은 정신건강의학과 진료의 전통과 상투적으로 흔히 쓰이는 정신건강의학과적 용어에 깊이 배어 있다.

여기서 논의될 자살 사고는 스스로 손상을 입혀 죽겠다는 생각 또는 외부 요인으로 인해 죽겠다는 생각 모두를 말한다. 자살의 방법이 적극적이든 소극적이든(예: 권총 자살 대 경찰관에 의한 사살) 목표는 같다. 삶을 마감하는 것이다. 소극적인 자살 사고는 덜 심각하며, 자살의 위험성이 낮은 상태라는 가정은 근거 없는 믿음을 더 공고하게 한다. '자는 동안 죽었으면' '자동차 사고로 죽었으면' 또는 '말기 암에 걸렸으면' 하는 자살 사고는 일견 무해한 것처럼 보이지만, 목을 매는 것과 같은 정도로 치명적일 수도 있다. 소극적인 방법의 자살 시도는 중재할 시간적 여유가 있을 수도 있지만, 자살 시도의 방법이 불시에 바뀔 수 있다(Simon, 2006). '적극적' 또는 '소극적'인 것에 상관없이 자살 사고는 심각도의 연속 선상에서 계속해서 움직이며, 이는 환자의 기저 정신질환과 다른 위험 요인들이 계속해서 변화하고 있다는 것을 나타낸다(Isometsa & Lonnqvist, 1998).

적극적 또는 소극적인 자살 방법으로 표현되는 자살 사고에는 환자의 회피성, 방어적 태도, 부정 그리고 정신 역동적 · 문화적 · 종교적 · 도덕적인 가치 등의 요인이 반영된다. 소극적인 자살 사고에는 지지적인 가족 또는 적절한 대처 기술과 같은 잠재적인 보호 요인이 포함되어 있을 수 있고, 이러한 보호 요인들은 전반적인 자살 위험성 평가 내에서 별도로 평가해야 정확하게 파악할 수 있다. 그렇게 하지 않을 경우, 임상의가 추가적인 위험성 평가는 필요하지 않다고 성급하게 결론을 내릴 수도 있다.

'소극적인' 자살 사고에 종종 동반되는 '잠깐 동안 떠오르는

(fleeting)' 자살 사고 역시 주의 깊은 평가가 필요하다. Hall 등 (1999)은 심각한 자살을 시도한 100명의 환자를 대상으로 한 연구에서 29명의 환자는 자살 시도를 하기 전에 심각하고 지속적인 자살 사고를 보였지만, 69명의 환자는 자살 시도 전 자살 사고가 없었거나 잠깐 동안의 자살 사고만 있었다고 보고하였다.

Reynolds 등(1996)은 재발성 주요우울장애가 있는 노인 환자를 대상으로 적극적 자살 사고의 임상적 관련 요인과 소극적인 죽음에 대한 소망의 임상적 관련 요인을 조사하였다. 이 연구의 결과는 적극적인 자살 사고와 소극적인 자살 사고를 구별하는 것이 유용하지 않다는 것이었다. 저자들은 환자의 자살 사고는 질환 삽화 동안에도 소극적인 것에서 적극적인 자살 사고로 변화할 수 있다고 하였다. 그들은 임상의들이 소극적인 자살 사고를 표현하는 환자를 대할 때도 적극적인 자살 사고를 표현하는 환자들과 마찬가지로 조금의 방심도 하지 않도록 권고하고 있다.

자살 사고 척도(Scale for Suicide Ideation)와 이후 버전인 벡 자살 사고 척도(Beck Scale for Suicide ideation) (Rush et al., 2008)는 '소극적인 자살 시도'를 다음과 같이 평가하고 있다.

0 살기 위해 예방 조치를 취하는 경우
1 삶과 죽음을 운에 맡기는 경우(예: 부주의하게 도로를 건너는 것)
2 목숨을 구하거나 유지하기 위해 필요한 조치를 회피하는 경우
   (예: 당뇨병이 있는 환자가 인슐린 투여를 중단하는 것)

백 척도가 심리 측정 도구의 특성(신뢰도, 타당도)을 갖고 있긴 하지만, 자살 사고의 철저한 임상 평가를 대체할 수 있는 척도는 없다. 만약 자살 사고를 측정하는 척도 혹은 체크리스트가 사용된다면, 이 도구들은 임상의로 하여금 자살 위험과 관련된 중요한 증상의 특징과 심각성을 철저히 평가할 수 있도록 만들어진 것이어야 한다.

사 례

56세의 회사 중역 남편을 아내가 응급실로 데려왔다. 환자의 사업은 파산에 직면한 상태였다. 회사에 갈 수도 없고, 종업원들을 대할 수도 없었다. 잠을 이루지 못하고, 먹지도 못했으며, 대부분의 시간을 소파에 누워 보냈고 하루 종일 울기만 하였다. 아내는 남편에게 정신건강의학과 치료를 받지 않는다면 헤어지겠다고 위협하여 데려왔다.

환자는 응급실의 정신건강의학과 의사에게 "스트레스가 심하긴 하지만 나를 해칠 의도는 없다. 내 아내와 아이를 너무나 사랑하기 때문에 그런 일을 겪게 하고 싶지 않다."고 얘기했다. 잠자는 동안 조용히 죽었으면 하는 바람이 있다는 점은 인정하면서도 "정말 잠을 잘 수가 없다."고 얘기했다. 아내가 차의 앞 좌석 사물함에서 권총을 발견했는데, 환자는 '총은 호신용'이라고 얘기했다. 그는 자살 사고를 완강히 부인했고, "여기 있을 필요가 없다."고 항의했다. 아내는 "이 상태로는 남편을 집에 둘 수 없다."고 얘기하며 그가 치료받아야만 한다고 주장했다.

환자는 정신건강의학과 입원을 거부했지만 비자발적 입원을 얘기했을 때 마음을 바꿨다. 그는 아내 모르게 최근에 2백만 달러의 생명보험에 가입했으며, 장례 절차를 알아보고 있었다고 시인했다. 그는 권총으로 자살할 계획을 갖고 있었다. 철저한 자살 위험성 평가를 통해 파악한 위험 요인들을 통하여 환자가 자살의 급성 고위험 상태인 것을 확인할 수 있었다.

'소극적인 자살 사고' 란 말은 자살 위험성 평가에 어떤 정보도 제공하지 않는다. 이는 단지 의사가 현 상태에 안주하게 하는 주술일 뿐이다. 이는 타당한 임상적 구분이 아니다. 임상의들은 불안, 우울 또는 불면을 적극적 또는 소극적이라고 나눠서 생각하지 않는다. 이와 같이 자살 사고 또한 적극적 또는 소극적으로 나누지 않아야 한다. 그렇게 나누는 것은 자살의 단일 위험 요인으로서의 자살 사고의 중요성을 약화시킨다. 오랜 기간 동안 임상 현장에서 소극적인 자살 사고는 그렇게 위험하지 않다는 근거 없는 믿음이 있어 왔고, 자살의 위험성이 낮거나 자살의 위험성이 없다는 그릇된 느낌을 가지게 하여 자살 사고에 대한 평가가 조기에 중단되는 경우들이 많았다.

자살 사고는 반드시 주의 깊게 평가되어야 하며, 소극적이라거나 적극적이라고 분류되어서는 안 된다. 소극적인 자살 사고라고 해서 임상의가 적절한 자살 위험성 평가를 수행하는 것을 미루지 말아야 한다. 자살 시도의 적극적 또는 소극적 방법을 포함하고 있는 자살 사고는 삶의 종결이라는 하나의 목표를 향하고 있다.

자살 환자가 전화할 때:
응급상황에 대한 근거 없는 믿음[1]

정신건강의학과 의사와 정신보건 전문가들은 사무실 전화에 환자가 응급상황인 경우, 어떻게 해야 하는지 메시지를 남겨 둔다. 자살 위기에 놓인 환자가 정신건강의학과 의사에게 전화했을 때 "만약 당신이 '진짜' 위급하다면 가까운 응급실을 가거나 911로 전화를 하세요."라고 하는 녹음된 메시지를 듣게 된다면 환자의 자살 위험은 더 증가할 수도 있다.

정신건강의학과 의사와 정신보건 전문가들은 자살 환자가 반드시 본인들에게 연락이 가능하도록 하거나, 연락이 가능하지 않다면 적절한 대체 방법을 제공해야 한다. 정신건강의학과 의사는 자살 환자에게 있어서 삶을 유지하게 하는 유일한 사람일 수도 있다.

'진짜' 응급한 상황이란 정확히 무엇을 말하는가? 누가 이것을 정의할 수 있는가? '진짜' 응급한 상황이란 전혀 의미가 없다. 잘못된 신념일 뿐이다. 자살 환자들은 이 메시지를 듣고 "나를 귀찮게 하지 마세요."라는 뜻으로 받아들일 수 있다. '진짜' 응급상황

---

1) "True Emergency? Suicidal Patient's Access to their Psychiatrists." *Psychiatric Times*, March 2008에서 허가하에 인용함.

에 대한 메시지는 환자와 정신건강의학과 의사 사이에 벽을 만든다. 최근 들어 많이 들을 수 있는 이러한 메시지는 정신보건 관리 전달 체계의 변화로 인해 초래된 환자-의사 관계의 약화를 반영하는 것은 아닐까? 또한 잘못된 위험성 관리의 산물은 아닐까?

응급상황에서의 접근성

"만약 당신이 '진짜' 위급하다면 가까운 응급실을 가거나 911로 전화를 하세요."라는 메시지를 남기는 것은 환자에게는 선택권이 없는 상태다. 자살 환자는 대부분의 경우, 911에 전화를 하려고 하지 않는다. 왜냐하면 911에 전화를 하면 경찰과 구급대원들이 사이렌을 요란하게 울리면서 집 앞으로 올 것이다. 그러면 호기심 많은 이웃들이 모여들 것이고, 이런 장면은 당황스럽고 굴욕적이다. 환자는 메시지의 지시를 따르지 못할 정도로 병세가 심하거나 지시를 따를 의도가 없어서 자살을 시도하거나 성공하기도 한다.

종합병원 응급실은 즉각적인 처치를 필요로 하는 자살 환자들을 위한 핵심 장소다. 자문의료 모델에서는, 환자는 우선 응급실 의사에 의해 처음 평가된다. 만약 정신건강의학과 자문이 필요한 경우에는 위기 상담자가 환자를 보게 된다. 병원에 근무하는 정신건강의학과 의사가 자문을 위해 대기하고 있고, 자문은 대개 전화로 요청을 하게 된다. 대부분의 경우는 종합병원 응급실에서 적절한 처치를 제공한다. 그러나 응급실 상황이 환자의 스트레스를 더 크게 할 수도 있다. 정신건강의학과 환자들은 종합병원 응급실은 너무 복잡하고 바빠서 검사 받을 때까지 너무 오래 기다려야만 한다고 이야기한다. 예를 들어, 종합병원 응급실에 간 환자는 수 시간 또는 하루 이상 의사를 만나지 못하기도 한다. 정신적 고통 속에서 긴 시간 동안 기다리는 것은 환자로 하여금 희망 없이 버려진다는 느낌에 더 굳은 신념을 갖게 하여 자살 위험을 더욱 높인다. 초조성 우울이 동반된 자살 환자 또는 자살을 지시하는 환청이 있는 정신병 환자는 진료를 보기 전에 응급실을 떠나서 자살을 시도하거나 결국 자살을 성공하기도 한다.

정신건강의학과 의사와 각 영역의 정신보건 전문가로 구성된 정신건강의학과적 응급 서비스(Psychiatric Emergency Services: PES)는 보통 또는 큰 대학이나 대학병원 내에 있으며, 매일 하루 종일 포괄적인 정신건강의학과적 응급 서비스를 제공한다(Breslow, 2002).

일반적으로 환자에게 전화하는 것이 초기 처치 방향을 결정하는 중간 단계다. 정신건강의학과 의사는 전화를 통해 이미 알고 있는 자살 위기에 놓인 환자의 중증도를 평가할 수 있으며, 필요하다면 응급 면담 약속을 잡을 수 있다. 가능하다면 응급실로 환자를 보내지 않고 다른 방법으로 관리할 수도 있다. 정신건강의학과 의사가 다시 해 주는 전화는 환자가 그날 또는 다음날 직접 볼 수 있을 때까지 환자를 안정시킬 수 있다. 이렇게 함으로써 치료적 동맹이 유지되고 강화된다.

응급처치를 위해 환자를 응급실로 보내야 할 필요가 있거나 환자가 정신건강의학과 의사에게 연락 없이 응급실을 가게 될 수도 있다. 전자의 경우, 정신건강의학과 의사는 환자가 다른 사람의 도움 없이 혼자 응급실에 갈 수 있는 상태인지 아니면 다른 사람과 같이 가야 할 상태인지를 판단해야 한다. 자살 환자가 너무 불안정해서 정신건강의학과 의사에게 올 수 없거나 또는 전화로 조리 있게 얘기할 수 없는 경우도 있다. 정신건강의학과 의사는 환자를 응급실로 보내기 전에 환자에게 도움을 줄 수 있는 다른 사람(가족, 배우자, 친구 또는 경찰)에게 도움을 요청해야 한다. 그럴 만한 사람이 없다면 911에 전화하거나 지역사회의 위기 관리 서비스 기관에 도움을 요청할 수 있다. 정신건강의학과 응급 서비스 또는 종합병원 응급실에 환자가 갈 것이라고 미리 전화를 해서 응급실에서 자살 환자에 대해 기민하게 대처하도록 하며, 미리 정보를 주게 된다. 이는 응급실에서의 대기 시간을 줄이는 데도 도움이 된다.

정신건강의학과 의사 또는 정신건강의학과 의사를 대신하는 의료진은 환자에 대한 진료 요청에 합리적인 시간 내에 진료 관련 조언을 할 수 있어야 한다. 합리적인 시간이란 얼마 동안의 시간을 말하는 것일까? 물론 엄격한 원칙은 존재하지 않지만, 가능하다면 자살 환자에 대한 응급실 진료 요청은 1시간 내로 응답을 해야 한다. 자살 위기에 놓인 환자에게는 1시간의 대기 시간도 오랜 시간일 수 있다.

혼자 개업을 하고 있는 경우라면 정신건강의학과 의사 또는 정신건강의학과 의사를 대신하는 의료진은 자살 환자의 접촉 요청을 하루 24시간, 일주일 내내, 전화, 무선 호출기 또는 다른 직접적인 의사소통 수단을 통해서 받을 수 있어야 한다. 환자의 응급 상황에 대해 24시간 내내 책임을 지는 것은 의학적 치료 지침과 표준 치료 지침에 의해 당연히 이루어져야만 하는 것이다. 여러 명의 정신건강의학과 의사가 같이 근무하거나 또는 병원 같은 시설에서는 환자에게 지속적인 서비스를 제공하기 위해 당직 스케줄을 갖추어야 한다. 어떤 정신건강의학과 의사들은 자살 위험이 높은 시기 동안에는 환자에게 집 전화번호를 알려 주기도 한다.

'정신건강의학과 환자를 위한 윤리 위원회의 권고'(American Psychiatric Association, 2001, 1-AA조)에서는 환자의 응급상황에 대한 비상조치에 대해 단호한 입장을 취하고 있다.

> 질문 A: 우리 동료 중 한 명은 그 지역의 정신건강의학과 의사가 시간이 지나도 자동 응답기를 규칙적으로 체크하지 않고, 어떻게 해야 연락이 닿을 수 있는지 번호도 남겨 놓지 않으며, 응급한 상황일 때 근처 응급실을 방문하도록 메시지를 남겨 놓는다고 우려를 표명했다. 이는 정신건강의학과 의사가 갖춰야 할 윤리와 관련이 있나요?
>
> 대 답: 그렇습니다. 윤리적인 정신건강의학과 의사는 그의 환자에게 합당한 치료를 제공해야 합니다. 합당한 치료에는 항상 응급상황에 연락이 가능해야 하거나 또는 적절한 약속을 잡을 수 있어야 한다는 것이 포

함됩니다. 분명히 환자에게 응급실에 전화하라는
메시지를 전달하는 것은 적당한 처치가 아닙니다.
상대적으로 안정적인 환자의 정신분석적 치료와 같
은 안정적인 치료 상황에서조차도, 응급상황은 생
깁니다. 응급상황이 생길 때마다 환자는 버려지지
않고 보살핌을 받아야 합니다(September, 1993).

환자 교육: 사전에 약속한 안전 계획

현재 병원 서비스의 접근성에 대한 한계로 인해 자살 위험이 있
는 대부분의 환자가 심지어 만성적으로 고위험군에 속한 환자라
도 입원 치료를 받지 못하고 외래에서 치료를 받고 있다. 정신건
강의학과 의사들은 새로운 환자들에게 응급상황에서 따라야 할
안전 지침에 대해 정보를 제공하고 논의한다. 이 같은 논의의 핵
심은 '우리는 상황 속에서 함께하고 있다.' 는 것이다. 동맹을 맺
는 것은 환자가 정신건강의학과 의사에게 위기의 순간에 도움을
요청하는 것을 촉진시킨다. 동맹을 맺지 못한 경우에는 그렇게 할
수가 없다. 정신건강의학과 의사는 응급상황에 어떻게 연락할 수
있는지를 설명한다. 정신건강의학과 의사 또는 정신건강의학과
의사를 대체하는 임상의는 즉시 도움을 필요로 하는 급성 자살 환
자의 요청에 도움을 필요로 하는 시간 내에 응답을 하지 못할 수
도 있다. 사전에 약속한 안전 계획에는, 환자가 정신건강의학과

의사로부터 연락을 기다리는 동안 안전하게 있을 장소(집, 가족, 친구 또는 기타)에 가 있겠다는 메시지와 함께 연락받을 연락처를 의사에게 남기고, 혹은 필요하다면 이미 정해 놓은 응급실로 가 있겠다는 메시지를 남기도록 하는 내용을 포함한다. 만약 정신건강의학과 응급 서비스 기관이 환자에게 접근 가능하다면 주소와 전화번호를 제공해야만 한다. 정신건강의학과 의사는 환자의 평가와 처치를 돕기 위해 처음부터 응급실로 전화할 수도 있다.

자살 위험이 있는 환자들 중 가족이나 배우자, 친구 또는 지지적인 자원이 없는 경우가 있다. 만약 정신건강의학과 의사로부터의 응답 전화를 기다릴 수 없는 경우, 환자에게는 도움을 얻을 수 있는 자살 예방 응급 상담 전화가 제공되어야 한다. 국가 자살 예방 센터[National Suicide Prevention Lifeline(1-800-273-TALK)] [역자 주-우리나라의 경우 각 시도의 광역 자살 예방센터(1577-0199)로 전화를 할 수 있다.]에서는 환자를 지역 응급 상담센터와 도움을 줄 수 있는 다른 자원으로 연결시켜 준다. 웹사이트는 www.suicide-preventionlifeline.org다(역자 주-서울의 경우 suicide.blutouch.net이다.).

자살 위험이 있는 환자는 응급 상담센터에 언제든지 전화를 할 수 있어야 한다. 환자는 자살 위기에 있는 동안 응급 상담센터 전화번호를 찾지 못할 수도 있다. 응급 상담센터 전화를 환자에게 알려 주기 전에 정확히 맞는 번호인지 확인해야 한다. 정신건강의학과 의사는 사전에 약속한 안전 계획을 환자가 이해했고, 이를 실행하는 데 동의했다는 서류를 문서로 작성해 두어야 한다.

표준 치료에서는 정신건강의학과 의사나 정신건강의학과 의사를 대신하는 인력이 자살 환자와 연락이 가능해야 하고, 합당한 시간 내에 응답할 수 있어야 한다는 것이 요구조건이다. 이는 '공동(conjoint)' 또는 '분리치료(split treatment)'를 제공하는 정신건강의학과 의사와 정신치료자에게도 적용된다. 각각은 개인적으로 그리고 함께, 환자에게 임상적인 책임을 가지고 있다(Meyer & Simon, 2006).

사 례[2)]

한 정신건강의학과 여의사가 식당에서 가족과 저녁을 먹고 있을 때, 자살의 위험을 만성적으로 가지고 있는 환자에게서 무선 호출기를 통해 응급 요청을 받았다. 이 정신건강의학과 의사는 치료 초기에 환자와 함께 자살 행동의 가능성이 높아질 경우, 환자가 자신에게 어떻게 연락을 할 수 있는지를 상의했었다. 정신건강의학과 의사가 환자의 전화를 받자, 환자는 "내 못된 남자 친구가 나를 차 버렸어요. 죽고 싶어요." 하고 소리쳤다. 환자는 총을 가지고 있으며, 총을 사용해서 죽어 버리겠다고 하였다. 그러고 나서 갑자기 전화를 끊어 버렸다. 정신건강의학과 의사가 환자에게 반복적으로 전화를 했으나 계속 통화 중이었다.

정신건강의학과 의사는 911에 전화를 했고, 구조대와 경찰이 환자의 아파트에 도착했다. 문이 잠겨 있어서 경찰이 문을 부수고 들어갔다. 환자는

---

2) 환자의 개인 정보와 비밀성을 지키기 위해 사례를 변형시켰음

총을 어디에 숨겼는지 얘기하는 것을 거부했고, 수색 결과 부엌 찬장에서 총을 찾았다. 환자는 "잠깐 동안 그런 생각이 들었다."라고 얘기하며 자살 사고를 강력히 부인했다. 환자는 이웃들의 눈을 피하기 위해 머리에 옷을 덮어 쓰고 아파트를 빠져나갔다.

환자는 응급실에서 초기에는 마지못해 담당 정신건강의학과 의사의 이름과 전화번호를 얘기할 뿐, 비협조적이었다. 응급실 위기 상담자가 환자에 관한 정보를 얻기 위해 정신건강의학과 의사에게 전화를 했다. 정신건강의학과 의사는 환자가 2형 양극성장애와 경계선 인격장애로 1년 이상 치료를 받고 있었다고 얘기했다. 현재 36세인 환자는 25세에 애인과 결별한 직후 약물 과다 복용으로 심각한 자살 시도를 했던 병력이 있었다. 환자는 수년간 중등도 이상의 만성 자살 위험에 처해 있었고, 여러 번 실패한 대인관계로 촉발되는 급성 자살 삽화로 인해 입원이 필요하기도 하였다. 정신건강의학과 의사는 위기 상담자에게 환자가 주 1회의 정신치료를 받고 있다는 것과 현재 그녀가 복용하고 있는 약을 알려 주었다.

응급실의 위기 상담자와 정신건강의학과 의사는 환자가 정신건강의학과 병동에 입원이 필요하다는 것에 동의하였다. 환자는 처음에는 정신건강의학과 병동 입원을 거부하였다. 그러나 정신건강의학과 의사가 그녀와 통화한 후, 자발적으로 입원하는 것에 동의하였다. 환자의 정신건강의학과 의사는 환자를 담당하게 된 정신건강의학과 의사에게 전화로 부가적인 임상 정보를 알려 주었다. 그러고 나서야 정신건강의학과 의사는 저녁식사를 마칠 수 있었다.

유기

유기는 법적으로 환자-의사 관계의 적절한 관계의 종결 없이, 환자에게 주의를 기울이는 것을 소홀히 하는 것을 얘기한다 (Simon & Shuman, 2007). 이것(예: 환자에게 주의를 기울이고, 점검하고, 관찰하지 않는 것)은 확연히 드러나기도 하고 은연중에 일어날 수도 있다. 어떤 법정에서는 유기의 개념을 환자 치료를 소홀히 하거나 지연시켜서 환자에게 손상을 초래한 경우로까지 확장해서 보기도 한다. 이를, '추정 유기(constructive abandonment)' (예: 실제 유기가 일어난 것과 같은)라고 한다(Mains, 1985). 예를 들어, Bolles 대 Kinton(1928)의 사례에서, 법원은 충분한 예고 없이 퇴원시키는 것은 안 된다고 명시했다. 또 다른 법원에서는 특히 응급상황이 일어났거나 또는 예측 가능한 위기인 경우, 정신건강의학과 의사가 환자와 연락이 되지 않을 때도 유기로 보았다. 다음은 법원에서 유기로 해석할 수 있는 직무 태만의 예다.

- 치료 회기 사이에 정신건강의학과 의사와 연락할 수 있는 방법을 제공하지 않는 것
- 정신건강의학과 의사가 근무하지 않을 때, 대체할 수 있는 적절한 임상 진료를 제공하지 않는 것

정신건강의학과 의사가 환자를 치료하는 데 동의했을 때, 정신

건강의학과 의사-환자 관계가 수립이 되고, 환자가 필요로 할 때 치료를 제공해야 할 의무가 생기게 된다(Fochtmann, 2006). 도움을 요청하는 자살 환자가 정신건강의학과 의사와 연락이 되면 자살 시도나 자살 성공을 막을 수도 있다. 정신건강의학과 의사와 연락이 가능한 경우에는 응급 요청도 줄어든다. 환자는 정신건강의학과 의사에게 연락할 수 있다는 것을 알게 되면 덜 불안해한다. 존재하지 않는 자살 위기를 자주 호소할 환자는 드물다.

자살 환자가 전화를 했는데도 정신건강의학과 의사나 정신건강의학과 의사를 대신하는 임상의가 연락이 되지 않은 상태에서 환자가 자살을 시도하거나 자살을 성공했다면, 정신건강의학과 의사는 환자 유기의 문제로 소송을 당할 수도 있다. 이성을 잃은 급성 자살 환자는 "만약 진짜 응급상황에 처한 경우, 제일 가까운 응급실을 방문하거나 911에 전화하세요."라는 녹음된 메시지의 지시를 따를 수 없거나 따를 의사가 없을 수도 있다. 환자는 '아무도, 내 정신건강의학과 의사조차도 나에게 관심이 없다.'라고 결론을 내리게 된다.

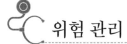 위험 관리

위험 관리 원칙에 따르면, '진짜' 응급상황에 관한 메시지를 남기는 것은 없는 것보다 더 나쁘다. 이는 부적절하며 불필요한 것이다. 이런 메시지는 자살 예방은커녕 소송에 걸릴 가능성을 더

높인다. 자살 환자들은 이미 응급실로 갈 수 있다는 것을 알고 있다. 위기 상황에서 그들이 원하는 것은 치료자와 이야기하고 싶은 것이다.

효과적인 위험 관리는 자살 환자의 응급 요청을 적절하게 문서화하는 것에 달려 있다. 이 문서 기록에는 다음과 같은 정보가 반드시 기술되어야 한다. 환자의 요청 날짜와 시간, 응급상황의 특징, 환자와의 논의 내용, 시행되었던 즉각적인 중재 방법, 이후 시행된 조치가 그것이다(Simon, 2004). 응급상황에서 의사에 대한 접근 가능성에 관한 표준 지침을 따른 임상적인 조치는 유기와 관련된 소송에서 확실한 방어를 제공해 준다.

정신건강의학과 의사는 부재 시에는 반드시 유사한 자격을 갖춘 임상의로 하여금 진료를 대체할 수 있도록 해야 한다(Simon & Hales, 2006). 대체 임상의는 응급 요청을 할 수도 있는 자살 환자에 관한 정보를 알아두어야 한다. 대체 임상의는 환자의 요청에 시기 적절한 방법으로 반응해야 하고, 필요하다면 응급 약속을 잡아서 환자를 만나야 한다. 대체 임상의 또한 환자를 보지 않아 환자에게 해로운 상황이 일어난다면 유기로 인한 의료과실 문제에 노출될 수 있다.

 결 론

임박한 자살이라는 용어는 자살, 특히 가까운 시간 내에 일어날 수 있는 자살을 예측할 수 있다는 착각 때문에 생긴 말이다. 환자가 자살을 시도할지, 한다면 언제 할지를 예측할 수 있는 위험 요인은 없다.

두 번째, 근거 없는 믿음은 자살 사고를 두 가지로 나누는 것이다. 자살 사고를 적극적인 것과 소극적인 것으로 나누는 것은 소극적인 자살 사고는 무해하다는 착각을 일으킨다.

마지막으로, 위기 상황에 있는 환자, 특히 자살 환자에게 '진짜 응급상황'에 관한 메시지를 남기는 것은 잘못된 위험 관리다. 이런 메시지는 자살을 예방하기는커녕 소송에 걸릴 가능성을 더 높인다. 담당 의료진과 접촉할 수 없는 자살 위험 환자는 버려진 느낌을 받을 것이고, 따라서 자살 위험은 더 높아진다.

⚠ 핵심 사항

- '임박한'이라는 용어는 단기 예측을 위한 완곡한 표현이다. 환자가 자살을 시도할지, 한다면 언제 할지를 예측할 수 있는 단기 자살 위험 요인은 없다.
- '임박한 자살'이란 개념은 적절한 자살 위험성 평가에서는 사용하지 말아야 한다.
- '소극적인' 자살 사고가 '적극적인' 자살 사고보다 위험이 낮다는 믿음을 지지하는 근거 중심의 연구 결과는 없다. 어떤 경우든, 의도는 죽고자 함이며, 소극적인 자살 사고에서는 간

접적인 방법으로 나타난다.

- 의사는 자살 환자가 도움을 요청할 때 환자에게 '진짜 응급상황' 인지를 식별하도록 하는 일은 하지 말아야 한다.
- 의사가 자살 환자를 치료할 때, 응급상황에서 반드시 연락이 닿아야 하거나 연락이 닿지 않는다면 대체할 수 있는 적절한 방법을 제공해야 한다.

 참고문헌

Addy C: Statistical concepts of prediction, in Assessment and Prediction of Suicide. Edited by Maris RW, Berman AL, Maltsberger JT, et al. New York, Guilford, 1992, pp 218-222

American Psychiatric Association: The Psychiatric Uses of Seclusion and Restraint (Task Force Report No 22). Washington, DC, American Psychiatric Association, 1985

American Psychiatric Association: Principles of Medical Ethics With Annotations Especially Applicable to Psychiatry. Washington, DC, American Psychiatric Association, 2001

Black HC: Black's Law Dictionary, 7th Edition. St. Paul, MN, West Publishing Group, 1999

Bolles v Kinton, 83 Colo.147, 153, 263, p 28 (1928)

Breslow RE: Structure and function of psychiatric emergency services, in Emergency Psychiatry. Edited by Allen MH (Review of Psychiatry Series, Vol 21; Oldham JM and Riba MB, series eds). Washington, DC, American Psychiatric Publishing, 2002, pp 1-31

Brooks AD: Notes on defining the "dangerousness" of the mentally ill, in

Dangerous Behavior: A Problem in Law and Mental Health (DHEW Publ No ADM-78-563). Edited by Frederick CJ. Rockville, MD, National Institute of Mental Health, 1978, pp 37-60

Fawcett J, Scepter WA, Fogg L, et al: Time-related predictors of suicide in major affective disorder. Am J Psychiatry 147: 1189-1194, 1990

Fawcett J, Busch KA, Jacobs DG: Clinical correlates of inpatient suicide. J Clin Psychiatry 64: 14-19, 2003

Fochtmann LJ: Emergency services, in The American Psychiatric Publishing Textbook of Suicide Assessment and Management. Edited by Simon RI, Hales RE. Washington, DC, American Psychiatric Publishing, 2006, pp 381-400

Gray GE: Concise Guide to Evidence-Based Psychiatry. Washington, DC, American Psychiatric Publishing, 2004

Hairston v Alexander Tank and Equip Co, 310 NC 227, 234, 311, SE2d 559, 565, 1984

Hall RC, Platt DE, Hall RC: Suicide risk assessment: a review of risk factors for suicide in 100 patients who made severe suicide attempts. Evaluation of suicide risk in a time of managed care. Psychosomatics 40: 18-27, 1999

Harris MR, Holman J, Bates AA, et al: Completed suicides and emergency psychiatric evaluations: the Louisville experience. J Ky Med Assoc 98: 210-212, 2000

Hirschfield RM: The suicidal patient. Hosp Pract 33: 127-128, 1998

Isometsa ET, Lonnqvist JK: Suicide attempts preceding completed suicide. Br J Psychiatry 173: 531-535, 1998

Mains J: Medical abandonment. Med Trial Tech Q 31: 306-328, 1985

Mavroudis v Superior Court for County of San Mateo, 102 Cal3d 594 at 400, 162 Cal Rptr 724 at 730, 1980

Melton GB, Petrila J, Poythress NG, et al: Psychological Evaluations for the Courts, 2nd Edition. New York, Guilford, 1997

Meyer DJ, Simon RI: Split treatment, in The American Psychiatric
Publishing Textbook of Suicide Assessment and Management.
Edited by Simon RI, Hales RE. Washington, DC, American
Psychiatric Publishing, 2006, pp 235-251

Meyer DJ, Simon RI, Shuman DW: Psychiatric malpractice and the
standard of care, in The American Psychiatric Publishing Textbook
of Forensic Psychiatry, 2nd Edition. Edited by Simon RI, Gold LH.
Washington, DC, American Psychiatric Publishing, 2010, pp 207-
226

Monahan J: Predicting Violent Behavior. Beverly Hills, CA, Sage, 1981

Monahan J, Steadman H, Silver E, et al: Rethinking Risk Assessment: The
MacArthur Study of Mental Disorder and Violence. New York,
Oxford University Press, 2001

Naido v Laird, 539 A 2d 1064 (Del. Super. Ct.), 1988

National Institute of Mental Health: Suicide. Available at: http://www.
nimh.nih.gov/research/suifact.htm. Accessed January 3, 2003

Pokorny AD: Prediction of suicide in psychiatric patients: report of a
prospective study. Arch Gen Psychiatry 40: 249-257, 1983

Reynolds CF, Frank E, Sack J, et al: Suicide in elderly depressed patients:
is active vs. passive suicidal ideation a clinically valid distinction?
Am J Geriatr Psychiatry 4: 197-207, 1996

Rotheram MF: Evaluation of imminent danger for suicide among youth.
Am J Orthopsychiatry 17: 102-110, 1987

Rush AJ, First MB, Blacker E: Handbook of Psychiatric Measures: Suicide
Risk Measures, 2nd Edition. Washington, DC, American Psychiatric
Publishing, 2008, pp 242-244

Simon RI: Psychiatry and Law for Clinicians, 3rd Edition. Washington,
DC, American Psychiatric Publishing, 2001

Simon RI: Suicide risk assessment: what is the standard of care? J Am
Acad Psychiatry Law 30: 340-344, 2002

Simon RI: Assessing and Managing Suicide Risk: Guidelines for Clinically Based Risk Management. Washington, DC, American Psychiatric Publishing, 2004

Simon RI: Suicide risk assessment: assessing the unpredictable, in The American Psychiatric Publishing Textbook of Suicide Assessment and Management. Edited by Simon RI, Hales RE. Washington, DC, American Psychiatric Publishing, 2006, pp 1-32

Simon RI, Hales RE (eds): The American Psychiatric Publishing Textbook of Suicide Assessment and Management. Washington, DC, American Psychiatric Publishing, 2006

Simon RI, Shuman DW: Clinical Manual of Psychiatry and Law. Washington, DC, American Psychiatric Publishing, 2007

Simon RI, Shuman DW: Clinical-legal issues of psychiatry, in Comprehensive Textbook of Psychiatry, 8th Edition. Edited by Sadock BJ, Sadock VA. Philadelphia, PA, Lippincott Williams & Williams, 2009, pp 4427-4438

Slovenko R: Psychotherapy and Confidentiality. Springfield, IL, Charles C Thomas, 1998

VandeCreek L, Knapp S: Risk management and life threatening behavior. J Clin Psychology 56: 1335-1351, 2000

Werth JL: U.S. involuntary mental health commitment statutes: requirements for perceived to be a potential harm to self. Suicide Life Threat Behav 31: 348-357, 2001

제 **12** 장

●·········●

자살 위험성 평가의 질 관리에 관한 고찰: 현실과 해결 방안

자살 위험성 평가 능력은 정신건강의학과 의사들이 갖춰야 하는 핵심 기능이다(Scheiber et al., 2003). 적절한 자살 위험성 평가를 통해서 환자의 치료와 안전 관리를 위해 교정 가능하고, 치료 가능한 위험 요인과 보호 요인을 확인할 수 있다(Simon, 2002). 세상에는 진료하던 환자가 자살에 성공한 것을 경험한 정신건강의학과 의사와 앞으로 그런 경험을 하게 될 정신건강의학과 의사, 두 가지의 정신건강의학과 의사가 있다는 임상 격언이 있다. 환자의 자살은 직업 재해다. 다른 과 의사들과 다르게 정신건강의학과 의사들은 자살을 제외하고는 환자의 죽음을 경험하는 경우가 드물다.

정신건강의학과 의사들은 생명을 위협하는 응급상황에 놓인 자살 환자들을 자주 평가하게 된다. 다른 과 의사들과는 다르게, 정신건강의학과 의사들은 자살 위험에 놓여 있는 환자들을 평가하기 위한 검사실 검사와 복잡한 진단용 도구들을 사용하지 않는다. 예를 들어, 심장 질환으로 응급실을 방문한 환자의 경우, 의사들은 심전도 검사, 반복적인 심장효소검사, 영상검사, 심도자술과 같은 진단적 검사들을 시행한다. 그렇지만 정신건강의학과 의사의 진단적 도구는 이런 검사들이 아니라 능숙하게 자살 위험성을 평가하는 기술이다.

자살 위험성 평가 방법 중 신뢰도와 타당도가 실증적으로 검증된 것은 하나도 없다(Simon, 2006). 자살 위험성 평가를 시행할 때, 표준 치료에서는 다양한 합리적인 임상 접근 방법을 망라하고 있다. 위험 관리 측면에서, 법에서는 진료가 이상적이거나 최상인지 또는 심지어는 적절한 관리인지조차도 요구하지 않는다. 치료자의 의무는 위험에 대한 평가를 합리적으로 하는 것이다(Simon, 2002).

현 실

자살 사건에 따른 소송을 살펴보면 자살 위험성 평가를 문서화해 두지 않았다는 것을 발견할 수 있다(Simon, 2002). 대신에 'NO SI, HI, CFS' [자살 사고 없음(no suicide ideation), 타살 사고(homicidal ideation), 안전을 위한 계약(contracts for safety)]를 포함하는 기록들이 자살 위험성 평가처럼 간주되어 있는 경우가 있다. 이런 평가는 전문적인 지식 없이도 시행할 수 있는 것이다.

이러한 상황은 시행한 평가의 질을 확립하기 위해 지나간 서류를 검토해 볼 때도 적용된다. 문서화된 자살 위험성 평가를 해야 한다는 반복적인 요구는 전혀 열매를 맺지 못하고 있다. 표준화되지 않은 자살 위험성 평가를 시행하는 것이 입원 환자의 자살 원인으로 두 번째로 많으며, 입원 환자 자살의 85%에 이른다(Sokolov et al., 2006). 문서화된 자살 위험성 평가가 질 높은 환자 관리를 위한 핵심적인 도구다.

그렇다면 왜 문서화된 자살 위험성 평가가 이렇게 드문 것일까? 동료 연구자들에게 이 질문을 하였을 때, 제시된 이유들은 다음과 같다.

1. 의사들이 적절한 자살 위험성 평가를 어떻게 수행해야 하는지에 관해 배우지 못했다.
2. 평가하는 동안 위험 요인과 보호 요인들은 파악이 가능하나 환자의 치료와 관리에 도움이 되는 전체 자살 위험성에 대한 임상적 판단을 할 때, 파악된 요인들의 우선순위를 매기지 못하여 임상적 판단에 통합시키지 못한다.
3. 입원 상황에서 자살 위험성 평가를 의사 본인이 시행하지 않고 다른 사람들에게 맡기는 경우가 흔하다.
4. 의사가 적절한 자살 위험성 평가를 하기는 하지만 평가를 문서화하지 않는다.
5. 의사는 자살 환자의 치료 과정에서 불안감을 경험하는데, 이러한 불안감은 위험성을 부정하고 최소화시켜 부적절한 평가를 하게 한다.

6. 의사는 평가가 잘못된 것은 아닐까, 환자가 자살을 시도하거나 또는 성공하지 않을까에 대해 걱정하고, 이 내용을 포함하는 위험성 평가 과정을 문서화하였을 때 법적으로 책임져야 하는 일이 생기지 않을까 하는 걱정을 한다.

7. 병상 회전율이 높고, 입원 기간이 짧은 입원 환경이나 환자가 너무 많은 외래 환경에서 치료를 하는 의사는 적절한 자살 위험성 평가를 할 시간이 없다.

8. 자살 평가 과정을 묘사하는 서술 없이 평가 서식에 기계적으로 체크만 한다.

9. 소위 '자살 예방 서약'이 적절한 자살 위험성 평가를 대체한다.

10. 의사는 자살 위험성 평가를 할 때, 자신의 직관적 느낌에 의존한다.

시간, 돈, 부적절한 수련, 소송에 대한 두려움이 뒤섞여 적절한 자살 위험성 평가와 문서 기록에 부정적인 영향을 줄 수 있다. 환자가 자살을 시도하거나 성공한다면 의료과실 소송에 휘말려 들거라는 두려움이 부적절한 방어적 치료를 야기할 수 있다(Simon & Shuman, 2009; 13장 참조). 정신건강의학과 의사에게 불안감을 유발시키는 자살 환자에 대한 역전이적 증오는 부적절한 위험성 평가와 치료를 하게 한다(Gabbard & Allison, 2006). 대부분의 정신건강의학과 의사들은 자살 위험성 평가 수행에 관한 정식 교육을 받지 않는다. 임상의는 자살 위험에 대한 허황된 느낌이나 직관보다 훨씬 더 많은 지식을 갖추어야 한다. 대개의 의사들은 진료 과정

중에 어떻게든 이러한 지식을 얻게 될 것이라고 생각한다.

　내과 의사가 응급 심장 질환 환자를 평가하도록 수련을 받아야 하는 것처럼, 정신건강의학과 의사도 자살 환자들을 적절히 평가할 수 있도록 훈련받아야만 한다. 자살 위험성 평가를 시행하기 위해 필요한 핵심 능력은 임상 경험만으로는 얻기가 어렵다. 적절한 자살 위험성 평가를 시행하는 방법을 배우는 것은 정신건강의학과 전공의로 있는 동안에 시작되어야 한다. 강의, 개별 지도, 특히 치료 과정에 있는 자살 환자들을 추적 관리하는 사례 회의 같은 것들이 필수적이다.

　자살에 관한 정신건강의학과 문헌은 방대하지만 자살 위험성 평가에 관한 문헌은 상대적으로 적다. 변화가 시작되는 시점이다. McNeil 등(2008)은 근거 중심의 위험성 평가를 교육할 때, 구조화된 임상 수련을 통해 자살 환자의 평가와 관리에 대해 문서로 기록하는 것을 향상시킬 수 있다고 했다. 미국정신의학협회의 '자살 행동이 있는 환자의 평가와 치료를 위한 진료 지침'(American Psychiatric Association, 2003)은 자살 위험성 평가의 수행에 관한 정보를 주는 매우 좋은 자료다.

 해결 방안

　평가 서식과 체크리스트는 임상적 평가를 효과적으로 대체하지 못한다(Simon, 2009). 표현을 하지 않고 은폐하고자 하는 자살 환자들은 정직하게 대답하지 않을 것이기 때문에 자가 평가도구들은 대개 신뢰할 만한 것이 못 된다. 그러나 어떤 환자들은 임상적 면담에서보다 자가 평가도구를 작성할 때 자살 위험을 더 많이 드러내기도 한다(Sullivan & Bongar, 2006). 자살을 예견할 수 있는 심리검사는 없다(Sullivan & Bongar, 2006). 평가 서식과 체크리스트는 일반적인 위험 요인들로, 근거가 밝혀져 있는 요인들을 자주 빠뜨린다. 어떤 체크리스트는 심지어 자살에 대한 위험 요인으로 전혀 인정되지 않은 항목들을 포함하기도 한다. 또한 일반적인 자살 위험 요인은 아니지만 독특하고 개인적인 자살 위험 요인들을 평가 서식에서 찾을 수 없다. '반드시 알아야 하는 환자의 정보'는 빠져 있다. 서식에 기계적으로 표시만 하는 것은 신뢰할 만한 위험성 평가가 아니다. 만약 환자의 자살로 소송에 휘말린다면 원고의 변호사는 배심원에게 서식에는 작성되어 있지 않지만 사망한 환자가 보였던 자살 위험 요인이 지속적으로 있었음을 지적하게 된다(10장 참조).

앞에서 언급한 바와 같이, 자살 위험성 평가 방법은 수없이 많다(Simon, 2002). 자살 위험성 평가는 급성과 만성의 위험 요인과 보호 요인들을 찾아내고, 우선순위를 매겨 환자의 자살 위험성의 전체적인 평가에 통합하는 분석적이며 종합적인 과정이다. [그림 12-1]은 자살 위험성 평가 시행의 개념적 모델이다. 그러나 임상의는 그들의 수련, 임상 경험, 자살 관련 문헌에 근거하여 자살 위험성 평가를 할 때, 그들 자신만의 방법을 사용하기도 한다. 자살 위험성 평가에서 특히 중요한 점은 평가 과정을 정신건강의학과적 평가 기록이나 경과 기록지에 따로 기술하여 문서로 된 서류를 남겨 두어야 한다는 것이다. 자살 위험성 평가를 적절히 수행할 능력을 갖춘 정신건강의학과 의사는 매우 복잡하고 어려우며, 정신건강의학과적으로 도전적인 임상 업무 중 하나인 자살 위험이 있는 환자의 치료에 자신감을 가질 수 있다.

	위험 요인	보호 요인	
급성	예: • 우울증 • 불안 • 불면증	예: • 치료적 동맹 • 가정 내 18세 미만의 어린이 • 배우자/가족의 지지	현재
만성	• 자살 시도 • 자살의 가족력 • 아동 학대	• 대처 능력/생존 기술 • 도덕적/종교적 신념 • 대인관계 능력	평생

지시사항:

1. 자살 위험의 전체적인 임상 판단을 위해 표 안의 모든 내용을 완성하시오.
2. 급성 위험 요인들을 치료하고, 보호 요인들을 동원하시오.

[그림 12-1] 자살 위험성 평가를 위한 개념 모델

의료기관 평가위원회(The Joint Commission, 1998)의 '감시 대상 의료사고에 대한 경고문(Sentinel Event Alert)'은 65명의 입원 환자에서 자살의 근본 원인을 분석하였다. 그 결과, 적절한 자살 위험성 평가를 시행하지 않은 것이 자살의 근본 원인이었으며, 자살 위험성 평가 절차에 관한 학습이 자살을 감소시키는 매우 중요한 부분으로 밝혀졌다. 의료기관 평가위원회는 2007년 1월 1일 이후에 정신건강의학과 병원에서 자살 위험에 있는 환자들을 평가할 때 미리 만들어진 도구들을 사용하도록 하고 있다(The Joint Commission, 2009).

그렇다면 해결 방법은 무엇인가? 첫째, 문서로 기록되고, 자살 위험성 평가가 적절하게 시행되어 있는지를 살펴보는 정기적 차트 검토가 입원 병동 질 관리위원회나 외래의 유사한 위원회에 의해서 시행되어야 한다. 이 경우, 문서화된 자살 위험성 평가의 적절성을 평가하는 합의된 기준을 먼저 결정하여야 한다. 평가의 틀은 임상 환경과 자살 환자를 다루는 의료진의 경험에 따라 다양할 수 있다. 이를 통해 마련된 기준은 시간이 지나면서 필요에 따라 수정될 수도 있다. 둘째, 의료기관 평가위원회(2010)는 객관적인 도구를 통해 의사의 수행 능력의 질을 평가할 것을 요구하고 있다. 자살 위험성 평가는 주기적인 차트 검토를 통해 알 수 있는 임상적 능력을 측정하는 중요한 도구다. 셋째, '자살 위험성 평가 지침'([그림 12-2] 참조)을 의무 기록에 포함시킬 수 있다. 이 지침은 자살 위험성 평가도구는 아니다. 대신 치료자로 하여금 체계적인 자살 위험성 평가를 시행하도록 도와준다. 이렇게 주기적인 차트 검토를 통해 차트에 포함된 자살 위험성 평가 지침이 치료자의 평가 능력을 향상시키고 있는지 아닌지를 밝혀 줄 수 있다. [그림 12-3]은 자살 위험성 평가 과정을 설명하는 지침을 위한 안내서다. 표준적인 자살 위험성 평가 방법을 잘 따르는지에 대한 지속적인 의무 기록 검토와 감독 과정이 없다면, 자살 환자에 대한 위험성 평가는 늘 산발적이고 개별적이며 부적절한 것이 될 것이다.

자살 위험성 평가 지침

- 평가된 자살 위험 및 보호 요인 *
- 문서화된 자살 위험성 평가
- 치료된 급성 자살 위험 요인
- 동원된 보호 요인
- 환자의 자살 위험성 평가에 기초해서 실행된 안전 관리 개입
- 문서로 기록된 의사결정 근거
- 실행된 개입들의 효과에 대한 평가

* 입원, 퇴원, 환자의 임상적 상태에 있어 중요한 변화

[그림 12-2] 자살 위험성 평가 질 향상을 위한 검토 목록

자살 위험성 평가 과정

1. 목적: 환자의 치료와 관리를 안내해 줄 교정 가능하고 치료 가능한 자살 위험 요인과 보호 요인을 확인한다.
2. 평가: 자살 위험성 평가의 표준적인 방법은 없다. 개념화된 평가의 한 가지 방법은 급성과 만성 위험 요인을 5가지 범주로 분류하는 것이다. ① 개인별, ② 임상적, ③ 대인관계 관련, ④ 상황, ⑤ 인구학적인 요인. 또 다른 개념화 방법은 [그림 12-1]에 설명되어 있다. 급성 위험 요인은 즉각적인 임상적 치료가 필요한 증상과 스트레스가 많은 환경이 포함된다. 자살 위험 요인과 보호 요인 모두를 평가한다. 자살 위험성 평가는 위험 요인과 보호 요인을 찾아내고, 우선순위를 매겨 환자의 자살 위험성의 전체적인 임상적 판단에 통합하는 과정이다. 이것은 끊임없는 갱신이 필요한 '지금-여기'의 상황에서 이루어지는 평가다.

3. 문서 기록: 모든 자살 위험성 평가를 기록한다. 표준 치료에서는 의사로 하여금 중요한 평가와 시행된 개입을 문서로 기록해 둘 것을 요구한다. 문서 기록은 환자 관리에 있어 필수적인 것이다. 적절한 환자 관리에 도움이 되고, 임상적 의사결정 과정을 설명해 주기도 한다. 문서로 남기는 것은 훌륭한 위험 관리이기도 하다. 자살 위험성 평가의 중요성 때문에 이것은 임상적 평가나 경과 노트 안에 구분된 서술 문단으로 확인되어야 하고 기록되어야 한다.

4. 치료: 확실한 치료와 안전 관리를 위해 급성 위험 요인과 보호 요인을 파악하고 우선순위를 매긴다. 자살 위험성 평가는 입원 시, 퇴원 시, 환자의 치료 상황에 있어서 중요한 변화가 있을 때 실행된다.

5. 안전 관리: 자살 위험성 평가는 환자의 안전에 필요한 것들이 무엇인지를 파악하는 임상적 판단의 지침이 된다. 환자의 안전 수준의 변화를 나타내는 위험성 평가들을 시행하고 문서로 기록한다.

6. 의사결정 근거: 자살 위험성 평가가 치료와 안전 관리의 결정에 어떻게 영향을 미치는지를 설명하는 간결한 서술적 요약을 기록한다. 자살 위험성 평가에 의해 뒷받침되지 않는다면 '저위험, 중간 위험, 고위험'과 같은 결론적인 진술들은 삼간다.

7. 개입의 효과: 자살 위험 요인과 보호 요인의 치료와 관리에 대한 환자의 반응을 평가하고 문서로 기록한다.

[그림 12-3] 자살 위험성 평가 과정

결 론

결론적으로, 제대로 된 자살 위험성 평가를 보장해 주는 완벽한 방법은 없다. 자살 위험성 평가들이 실제적으로 시행되거나 철저하게 시행되고 있는 상황일지라도, 안타까운 현실은 문서로 기록된 자살 위험성 평가들이 드물다는 것이다. 의사의 수행의 질을 측정하는 다른 방법들과 같이 제대로 된 자살 위험성 평가를 할 수 있는지에 대한 점검도 연속적이고 꾸준히 시행되어야 한다.

! 핵심 사항

- 자살 위험성 평가는 정신건강의학과 의사가 반드시 갖추어야 하는 핵심 능력이다.
- 자살 위험성 평가에서 한 가지 중요한 점은 평가 과정이 정신건강의학과적 평가나 진료 기록지에 따로 서술된 문단으로 기록되어야 한다는 것이다.
- 자살 위험성 평가의 문서화와 적절한 시행을 확인하기 위해서는 정기적인 의무 기록 검토가 입원 환자의 경우에는 질 관리위원회에 의해, 외래 환자의 경우에는 유사 위원회에 의해 시행될 수 있다.
- 자살 위험성 평가가 실제로 적절하게 시행되고 있더라도 문서로 기록된 자살 위험성 평가는 드물다.
- 자살 위험성 평가의 질 관리를 위한 검토와 자살 위험성 평가의 개념 모델은 자살 위험성 평가의 시행을 돕고 개선시키는 임상적 도구들이다.

 참고문헌

American Psychiatric Association: Practice guideline for the assessment and treatment of patients with suicidal behaviors. Am J Psychiatry 160 (suppl 11): 1-60, 2003

Gabbard GO, Allison SE: Psychodynamic treatment, in The American Psychiatric Publishing Textbook of Suicide Assessment and Management. Edited by Simon RI, Hales RE. Washington, DC, American Psychiatric Publishing, 2006, pp 221-234

The Joint Commission: Sentinel Event Alert: Inpatient suicides: recommendations for prevention. November 6, 1998. Available at: http://www.jointcommission. org/SentinelEvents/Sentineleventalert/ sea_7.htm. Accessed February 1, 2010

The Joint Commission: 2009 National Patient Safety Goals. January 1, 2009. Available at: http://www.jcrinc.com/common/PDFs/fpdfs/ pubs/pdfs/JCReqs/JCP-07-08-S1.pdf. Accessed February 1, 2010

The Joint Commission: Medical Staff Standard MS.08.01.01- MS.08.01.03.2010. Available at: http://www.jointcommission.org. Accessed February 1, 2010

McNeil DE, Fordwood SR, Weaver CM, et al: Effects of training on suicide risk assessment. Psychiatr Serv 59: 1462-1465, 2008

Scheiber SC, Kramer TS, Adamowski SE: Core Competencies for Psychiatric Practice: What Clinicians Need to Know (A Report of the American Board of Psychiatry and Neurology). Washington, DC, American Psychiatric Publishing, 2003

Simon RI: Suicide risk assessment: what is the standard of care? J Am Acad Psychiatry Law 30: 340-344, 2002

Simon RI: Suicide risk: assessing the unpredictable, in The American

Psychiatric Publishing Textbook of Suicide Assessment and Management. Edited by Simon RI, Hales RE. Washington, DC, American Psychiatric Publishing, 2006, pp 1-32

Simon RI: Suicide risk assessment forms: form over substance? J Am Acad Psychiatry Law 37: 290-293, 2009

Simon RI, Shuman DW: Therapeutic risk management of clinical-legal dilemmas: should it be a core competency. J Am Acad Psychiatry Law 37: 156-161, 2009

Sokolov G, Hilty DM, Leamon M, et al: Inpatient treatment and partial hospitalization, in The American Psychiatric Publishing Textbook of Suicide Assessment and Management. Edited by simon RI, Hales RE. Washington, DC, American Psychiatric Publishing, 2006, pp 401-419

Sullivan GR, Bongar B: Psychological testing in suicide risk management, in The American Psychiatric Publishing Textbook of Suicide Assessment and Management. Edited by Simon RI, Hales RE. Washington, DC, American Psychiatric Publishing, 2006, pp 177-196

자살 위험에 처한 환자에 대한 치료적 위기 관리: 임상적 · 법적 딜레마

법률은 현재에 와서는 정신건강의학과 진료의 전반적인 부분에 영향을 미치고 있다(Simon, 2009). 의사-환자 관계의 윤곽은 더 이상 정신건강의학과 의사와 환자에 의해서만 그려질 수 없게 되었다. 법원, 입법부 그리고 행정기관 역시 정신건강의학과 진료의 형태를 바꾸는 데 일조를 하고 있다. 임상 진료에 필요한 법규정에 대한 지식은 정신건강의학과 의사에게는 더 이상 선택사항이 아니다. 최적의 치료적 이익을 달성하기 위해서는 법률적인 요구조건이 최고의 진료와 통합되어야만 한다. 외부적 규제가 만들어 내

Simon RI, Shuman DW: "Therapeutic Risk Management of Clinical-Legal Dilemmas: Should It Be a core Competency?" *Journal of the American Academy of Psychiatry and the Law* 35: 156-161, 2009 ⓒ American Academy of Psychiatry and the Law에서 허가하에 인용함.

는 위험과 정신건강의학과 진료에 내재하는 위험을 효과적으로 관리해야 하는 것이 정신건강의학과 진료의 현실이 되었다.

환자를 보지 않는 것 외에, 정신건강의학과 의사가 소송의 위험을 완전히 없앨 수 있는 방법은 없다. 위험 관리의 목표는 의료과실로 인한 소송을 당할 가능성을 줄이고, 만약 소송을 당한다면 법적 방어에 성공할 확률을 최대화하는 것이라고 일반적으로 이해되고 있다.

정신건강의학과 의사는 종종 환자의 자살 시도와 자살 성공 때문에 소송을 당하곤 한다([그림 13-1] 참조). 자살 환자의 치료와 관리가 만약 적절하게 관리되지 않는다면, 환자를 해롭게 할 뿐만 아니라 정신건강의학과 의사를 의료과실의 법적 책임에 노출시킬 수 있는 임상적·법적 딜레마가 있다.

여기서 소개한 치료적 위기 관리의 개념은 최선의 치료적 합의가 있다는 것을 가정하는데, 여기에서는 임상적 능력에 더하여 정신건강의학과 진료에 필요한 실용적인 법적 지식을 요구하고 있다. 임상적·법적 딜레마를 성공적으로 해결하기 위해서는 적절한 환자 관리를 제공하고, 불필요하거나 역효과를 낳는 방어적 업무를 피할 수 있도록 의사를 도와주는 법적 과정에 대한 이해가 있어야 한다. 대부분의 의사는 법률가나 법정신의학자가 아니다. 하지만 자주 발생하는 임상적 상황에서 법률과 정신의학이 어떻게 상호작용하는가에 대한 이해는 필수적이다. 이것이 핵심 능력(core competency)의 본질이다. 적절한 임상 진료는 적절한 법률과 상호 보완적이다(Wexler & Winick, 1996).

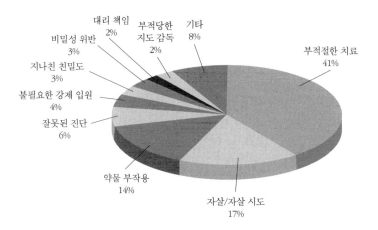

[그림 13-1] 미국 전체 주의 손해 유형별 정신건강의학과 소송: 2000~2009

* 기타: 명예훼손/모략, 식욕억제제, 제삼자(예: 부모), 법의학적 문제, 기타/비특정적
  인 것, 행정적인 문서, 동의서를 받지 않는 것, 다른 사람에게 해를 끼친 것을 알고도
  의사가 조치를 취하지 않은 때, 없음, 유기, 경계선 침해
* '손해 원인'은 법적 청구나 소송에서의 원고측의 주된 주장을 말한다. 거의 대부분
  의 소송에서 많은 주장(allegation)을 하게 된다. 이 자료는 그중 가장 주된 주장만을
  모은 것이다. 따라서 '부적절한 치료'란 범주는 소송에서는 주로 환자의 자살에 기
  인한다. 하지만 주된 주장은 '부적절한 치료'로 언급된다. 자살 성공이나 시도는 가
  장 많이 파악될 수 있는 '손해 원인'이다. 여기서 말하는 '약물 부작용' 범주는 처방
  실수, 약물의 부작용, 잘못된 복용법 교육 또는 약물 사용과 연관된 기타 예기치 못
  한 결과를 담당하는 모든 종류의 약물 사고를 말한다.

 미국의 소송 문화와 방어적 정신의학

미국에서는 늘 수많은 의료 사고 소송이 법정에 계류 중이다
(Meyer et al., 2010). 이러한 소송들은 소송과 관련된 직접적인 금
전적 비용들(예: 평결이나 합의, 변호사 비용 그리고 수입의 손실), 그
리고 간접적 비용들(예: 상품이나 서비스의 재설계) 이상의 영향력

이 있다. 의료 사고 소송 역시 의사의 개인적 · 직업적 인생에 심각한 정신적 · 정서적 영향을 미친다(Charles et al., 1985).

소송을 당한 의사와 당하지 않은 의사를 비교한 연구가 있었다. 이 연구에서는 소송을 경험했던 의사는 그렇지 않은 의사보다 특정 환자들을 더 보지 않으려 하는 경향이 있고, 조기 은퇴를 더 많이 고려하며, 자녀들이 의학적 직업을 갖고자 하는 것을 말린다고 보고하였다. 환자의 자살은 정신건강의학과 의사의 직업 인생에 있어 가장 큰 외상 사건 중 하나다(Gitlin, 2006). 불행하게도, 최근 소송의 풍조는 정신건강의학과 의사도, 환자의 이익도 보호하지 못하는 방어적 진료를 조장하고 있다.

방어적 진료는 정신건강의학과 의사가 소송을 당했을 때, 의료 사고 소송에서 패소하는 것을 피하기 위한 법적 방어를 제공하려는 의도가 있다. 방어적 진료는 선제적이거나 회피적인 것으로 분류될 수 있고, 더 나아가서 하위 분류로서 적절하거나, 혹은 부적절한 것으로 분류될 수 있다. 의료 사고 소송은 자살 시도나 자살 성공에 따라오게 되기 때문에 정신건강의학과 의사는 자살 위험이 있는 환자의 적절한 치료를 방해하는 방어적 진료를 할지도 모른다. 예를 들어, 중등도의 자살 위험성을 가진 환자를 입원시키는 것은 그 환자가 외래 치료로도 안전하게 치료될 수 있을 때는 부적절하고 선제적인 방어적 반응이다. 실제로는, 중등도의 자살 위험을 가졌다고 평가된 많은 환자가 외래에서 치료받고 있다(Simon, 2004).

부적절하고 회피적인 방어적 진료들은 정신건강의학과 의사로 하여금 필요한 치료와 절차를 포기하게 만든다. 일례로, 자살 충동이 있지만 약물 순응도가 좋은 조현병 환자를 치료하는 데 있어서 조현병 환자의 자살 시도를 감소시킨다고 알려진 클로자핀을 사용해야 하지만, 무과립구증이 발생할 경우에 소송을 당할지 모른다는 두려움 때문에 클로자핀을 사용하지 못하는 정신건강의학과 의사의 경우를 들 수 있다. 무과립구증은 치명적인 약물 부작용이기는 하지만, 발생 가능성은 투여 환자의 1%에 불과하다 (Alvir et al., 1993; Meltzer et al., 2003). 회피적인 방어적 진료가 아니고 표준 임상 치료가 최선의 위기 관리다. 이 사례에서 표준 임상 치료는 임상의가 환자나 환자의 의사결정을 대리할 수 있는 보호자에게 약물에 대해 충분한 설명을 한 후 동의를 얻어야 하고, 환자를 주의 깊게 추적 관찰하는 것이다.

정신건강의학과 의사와 환자 모두에게 이득이 되는 적절한 방어적 조치의 한 가지는 시행한 자살 위험성 평가를 주의 깊게 기록하는 것이다. 소송이 벌어졌을 때, 이 기록은 자살 위험성 평가가 적절하게 수행되었다는 것을 증명해 줄 중요한 위기 관리 도구가 된다. 회피적인 진료를 할 위험을 줄이는 적절한 진료는 표준 임상 치료와 분리될 수 없다.

방어적 진료가 임상적 판단에 따라 시행되는 것이 아니라 오히려 방어적 진료 때문에 임상적 판단을 바꾸게 되는 쪽이라면, 그 결과는 환자 치료, 의사-환자 관계, 의사의 전문성에 해가 될 수 있다. 예를 들어, 정신건강의학과 전공의들은 변호사나 법정 소송에 대한 두려움 때문에 잘못된 임상적 판단을 하는 경우가 많다. 거꾸로, 임상과 법률의 잘못된 이해로 인해 나타나는 부적절한 방어적 진료가 법적 소송을 야기할 수도 있다. 치료적 위기 관리의 목적은 치료를 온전하게 유지하면서 임상적 · 법적 딜레마를 효과적으로 다루는 것이다. 치료적 위기 관리의 왕도는 적절한 치료의 과정 속에 녹아 있는 것이지 문제를 키우게 되는 방어적인 진료로 방향을 돌리는 것이 아니다.

자살 환자: 치료적 위기 관리의 패러다임

세상에는 진료하던 환자가 자살에 성공한 것을 경험한 정신건강의학과 의사와 앞으로 그런 경험을 하게 될 정신건강의학과 의사, 두 가지의 정신건강의학과 의사가 있다는 임상 격언이 있다. 대부분의 정신건강의학과 의사는 언제나 자살 위험성이 있는 환자를 치료하고 있다. 환자의 자살은 정신건강의학과 진료에 있어 피할 수 없는 직업 재해다. 성공한 자살과 자살 시도는 정신건강의학과 의료 사고 중에서 소송이 가장 많이 일어나는 이유다. 자살 충동을 느끼는 환자는 매우 곤혹스러운 임상적 · 법적 딜레마를 통해 임상의를 자주 시험대에 세운다.

자살 위험성 평가는 정신건강의학과 의사가 가져야만 하는 핵심 능력으로서, 모든 환자의 치료와 관리에 정보를 준다(Scheiber et al., 2003). 핵심 능력이란 "어떤 분야에서 중심이 되거나, 주된 역할을 하는 것"으로 정의된다(Scheiber et al., 2003, p. 65). 표준 치료에서는 정신건강의학과 의사가 자살 위험이 있는 환자에 대해 합당한 자살 위험성 평가를 수행할 것을 요구한다(Simon, 2003; Simon & Shuman, 2006). 그러나 병원과 외래의 정신건강의학과 진료 기록을 검토해 보면 적절한 자살 위험성 평가에 대한 기록을 거의 확인할 수 없고, 그러한 평가가 실제로 수행되었는지에 대한 의문이 제기된다(Simon, 2004).

치료적 위기 관리에서는 자살 충동을 가진 환자의 치료에 있어 치료자의 역할에 대해 명확히 규정하고 있다. 여기에서는 자살 고위험군 환자에게서 흔히 야기되는 법적 쟁점을 임상에서 적절히 관리할 수 있도록 정신건강의학과 진료와 관련된 법규정에 대한 실용적 지식을 갖추도록 요구한다. 예를 들어, 임상적·법적 쟁점들은 흔히 다음의 경우에 많이 연관이 되어 있다. 비밀 보장, 환자의 능력이 있는 것을 판단하는 것/환자의 능력이 없다고 판단하는 것, 치료할 권리, 고지에 입각한 동의, 이동의 자유(최소한으로 제한된 대안), 격리와 강박, 비자발적 치료(약물 치료, 입원), 전기 경련 치료(ECT) 등이 그것이다.

치료적 위기 관리는 본질적으로 표준 임상 치료를 말한다. 이는 환자의 치료와 치료적 동맹에 도움이 된다. 여기에 전반적으로 깔린 윤리적 가치는 선행(beneficence)이며, '첫째로, 해를 끼치지 마라.'라는 것이다. 치료적 위기 관리에서는 오히려 의료 사고 소송을 불러올 수도 있는, 수상쩍은 유익을 위한 방어적 진료를 피하도록 한다. 과도하게 방어적인 사고방식은 임상가로 하여금 적절한 환자 치료를 방해한다(Simon, 1985).

심각한 우울감과 지속적인 자살 사고를 가지고 있고, 다리에서 뛰어내려서 죽을 계획을 하고 있던 37세의 회계사가 정신건강의학과 병동에 입원했다. 환자의 우울증은 약물 치료에 잘 반응하지 않았다. 그 결과, 정신건강의학과 자문 회의가 열렸고, 이 분야의 권위자는 전기 경련 치료를 권유하였다. 환자는 전기 경련 치료에 동의할 수 있는 정신 능력이 있었다. 그러나 정신건강의학과 의사는 치료 후 기억 장애가 발생한다면 고소를 당할 수도 있음을 걱정하였다. 정신건강의학과 의사는 환자의 가족에게 전기 경련 치료에 대한 동의를 받기로 결정하였다. 환자는 전기 경련 치료를 해 주길 애원하였다. "저는 더 이상 계속되는 고통을 견딜 수 없어요." 하지만 치료에 대한 가족의 양가적 감정 때문에 전기 경련 치료는 지연되었고, 환자는 목을 매 자살을 시도하였다. 다행히 그는 병동 직원에 의해 구조되어 생존하였지만 심각한 뇌 손상을 입었다. 환자를 대신해서 환자의 가족은 정신건강의학과 의사와 병원을 상대로 치료 과실 건으로 소송을 제기했다.

해 설

이 사례는 잘못된 방어적 진료가 자살 위험이 매우 높은 환자의 치료를 어떻게 방해하고, 자살 시도를 야기하는지를 보여 준

---

1) 이 장에서 보여 주는 사례는 소송당한 임상 사례들 중 변형을 시킨 것들이다.

다. 모든 사례에 있어서 심각한 우울증을 자기 결정 능력이 없는 것과 동일시하거나, 심각한 우울증을 가진 환자가 전기 경련 치료를 시행하는 데 동의하는 것을 금지해야 한다는 법은 없다. 전기 경련 치료를 함에 있어 자기 결정 능력이 있는 환자의 경우, 가족에게 동의를 받을 필요는 없다. 전기 경련 치료와 관련된 소송은 상대적으로 드물다(Simon, 2004). 전기 경련 치료를 시행한다고 해서 의사가 지불해야 하는 의료 사고 관련 보험료가 할증되지는 않는다. 잘 알려진 치료들에 반응을 하지 않는, 심각하게 우울하고 자살 위험이 매우 높은 환자에게 시기 적절한 전기 경련 치료를 제공하는 데 실패한 정신건강의학과 의사가 더 고소당하기 쉽다(Gitlin, 2006).

 ## 치료적 위기 관리: 환자 관리에서 관심의 초점 유지하기

과실(negligence)이란, 개인 행동의 합리성에 대한 전향적 평가에 근거하여 책임을 지우는 체계다. 민사소송에서의 불법 행위에 대한 법률에 큰 영향을 미친 Palsgraf v. Long Island R. R.(1928) 판례를 담당했던 판사 Benjamin Cardozo는 우리가 다른 사람에게 주는 위험과 의무 사이의 관계에 대해 명확하게 설명하였다. "합리적으로 인지된 위험성은 준수해야 할 의무를 규정하며, 위험성은 관계를 불러일으킨다. 파악되는 범위 내에서 다른 사람이나 또 다른 사람들에게 위험이 된다. 합당한 파악의 범위는 종종 법정에서 결정되어야 할 질문이고, 만약 다양한 추론이 가능하다면, 배심원단에게 주어질 질문이다." 위기 관리에서는 손실을 줄일 수 있는 방법을 통해 이에 대한 적절한 안내를 제공하려고 한다. 자살 환자들을 위한 위기 관리는 치료 개입이나 치료 누락으로부터뿐만 아니라, 환자의 정신 질환으로부터도 야기될 수 있는 잠재적인 위험을 다룬다.

치료적 위기 관리에 있어 치료의 초점은 자살 환자에게 있다. 이것은 적절한 환자 치료를 위한 임상적 과정의 일부다. 나중에 의료과실로 판단되는 위기 관리는 환자에게 손상을 주려는 의도는 아니지만 치료의 중심이 일차적으로 주로 정신건강의학과 의사에게 있는 경우다. 예를 들어, 의료과실에 대한 보상 청구나 소송에 대한 연구로부터 파생된 법적 책임에 근거한 위기 관리 원칙(liability-based risk management principles)은 자살 환자의 치료에서 생기는 법적 책임의 위험을 처리하는 데 중요한 현실적인 조언, 때로는 최고의 실천이 되는 조언을 제공한다. 다음은 자살 시도나 자살 성공의 맥락에서 손해 배상 청구가 많이 일어나는 것들의 예다(Psychiatrists' Purchasing Group, 2002).

- 너무 많은 환자를 진료하는 환경에서 적절한 환자 평가와 치료의 제공을 이행하지 않음
- 포괄적인 치료 계획 수립을 하지 않음

- 포괄적인 자살 위험성 평가를 수행하지 못함
- 자살 위험성 평가에 대한 문서 기록을 하지 않음
- 과거 치료 기록을 확보하지 못함
- 입원시키지 않음
- 병력과 평가에 근거한 합리적인 진단을 내리지 못함

모든 사례에서 묘사된 것처럼, 정신건강의학과 의사의 치료 중심 대상과 의료과실이 되는 치료 대상 사이에는 사례마다 특징적인 역동적 갈등이 존재한다. 임상적·법적 딜레마가 적절하게 해결되지 않는다면, 치료의 관심이 법적 책임의 위기를 관리하는 쪽으로 옮기게 될 수 있다. 임상의는 어떤 주어진 시간에, 어떤 임상적인 환경에서, 적절한 치료의 초점을 어디에 두어야 할지에 대해서 결정해야 한다. 위기 관리에 도움이 되기 위해서는 양쪽 치료 대상이 모두 필요하다. 임상적·법적 딜레마가 임상의로 하여금 치료의 초점을 환자 치료로부터 의료과실을 막기 위한 위기 관리 쪽으로 돌리게 할 때, 부적절한 방어적 진료의 가능성은 증가한다.

임상 진료에 있어서 정신건강의학과 의사의 치료 초점이 환자 치료에 손상을 초래하는 것은 아닐지라도, 의료 사고를 예방하는 것이 되는 경우가 발생한다. 예를 들어, 비자발적 입원의 기준에 충족되지 않는 우울증이 있는 자살 환자가 의학적 권고에 반하여 퇴원하려 할 때(AMA), 임상의가 치료의 초점을 의료 사고의 위험을 관리하는 것에 두는 것은 적절하다. 조기 퇴원의 위험성과 지속적인 치료의 필요성에 대해 환자와 나누었던 논의에 대한 주의 깊은 기록이 필요하다. 단지 AMA 서류 형식에 환자의 서명이 있는 것만으로는 불충분하다(Gerbasi & Simon, 2003). 이러한 절차는 비록 치료적 성과가 여전히 가능한 채 남아 있다고 할지라도, 의료과실 소송에 대한 정신건강의학과 의사와 병원의 유일한 보호 장치로서도 필요하다.

사 례

한 정신건강의학과 의사는 만성적으로 자살 위험이 높다고 평가된 환자의 약물 치료를 시행하던 중이었다. 그는 이 환자의 정신 치료자로부터 환자가 최근에 권총을 구입했다는 사실을 알았다. 환자가 총기를 샀으므로 환자의 위험성은 만성 위험에서 급성의 고위험으로 바뀌었다. 의료 사고 소송에 대한 두려움으로 그 정신건강의학과 의사는 경찰에 신고하는 것, 환자의 동의를 받지 않고 아버지에게 이 사실을 알리는 것 또는 비자발적 입원을 위한 절차를 밟는 것을 생각했다.

환자에 대한 걱정으로 잠을 설친 정신건강의학과 의사는 이 분야의 권위자에게 자문을 구했다. 자문 의사는 환자의 권총 구입을 치료적 주제로 즉각 다루어야 한다고 권고했다. 정신건강의학과적 입원은 나중에 선택할 수 있는 것이라고 했다. 자문 의사는 환자에게 권총의 소유권을 믿을 수 있는 제삼자에게 넘기라고 요청하는 것이 치료적 동맹을 점검할 수 있는 방법이 될 것이라고 이야기했다. 정신건강의학과 의사와 치료자는 환자에게 치료를 지속할 것이지만 총을 계속 가지고 있는 한 치료는 지속될 수 없다고 이야기하였다. 환자는 이를 받아들여 그녀의 아버지에게 총을 보냈다. 이에 따라 비자발적 입원과 같은 긴급 조치를 일시적으로 피할 수 있었다. 하지만 이런 치료적 접근이 실패했다면 비자발적 입원이 필요했을지도 모른다.

정신건강의학과 의사는 의사결정 과정, 적절한 임상적 진료와 의료과실의 위험을 타당하게 관리했다는 것을 주의 깊게 기록했다. 정신건강의학과 의사는 자문 의사에게 자문 결과서를 요구해서 갖추어 두었다. 치료적 위기 관리는 치료의 초점을 환자 치료에 두었고, 따라서 환자 치료의 중단을 피할 수 있었다. 환자와의 치료적 동맹은 더 강해졌고, 자살 위험은 줄어들었다.

해 설

이 사례는 치료적 위기 관리가 치료의 초점을 어떻게 환자에게로 되돌리고, 환자의 치료를 방해하거나 자살 위험을 높일 수 있는 불필요한 방어적 행위(예: 경찰에 신고하거나, 비밀 보장을 위반하는)를 피할 수 있는지에 대해 묘사하고 있다. 약물 치료와 정신 치료를 각기 다른 치료자에게 받는 치료 방식에서(in split-treatment arrangement) 임상적 · 법적 딜레마가 발생할 때, 첫 방문의 시간과 빈도의 한계 때문에 치료자가 치료적 위기 관리에 초점을 계속 유지하기가 어렵다. 부적절한 방어적 진료는 자살 위험 요인을 '몰래 감추어진 상태로' 있게 할 수 있다.

자살 위험이 있는 환자에 대한 임상의의 부정적 반응에는 분노와 증오, 체념과 좌절, 절망 등이 있다(Maltsberger & Buie, 1974). 임상의는 자신의 능력을 위협하고, 소송에 대한 두려움을 일으키는 자살 충동을 가진 환자에 대한 적대적 감정을 부정하기 위해 방어적인 반동 형성을 이용할지도 모른다(Gabbard, 1995). 시기상조의 퇴원과 같은 파괴적인 방어적 조치들은 환자를 유기하고, 자살 위험을 높인다. 자문은 임상의의 평정심을 회복시키고, 따라서 잠재적인 반치료적 방어 반응을 피할 수 있게 한다. 임상의는 "절대로 혼자 고민해서는 안 된다."(T. G. Gutheil, 개인 서신 중, June, 2008).

표준 임상 치료: 충분히 적절한가

대부분의 상황에서 표준 임상 치료에서는 위기 관리가 일차적인 관심사는 아니라 할지라도, 확실한 위기 관리를 하도록 요구한다. 예를 들어, 의사가 가능한 시기에 자살 충동을 가진 환자에 대해 가족 구성원과 대화를 나누는 것은 표준 임상 치료이자, 동시에 적절한 위기 관리가 된다. 자살 위험성이 높은 환자들은 가족에게는 자살 사고, 자살 의도나 자살 계획에 대해 이야기하지만, 임상의에게는 이야기하지 않는 경우가 자주 있다(Simon, 2006).

그러나 표준 임상 치료가 치료적 위기 관리와 동의어는 아니다. 표준 임상 치료가 필요하기는 하지만, 이것만으로는 의료과실의 위험을 줄이는 데 충분하지 않을지도 모른다. 표준 임상 치료는 임상의가 복잡한 임상적·법적 문제에 직면했을 때 부적절한 방어적 진료로 변질될 수 있다. 이전에 언급했던 것처럼, 치료적 위기 관리에서는 환자의 치료에서 유발되는 임상적·법적 문제들에 대한 정신건강의학과의 법적 규제에 대한 이해를 추가적으로 적용한다. 예를 들어, 표준 임상 치료에서는 자살 환자들이 그들에게 필요한 치료를 거부할 권리가 있다는 것을 존중한다. 최상의 진료를 시행함으로써 임상의는 환자와 치료적 동맹을 수립하기를 시도하는 데 심각한 정신 질환을 가진 환자들에게 단기 입원을 시키는 요즘의 세태에서는 치료적 동맹을 맺는 것이 어려운 일이다. 그러나 정신건강의학과 의사가 자살 고위험 환자를 치료하는 데 있어 응급상황에서의 예외는 인정된다. 어떤 것이 응급상황인지에 대한 정의는 각각의 주(州)마다 다양하지만, 응급상황에서의 예외는 몇몇 주(州)에서는 판례로, 다른 주(州)들에서는 성문법으로 구현되어 있다(Simon & Shuman, 2009). 성문 법전에서뿐 아니라 관습법하에서, "심각성과 긴급함으로 인해 환자의 동의를 얻는 것이 비현실적인 응급상황"에서는 고지에 입각한 동의는 요구되지 않는다(Wright v. Johns Hopkins Health Systems Corp., 1999).

치료의 법적 기준은 정신건강의학과 의사에게 최상의 진료에 집착하거나, 심지어 환자에게 표준 임상 치료를 제공하기를 요구하지 않는다. 치료의 기준에 대해 분명히 표현한 법률은 입법부와 사법부 모두의 입장에서 관례적인 치료로부터 합리적이고 신중한 치료에 이르기까지 각 주마다 다양하다(Simon & Shuman, 2007).

비록 표준 임상 치료의 제공과 임상적·법적 관리에 대한 기본적인 이해가 의료과실 소송에 대한 불가침의 방어막이 되어 줄 수는 없지만, 중요한 전략적 선택사항을 제공한다.

사 례

63세의 은퇴한 변호사가 단일 삽화의 심한 정신병적 특성을 가진 주요 우울장애를 진단받고 정신건강의학과 병동에 입원했다. 주요 증상은 강한 자살 사고, 관계 사고, 불면과 불안이었다. 경도 인지장애도 관찰되었다. 환자가 변호사였기 때문에 병동 의료진은 환자가 자살 예방 서약서에 서명하고 이를 지키기를 요구했다. 그러나 환자는 서명하기를 거부했다. 정신건강의학과 의사인 Wright 박사는 '자해 예방' 서약서에 매달리지 않았다. 그녀는 치료적 위기 관리를 시행했다. 그녀는 치료의 초점을 환자에게 두는 것을 유지하고, 지속적인 치료와 안전 관리에 영향을 주는 체계적인 자살 평가를 수행했다. Wright 박사는 자살 위험성 평가 서식을 사용하지 않았고, 대신에 그녀의 교육과 수련, 임상 경험, 그리고 최근의 전문적인 문헌들에 근거한 위험성 평가 방법을 선택했다. 자살 위험성 평가를 위한 표준 치료에 대한 그녀의 이해는 합리적인 평가 방법들의 범위를 망라한 것이었다(Simon & Shuman, 2006).

Wright 박사의 초기 자살 위험성 평가에서 환자가 급성 자살 고위험에 처해 있다는 것을 밝혔다. 환자는 일대일의 시야 감시(visual observation) 대상이 되었다. 환자는 병원 직원이 자신을 염탐하고 자유를 제한한 것에 대해 고소하겠다고 협박하였다. Wright 박사는 소송에 대한 위협에 방어적으로 반응하지 않고, 오히려 환자와 함께 논의해야 할 치료의 주제로 다루었다. 임상적 의사결정의 근거를 기록하였다. 중요한 모든 것이 기록될 수는 없지만, Wright 박사는 중요한 임상적 평가와 개입을 기록하는 표준 지침을 따랐다. 그 기록은 단순히 법적 책임의 위험을 낮추려는 목적을 위한, 치료에 도움이 되지 않는 단순한 기록이 아니라, 환자 치료의 연속성을 가능하게 하는 유효한 임상적인 도구가 되었다. 그녀는 의무 기록을 다루는 것이 아니라, 환자를 치료했다. Wright 박사는 소송에서 고소인의 변호사가 기록되지 않은 어떤 것들이 시행되지 않았는지에 대해 논쟁을 할 것이라고 미리 짐작하고 있었다.

정신건강의학과 의사는 환자와 치료적 동맹을 결성하고자 하였다. 정신건강의학과 의사와 비슷한 나이의 딸을 둔 환자는 정신건강의학과 의사에 대해서는 긍정적으로 반응하지만, 병원 직원들에 대해서는 계속해서 격렬하게 불평하였다. 환자는 정신건강의학과 의사나 병원 직원이 그의 아내나 딸에게 연락하는 것을 허락하지 않았다. 그러나 Wright 박사는 환자의 비밀을 가족들에게 밝히지 않은 상태로 가족 구성원에게 전화하여 가족의 말을 듣고 싶다고 말했다. 환자는 동의했다. 환자는 약물 복용을 거부하고, 의학적 권고에 반해 퇴원을 원했다. 그는 조건부의 자의 입원을 했기 때문에 만약 그가 자기 자신이나 타인에게 위험하다고 여겨질 경우, 그는 72시간 동안만 입원할 수 있었다.

환자는 그의 변호사에게 연락하여 인신 보호 영장에 대해 설명을 듣기를 요구했다. 그는 다시 소송을 걸겠다고 Wright 박사를 위협했다. 그녀는 환자의 치료에 잠재적인 장애물을 최소화하기 위해 병원 내의 변호사에게 자문을 구했다. 병원의 변호사는 인신 보호에 관련된 법적 문제들에 대해 설명하고, 판사가 환자를 퇴원시키라는 판결을 내리지는 않을 것 같다는 의견을 밝혔다. 정신건강의학과적 자문 역시 이루어졌다. 정신건강의학과 자문 의사는 Wright 박사의 현재 치료 계획을 지지했다.

Wright 박사는 환자에게 심각한 질병을 앓고 있으며, 치료가 반드시 필요하다고 알렸다. 필요하다면, 그녀는 환자가 긴급한 치료를 받고 안전할 수 있도록 비자발적 입원을 위한 작업을 시행할 예정이었다. 그녀는 의사 결정의 합리적 근거를 기록하는 과정을 계속하였다. Wright 박사는 단지 '무엇'에 대한 것이 아니라, '왜' 그렇게 했는가에 대한 기록의 중요성을 이해하고 있었다. 그녀는 응급상황에서는 동의를 받지 않아도 되는 예외가 인정되기는 하지만, 환자의 동의에 의해서만 치료를 진행하기로 결정했다. Wright 박사는 치료적 동맹을 발전시키고자 노력했다. 환자는 인지적 결함이 있지만, 여전히 동의할 수 있는 정신 능력이 있었다. Wright 박사는 자신의 정보를 얻어도 좋다는 환자의 서면 허가를 받은 후에 더 많은 정보를 얻고자 환자의 아내에게 연락했다. 환자는 진정되었고, 입원에 동의했다. 그는 치료를 받고 호전되었다.

해 설

앞에서 소개한 사례에서는 치료적 위기 관리가 환자에게 제공되는 치료에 도움이 되었다. Wright 박사는 치료의 초점을 환자의 치료에 두었다. 그녀는 잠재적으로 소송을 할 환자를 치료하는 데 겁을 먹지도 않았고, 문제를 더 키우게 되는 방어적 행위에

말려들지도 않았다. 기록에 의한 체계적인 자살 위험성 평가가 치료적인 방향으로 수행되었다(Simon, 2003). 모두에게 너무 익숙한 'No SI, HI, CFS(자살 사고 없음, 타살 사고 없음, 안전을 위한 계약)' 이라는 기록은 없었다. Wright 박사는 위험성 평가에 대한 표준에 미치지 못하는 기록은 없는 것보다 못하다는 것을 알고 있었다. 안전을 위한 계약에 대해 매달리지도 않았다. 그녀는 안전을 위한 계약이 자살 위험을 감소시키거나 제거할 수 있다고 증명할 만한 과학적 근거가 없음을 알고 있었다(Garvey et al., 2009; Stanford et al., 1994).

Wright 박사는 특히 체크리스트 같은 위험성 평가 서식에 의존하지 않았다. 그녀는 검사 항목이나 다른 자살 위험성 평가 서식이 환자에 의해 드러나는, 특별하고 개인적인 자살 위험 요인들 모두를 포괄할 수 없다는 것을 알고 있었다(Simon, 2009). 심지어 근거 중심의 연구 결과에 의해 근거가 밝혀지지 않은 위험 요인들이 포함된 체크리스트도 있다. 어떤 체크리스트도 완전할 수는 없다. 자살 사건 소송에 있어서 원고의 변호사들은 환자를 평가하는 데 사용한 여러 체크리스트 중에 언제나 누락될 수밖에 없는 적절한 위험 요인들을 잡아낸다.

Wright 박사는 인신 보호에 관련된 문제가 잠재적으로 환자의 치료를 방해하는 것을 최소화하기 위해서 이와 관련된 문제에 대해 병원 내 변호사에게 자문을 구했다. 정신건강의학과적 자문도 그녀의 환자에 대한 임상적 관리를 지지했고, 치료의 표준에 대한 '정당성'을 제공했다. 그녀는 '혼자 고민하지 않았다.'

Wright 박사가 정신건강의학과적 · 법적 자문을 구한 이유는 두 가지 이유 때문이었다. 표준 임상 치료에 대해 확인하기 위해서였고, 둘째로 환자의 치료와 관리가 표준 치료에 부합하는지를 확인하기 위한 것이었다.

Wright 박사는 지지적 방법으로 환자에게 비자발적 입원을 할 것을 직면시켰지만, 결단력 있고 단호했다. 그녀는 정신건강의학과의 법적 규제에서 임상 상황에 따라 자유롭게 적용할 수 있는 지식을 가지고 있었다. 예를 들어, Wright 박사는 응급상황에서 치료에 대한 자발적 동의의 예외가 가능하다는 것에 대해 알고 있었지만, 이것을 적용하지 않기로 결정했다. 대신에, 초기에 치료에 대한 동의를 치료의 쟁점으로 다루었다. 그녀는 환자의 정신 능력에 대한 확인이 논리 정연한 임상적 판단임을 알고 있었다. Wright 박사는 환자가 약간의 인지장애를 가지고 있음에도 불구하고, 치료에 동의할 결정권을 제공할 수 있다고 결론 내렸다. 그녀는 의사결정 능력(mental capacity)과 정신적 기능의 전체성(mental competency)을 구별하였고, 후자를 사법적 결정권으로 생각했다.

Wright 박사는 그녀의 주(州)에서 비자발적 입원을 위한 실질적인 절차상의 기준과 비밀 보장의 유지에 대한 응급상황에서의 예외 조항에 대해 이해하고 있다. 그녀는 쉽게 구할 수 있는 비자발적 입원 관련 법규의 사본을 보관하고 있고, 임상적 · 법적 상황들을 능숙하게 다루었다. 그녀는 환자의 소송에 대한 위협에도 환자에 대한 자신의 임상적 역할에서 벗어나지 않았다. Wright 박사는 또한 좋은 직업 관련 법적 책임 보험에 가입되어 있다.

결론

법이 요구하는 것과 표준 임상 치료에서 요구하는 것 사이에서 갈등이 야기될 수 있다. 이런 갈등을 임상적 진료에 대한 한계로 받아들이는 것은 정신건강의학과 의사와 그들의 환자를 해롭게 하는 자기 충족적 예언(역자 주-기대와 믿음을 가지면 결국 그 사람이 기대하는 방향으로 행동하고 성취하도록 된다는 것)일 뿐이다. 법이 요구하는 것은 때때로 잘못된 정보나 혼란과 관련된 문제다. 이로 인해 의도하지 않은 결과인 부적절한 방어적 진료가 종종 나타나게 된다.

정신건강의학과적 진료에 있어서 법이 구석구석 영향을 미치고 있는 것이 현실이다. 따라서 임상적·법적 상황에서 자주 생기는 법률과 정신의학의 상호작용이 어떻게 일어나는지에 대한 실용적 지식은 필수다. 치료적 위기 관리는 정신의학과 법률 사이의 역동적 갈등에 대한 관심과 환자의 치료에 있어 최적의 균형을 찾기 위한 책임을 받아들일 것을 요구하는 정신의학에서의 핵심 기능이다.

① 핵심 사항

• 치료적 위기 관리의 왕도는 적절한 치료의 과정 속에 녹아 있

으며, 문제를 키우게 되는 방어적인 진료로 방향을 돌리는 것
이 아니다.

- 임상적 · 법적 딜레마의 치료적 위기 관리는 임상적 능숙함과
  정신건강의학과 진료에 적용할 수 있는 법적 문제들에 대한
  이해 사이에서 최적으로 성취된다.
- 임상 상황에서 자주 일어날 수 있는 정신의학과 법의 상호작
  용이 어떻게 일어나는지에 대해 이해하는 것이야말로 자살
  환자를 효과적으로 치료하는 데 있어 필수적이다.
- 임상적 · 법적 딜레마의 성공적 관리는 불필요하고 반치료적
  인 방어적 진료를 피하는 것이다.
- 방어적 진료는 선재적인 것 혹은 회피적인 것으로 분류할 수
  있고, 또 더 나아가 적절한 것 혹은 부적절한 것으로 하위 분
  류될 수 있다.

 참고문헌

Alvir JM, Lieberman JA, Safferman AZ, et al: Clozapine-induced
    agranulocytosis. Incidence and risk factors in the United States. N
    Engl J Med 329: 162-167, 1993
Charles SC, Wilbert JR, Franke KJ: Sued and nonsued physicians' self-
    reported reactions to malpractice litigation. Am J Psychiatry 142:
    437-440, 1985
Gabbard GO, Lester EF: Boundaries and Boundary Violations in Psychoanalysis.
    New York, Basic Books, 1995

Garvey KA, Penn JV, Campbell AL, et al: Contracting for safety with patients: clinical practice and forensic implications. J Am Acad Psychiatry Law 37: 363-370, 2009

Gerbasi JB, Simon RI: When patients leave the hospital against medical advice: patients' rights and psychiatrists' duties. Harv Rev Psychiatry 11: 333-343, 2003

Gitlin M: Psychiatrist reactions to suicide, in The American Psychiatric Publishing Textbook of Suicide Assessment and Management. Edited by Simon RI, Hales RE. Washington, DC, American Psychiatric Publishing, 2006, pp 477-492

Maltsberger JT, Buie DC: Countertransference hate in the treatment of suicidal patients. Arch Gen Psychiatry 30: 625-633, 1974

Meltzer HY, Alphs L, Green AI, et al: Clozapine treatment for suicidality in schizophrenia: International Suicide Intervention Trial (InterSePT). Arch Gen Psychiatry 60: 82-91, 2003

Meyer DJ, Simon RI, Shuman DW: Psychiatric malpractice and the standard of care, in The American Psychiatric Publishing Textbook of Forensic Psychiatry, 2nd Edition. Edited by Simon RI, Gold LH. Washington, DC, American Psychiatric Publishing, 2010, pp 207-226

Palsgraf v Long Island R.R., 16 N.E. 99 (NY 1928)

Psychiatrists' Purchasing Group, Component Workshop: Risk Management Issues in Psychiatric Practice. Presented at the 155th annual meeting of the American Psychiatric Association, Philadelphia, PA, May 20, 2002

Scheiber SC, Kramer TS, Adamowski SE: Core Competencies for Psychiatric Practice: What Clinicians Need to Know (A Report of the American Board of Psychiatry and Neurology). Washington, DC, American Psychiatric Publishing, 2003

Simon RI: Coping strategies for the defensive psychiatrist. Med Law 4:

551-561, 1985

Simon RI: Suicide risk assessment: what is the standard of care? J Am Acad Psychiatry Law 31: 65-67, 2003

Simon RI: Assessing and Managing Suicide Risk: Guidelines for Clinically Based Risk Management. Washington, DC, American Psychiatric Publishing, 2004, pp 39, 142, 153

Simon RI: Suicide risk assessment: assessing the unpredictable, in The American Psychiatric Publishing Textbook of Suicide Assessment and Management. Edited by Simon RI, Hales RE. Washington, DC, American Psychiatric Publishing, 2006, pp 1-32

Simon RI: Suicide risk assessment forms: form over substance? J Am Acad Psychiatry Law 37: 290-293, 2009

Simon RI, Shuman DW: The standard of care in suicide risk assessment: an elusive concept. CNS Spectr 11: 442-445, 2006

Simon RI, Shuman DW: Clinical Manual of Psychiatry and Law. Washington, DC, American Psychiatric Publishing, 2007, p 6

Simon RI, Shuman DW: Clinical-legal issues of psychiatry, in Comprehensive Textbook of Psychiatry, 8th Edition. Edited by Sadock BJ, Sadock VA. Philadelphia, PA, Lippincott Williams & Williams, 2009, pp 4427-4438

Stanford EJ, Goetz RR, Bloom JD: The no harm contract in the emergency assessment of suicide risk. J Clin Psychiatry 55: 344-348, 1994

Wexler DB, Winick BJ: Essays in Therapeutic Jurisprudence. Durham, NC, Carolina Academic Press, 1991

Wexler DB, Winick BJ: Law in a Therapeutic Key: Developments in Therapeutic Jurisprudence. Durham, NC, Carolina Academic Press, 1996

Wright v. Johns Hopkins Health Systems Corp., 728 A.2d 166 (Md 1999)

▪ 자살 위험성 평가를 위한 자가 설문 ▪

임상의의 자살 위험성 평가를 돕기 위해 '그렇다-아니다' 형식
의 50개 문항으로 이루어진 교육용 도구다. 다음의 질문은 이 책
에서 제시된 자료들과 참고문헌 내에서 선택되었다.

Q. 질문

1. 자살 위험성 평가의 목적은 자살을 예측하는 것이 아니라 환
   자의 치료와 관리에 정보를 제공하기 위함이다.
   ❏ 그렇다   ❏ 아니다

2. 자살의 표준화 사망비(Standard mortality ratio: SMR)[1]를 보이는
   정신 질환은 섭식장애가 가장 높다.
   ❏ 그렇다   ❏ 아니다

---

1) SMR은 일반 인구에서 예상되는 자살률과 비교하여 측정한 특정 질환에서의 상대
   적인 위험도를 말한다.

3. 세 가지의 인격장애 분류 중에서 C군이 자살과 가장 빈번하게 관련이 있다.
   ❏ 그렇다   ❏ 아니다

4. 공존 질환의 종류가 아니라 공존 질환의 수가 자살 위험을 더 유의하게 높인다.
   ❏ 그렇다   ❏ 아니다

5. 대부분의 근거 중심의 자살 위험 요인과 보호 요인들은 지역사회에서 시행된 심리적 부검 연구에서 나타난 것이다.
   ❏ 그렇다   ❏ 아니다

6. 권총 자살은 총기를 구매한 일주일 이내에 자살 위험이 가장 높다.
   ❏ 그렇다   ❏ 아니다

7. 적절한 자살 위험성 평가가 문서화되어 있는 경우는 드물다.
   ❏ 그렇다   ❏ 아니다

8. 자살 위험성 평가를 수행하기 위해 사용할 수 있는 몇 가지 방법이 있다.
   ❏ 그렇다   ❏ 아니다

9. 자살 예방 서약은 자살 위험이 있는 경계선 인격장애 환자의
   관리에 중요하다.
   ❏ 그렇다   ❏ 아니다

10. 연구들에 따르면 종교활동은 자살의 보호 요인이다.
   ❏ 그렇다   ❏ 아니다

11. 치료의 법적 기준에서는 자살 위험성 평가가 합리적이어야
   한다고 요구하고 있다.
   ❏ 그렇다   ❏ 아니다

12. 리튬과 클로자핀은 각각 양극성장애와 조현병 환자의 자살
   시도를 줄인다.
   ❏ 그렇다   ❏ 아니다

13. 높은 교육 수준은 자살의 보호 요인이다.
   ❏ 그렇다   ❏ 아니다

14. 정신 지체를 포함한 모든 정신건강의학과 질환에서 표준화
   사망비(SMR)는 상승되어 있다.
   ❏ 그렇다   ❏ 아니다

15. 자살 환자의 약 25%는 자살 사고를 인정하지 않지만 그들의

가족에게는 말한다.

❏ 그렇다   ❏ 아니다

16. 자살을 시도한 사람 중 계획하지 않은 시도의 90%와 계획적으로 시도한 60%에서 자살 사고가 생긴 지 1년 이내에 자살 시도가 일어난다.

❏ 그렇다   ❏ 아니다

17. 18세 미만의 소아와 살고 있는 것은 자살의 보호 요인이다.

❏ 그렇다   ❏ 아니다

18. 단기 자살 위험 요인들은 24~48시간 내의 자살 시도 가능성을 평가하는 데 유용하다.

❏ 그렇다   ❏ 아니다

19. 자살의 위험성은 자살 시도 후 첫 1년 동안 가장 높다.

❏ 그렇다   ❏ 아니다

20. 자살 시도를 했던 환자 중 30%는 결국 자살에 성공한다.

❏ 그렇다   ❏ 아니다

21. 이전의 자살 시도와 무망감은 자살 성공을 예측하는 강력한 임상 '예측인자' 다.

❑ 그렇다   ❑ 아니다

22. 청소년이 주변에서 자살을 경험한 이후 자살 관련 행동을 보일 수 있다는 '전염 효과'에 대한 근거는 거의 없다.
❑ 그렇다   ❑ 아니다

23. 코펜하겐 입양 연구에서, 자살에 성공한 입양아의 실제 친척들은 자살에 성공하지 않은 입양아의 실제 친척과 비교했을 때 특별히 자살이 증가하지 않았다.
❑ 그렇다   ❑ 아니다

24. 멜랑콜리아 우울증은 멜랑콜리아 양상이 없는 우울증에 비해 자살 위험성의 증가와 관련이 있었다.
❑ 그렇다   ❑ 아니다

25. 정신병 환자는 정신병이 아닌 환자와 비교하여 자살의 위험이 증가하지 않았다.
❑ 그렇다   ❑ 아니다

26. 근거 중심의 자살 위험 요인은 코호트와 사례-대조군 연구뿐만 아니라 체계적인 문헌 고찰(systematic review)을 통해서도 도출된다.
❑ 그렇다   ❑ 아니다

27. 타인에게 난폭한 위협 또는 행동을 하는 것은 자살의 위험 요인이다.
    ❏ 그렇다   ❏ 아니다

28. 자살의 위험성을 찾기 위해 선호되는 연구 설계는 코호트와 사례-대조군 연구다.
    ❏ 그렇다   ❏ 아니다

29. 입원 환자의 퇴원 후 첫 일주일 동안 자살 위험이 가장 높다.
    ❏ 그렇다   ❏ 아니다

30. 양극성 장애 환자의 절대적인 자살 위험은 100,000명당 193명이다. 이는 99,807명의 양극성 장애 환자는 자살을 하지 않는다는 것을 의미한다.
    ❏ 그렇다   ❏ 아니다

31. 신뢰도(reliability)와 타당도(validity) 평가를 시행한 자살 위험성 평가 방법은 없다.
    ❏ 그렇다   ❏ 아니다

32. 개인적인 자살 위험 요인과 비교하여 일반적인 자살 위험 요인들은 코호트와 사례-대조군 연구에서뿐만 아니라 지역 사회 내에서 이루어진 심리적 부검 연구에서도 도출된다.

□ 그렇다   □ 아니다

33. 개인적인 자살 위험 요인은 개인마다 다르며, 자살 위험성
    평가에 필수적인 것은 아니다.
    □ 그렇다   □ 아니다

34. 자살 환자들은 종종 자살을 시도하거나 또는 성공하기 전에
    반복적인 자살 위험 요인의 전구 증상을 보인다.
    □ 그렇다   □ 아니다

35. 정신 질환의 중증도는 자살 시도의 보호 요인을 무력화시킨다.
    □ 그렇다   □ 아니다

36. 인격장애 환자들은 1축 정신 질환이 공존하지 않는 경우, 자
    살 위험이 증가하지 않는다.
    □ 그렇다   □ 아니다

37. 정신건강의학과 병동 혹은 병원에 입원하는 것 자체는 유의
    한 자살 위험 요인이 아니다.
    □ 그렇다   □ 아니다

38. 하나의 자살 위험 요인은 평가의 근거로 하기에는 통계적
    검증력이 충분하지 않다.

❏ 그렇다   ❏ 아니다

39. 자살을 시도하거나 성공한 환자들은 일반 인구보다 더 충동
적이다.
❏ 그렇다   ❏ 아니다

40. 누가 자살을 시도하고(민감성), 누가 자살을 시도하지 않을
지(특이성)를 확인할 수 있는 자살 위험성 평가 방법은 없다.
❏ 그렇다   ❏ 아니다

41. 표준 치료에서는 자살 위험성 평가를 포함하는 평가 서식
또는 체크리스트를 요구한다.
❏ 그렇다   ❏ 아니다

42. 치료적 동맹은 환자마다 다양하거나 또는 각 환자마다 예측
하기 힘들기 때문에 보호 요인으로 고려될 수 없다.
❏ 그렇다   ❏ 아니다

43. 자살에 성공할 치명적 수단에 접근이 용이하지 않을 때, 치
명적 수단에 의한 자살률은 감소한다.
❏ 그렇다   ❏ 아니다

44. 자살 위험이 중등도 이하인 입원 환자가 집에 총을 보관하

고 있는 경우, 치료 기준에서는 퇴원 전에 의사가 지정한 제
삼자로부터 답신 전화를 받아 미리 수립된 계획에 따라 권
총이 제거되고 안전해졌는지를 확인하도록 요구하고 있다.

❏ 그렇다   ❏ 아니다

45. 고위험 자살 환자가 갑작스런 호전을 보일 때는 오히려 더
주의 깊은 관찰이 필요하다.

❏ 그렇다   ❏ 아니다

46. 관찰에서 얻어진 자료(행동적 자살 위험 요인)는 죽을 의사를
표현하지 않는 자살 환자를 조기에 발견하는 데 도움이 된다.

❏ 그렇다   ❏ 아니다

47. 의사의 책무에 관한 법에서는 임상의가 급성의 자살 고위험
환자를 비자발적으로 입원시키도록 되어 있다.

❏ 그렇다   ❏ 아니다

48. 자살 위험의 보험 통계 분석을 통해 특정한, 치료 가능한 위
험 요인과 수정 가능한 보호 요인을 확인할 수 있다.

❏ 그렇다   ❏ 아니다

49. 자살 위험은 자살 위험 요인의 전체 개수에 따라 증가되는데,
이는 자살 위험성 평가에 있어 준-양적(quasi-quanti tative) 차

원을 재공한다.

❏ 그렇다　　❏ 아니다

50. 자살 위험성 평가 서식의 빈번한 결함은 보호 요인들을 빠
뜨리는 것이다.

❏ 그렇다　　❏ 아니다

A. 답

1. 그렇다

2. 그렇다

3. 아니다(B군)

4. 그렇다

5. 아니다(코호트와 사례-대조군 연구)

6. 그렇다

7. 그렇다

8. 그렇다

9. 아니다(자살 예방 계약이 자살을 예방한다는 근거는 없다.)

10. 그렇다

11. 그렇다

12. 그렇다

13. 아니다(높은 교육 수준이 보호 요인이라는 근거는 없다.)

14. 아니다(정신 지체는 자살 위험을 높이지 않는다.)

15. 그렇다

16. 그렇다

17. 그렇다

18. 아니다(단기 자살 위험 요인은 증명된 바 없다.)

19. 그렇다

20. 아니다(10~15%)

21. 그렇다

22. 아니다(청소년의 '전염 효과'는 자살 위험을 높인다.)

23. 아니다(입양아 연구에서 실제 친척들의 자살률은 6배 높다.)

24. 그렇다

25. 아니다(정신병 환자의 자살 위험은 2배 높다.)

26. 그렇다

27. 그렇다

28. 그렇다

29. 그렇다

30. 그렇다

31. 그렇다

32. 그렇다

33. 아니다(개별적인 자살 위험 요인은 필수적이고 반드시 평가되어야 한다.)

34. 그렇다

35. 그렇다

36. 아니다(공존 질환이 없는 인격 장애 환자도 자살 위험이 높다.)

37. 아니다(높은 위험 요인이다.)

38. 그렇다

39. 그렇다

40. 그렇다

41. 아니다(꼭 필요하지 않다.)

42. 아니다(다양하기는 하지만 치료적 동맹은 중요한 보호 요인이다.)

43. 그렇다

44. 그렇다

45. 아니다[호전의 확실한 증거를 얻는다(가족, 치료진, 관찰되는 행동들을 통해서)].

46. 그렇다

47. 아니다(비자발적 입원은 임상적인 결정이다. 법엔 다만 허용할 수 있다고만 되어 있다. 반드시 그런 것은 아니다.)

48. 아니다(오로지 임상적 평가를 통해서 특정한 위험 및 보호 요인을 확인할 수 있다.)

49. 그렇다

50. 그렇다

 부록 자료(출처)

Practice guideline for the assessment and treatment of patients with suicidal behaviors. Am J Psychiatry 160 (11 suppl): 1-60, 2003

Simon RI: Assessing and Managing Suicide Risk: Guidelines for Clinically Based Risk Management. Washington, DC, American Psychiatric Publishing, 2004

Simon RI, Hales RE (eds): The American Psychiatric Publishing Textbook of Suicide Assessment and Management. Washington, DC, American Psychiatric Publishing, 2006

찾아보기

Robert I. Simon 박사는 탁월한 정신건강의학과 의사이며 활동적인 저자로, 어떻게 하면 내 환자를 그 자신의 행동으로부터 보호할 수 있을까를 고민하는 임상가들이 공감할 수 있고 실용적인 법률적·정신건강의학적 분야의 지침을 제시하고 있다. 가장 양심적인 정신건강의학과 의사라도 모든 환자의 자살을 예방할 수는 없지만, 자살의 위험성은 평가하고, 관리하고, 감소시킬 수 있다. Simon 박사는 임상가들이 진료를 행하는 현재의 직업적 환경이 많은 시간을 필요로 하는 환자에 대한 이해에 적합하지 못하다는 것을 인정한다. 하지만 '당신의 환자를 아는 것' 이 그가 말하고자 하는 주제이자 중심이다. 독자들은 구체적인 사례와 그에 대한 해설을 통하여 이에 대한 도움을 얻을 수 있을 것이다.

자살 위험성의 평가는 진료 기술과 과학적 측면 모두를 포함하는 핵심적 능력이다. 이 책에서 Simon 박사는 그의 임상 경험과 동료들의 임상 경험, 그리고 근거 중심 정신의학 문헌을 종합하여 임상 진료를 수행하는 모든 정신건강의학과 의사의 서재에 필수적이고 통찰력 있는 지침을 제시하였다.

Simon 박사는 미국 워싱턴 D.C.의 조지타운 대학교 의과대학의 정신건강의학과 법 프로그램의 책임자이자 정신건강의학과 임상교수다. 또한 메릴랜드 베데스다에 위치한 존스 홉킨스 의학부 서버번 병원 정신건강의학과 과장이다.

역자 소개

박원명

가톨릭대학교 의과대학 졸업

가톨릭대학교 의과대학원 의학박사

가톨릭대학교 서울성모병원 정신건강의학과 전공의 수료

『양극성장애』 대표저자, 『우울증』 대표저자

전 미국 Harvard University, McLean Hospital, 조울병 및 정신증 프로그램
    방문교수

현 가톨릭대학교 여의도성모병원 정신건강의학과 교수 및 과장

    대한우울 · 조울병학회 회장

    대한정신약물학회 이사장

    Korean Bipolar Disorders Forum(KBF) 대표

    대한신경정신의학회 수련이사(2014~2015년)

    임상신경정신약물학 교과서 개정판 편찬위원장

    Clinical Psychiatry News, Korean Edition 편집위원장

    American Journal of Psychiatry, Korean Edition 편집위원장

    Editorial Board Members of Psychiatry Investigation

    Editorial Board Members of World Journal of Psychiatry

    Editorial Board Members of Scientific World Journal

    한국형 양극성장애 약물치료 알고리듬 프로젝트 위원장

    식품의약품안전청 중앙약사심의위원회 전문가

    자동차보험진료수가분쟁심의회 전문위원

국가보훈처 보훈심사위원회 비상임 정부위원

〈저서 및 논문〉

『양극성장애』(공저, 시그마프레스, 2009), 『우울증』(공저, 시그마프레스, 2012) 등 학술저서 13편

「Prevalence of bipolar spectrum disorder in the Korean college students according to the K-MDQ (Neuropsychiatric Disease and Treatment, 2013)」등 국내외 학술논문 396편 발표

〈수상〉

대한정신약물학회 학술상 수상(2002)

가톨릭대학교 우수교원상 수상(2003, 2005)

대한신경정신의학회 GSK 학술상 수상(2004)

대한정신약물학회지 화이자 최다 논문 게재상 3년 연속 수상(2005~2007)

대한우울·조울병학회 아스트라제네카 학술상 수상(2006)

대한신경정신의학회 환인정신의학상 학술상 수상(2009)

대한정신약물학회 공로상 수상(2010)

〈기타〉

2002년 동아일보 선정 국내 정신과 베스트 중견의사

2003년 비닷엠디(be.MD)와 월간 경제문화잡지 에쿼터블이 공동으로 기획한 '한국의 최고 명의-우울증 분야 Best 10'에 선정

2004~2013년 세계 3대 인명사전인 Marquis Who's Who, International Biographical Centre와 American Biographical Institute에 연속 등재

2006년 International Pharmaceutical Industry Consultants 회사인 SACOOR Medical Group으로부터 'Key Opinion Leaders in the field of Bipolar

Disorder'로 선정

2011년 EBS 명의 '조울병: 날개 없는 비상 그리고 추락' 편에 조울병 관련 대
　한민국 대표 명의로 출연

2013년 한국경영자총협회 협회지인 '월간 경영계' Mental Clinic 고정 칼럼
　니스트

윤보현

전남대학교 의과대학 졸업

전남대학교 의과대학원 의학박사

전남대학교 정신과 전공의 수료

현 국립나주병원 의료부장

　대한우울 · 조울병학회 기획이사

　대한정신약물학회 상임이사

　대한생물치료정신의학회 상임이사

　한국신체정신의학회 상임이사

　한국중독정신의학회 이사

　Korean Bipolar Disorders Forum(KBF) 총무

　한국형 양극성장애 약물치료 알고리듬 프로젝트 공동위원장

〈저서 및 논문〉

『양극성장애』(공저, 시그마프레스, 2009), 『우울증』(공저, 시그마프레스,
　2012) 외 국내외 논문 70여 편

김문두

경북대학교 의과대학 졸업
경북대학교 의과대학원 의학박사
경북대학교병원 정신과 전공의 및 전임의 수료
전 UCLA Neuropsychiatric Institute 방문교수
현 제주대학교 건강증진센터 소장
　제주대학교 의학전문대학원 정신건강의학과 주임교수
　제주대학교병원 정신건강의학과 과장
　대한우울 · 조울병학회 총무이사
　대한정신약물학회 재무이사
　Korean Bipolar Disorders Forum(KBF) 총무간사
　Psychiatry Investigation 편집위원
　우울조울병학회지 편집위원

〈저서 및 논문〉

『우울증』(공저, 시그마프레스, 2012)

「Suicide risk in relation to social class: a national register-based study of adult suicide in Korea, 1999-2001」(International Journal of Social Psychiatry, 2006)

「Prevalence and Correlates of Depressive Symptoms among North Korean Defectors Living in South Korea for More than One Year」(Psychiatry Investigation, 2009)

「A nationwide survey on the prevalence and risk factors of late life depression in South Korea」(Journal of Affective Disorder, 2012)

「Effect of initial ziprasidone dose on treatment outcome of Korean patients with acute manic or mixed episodes」(Psychiatry Investigation, 2011)
「Risperidone in the treatment of mixed state bipolar patients: results from a 24-week, multicenter, open-label study in Korea」(Psychiatry and Clinical Neurosciences, 2010) 등 국내외 논문 100여 편

〈수상〉
대한우울 · 조울병학회 학술상 수상(2012)

우영섭
가톨릭대학교 의과대학 졸업
가톨릭대학교 의과대학원 의학박사
전 가톨릭대학교 대전성모병원 정신건강의학과 조교수
현 가톨릭대학교 여의도성모병원 정신건강의학과 부교수
　대한우울 · 조울병학회 총무간사 및 평이사
　대한정신약물학회 평이사
　대한신경정신의학회 정회원
　Korean Bipolar Disorders Forum(KBF) 회원
　보건복지부 지정 우울증임상연구센터 실무간사

〈저서 및 논문〉
『양극성장애』(공저, 시그마프레스, 2009)
『우울증』(공저, 시그마프레스, 2012)
「Effect of initial ziprasidone dose on treatment outcome of Korean patients with acute manic or mixed episodes」(Psychiatry Investigation, 2011) 등

국내외 논문 50여 편

〈수상〉
대한우울 · 조울병학회 젊은연구자상 수상(2009)
대한정신약물학회 젊은연구자상 수상(2011)

자살 예방을 위한 임상적 평가와 관리

Preventing Patient Suicide: Clinical Assessment and Management

2013년 8월 20일 1판 1쇄 인쇄
2013년 8월 30일 1판 1쇄 발행

지은이 • Robert I. Simon
옮긴이 • 박원명 · 윤보현 · 김문두 · 우영섭
펴낸이 • 김진환
펴낸곳 • (주) **학지사**
　　　　　　121-837 서울특별시 마포구 서교동 352-29 마인드월드빌딩 5층
대표전화 • 02)330-5114　　팩스 • 02)324-2345
등록번호 • 제313-2006-000265호

홈페이지 • http://www.hakjisa.co.kr
커뮤니티 • http://cafe.naver.com/hakjisa

ISBN 978-89-997-0183-2 93180

정가 16,000원

인터넷 학술논문 원문 서비스 **뉴논문** www.newnonmun.com

이 도서의 국립중앙도서관 출판시도서목록(CIP)은 서지정보유통지
원시스템 홈페이지(http://seoji.nl.go.kr)와 국가자료공동목록시스템
(http://www.nl.go.kr/kolisnet)에서 이용하실 수 있습니다.
(CIP제어번호: CIP2013014396)

MEMO

MEMO

MEMO

MEMO

MEMO